21世纪普通高等学校
涉外秘书专业系列教材

涉外秘书实务

Foreign-related Secretary Practice

方尤瑜　主编

暨南大學出版社
JINAN UNIVERSITY PRESS

中国・广州

图书在版编目（CIP）数据

涉外秘书实务/方尤瑜主编．—广州：暨南大学出版社，2012.12
（21世纪普通高等学校涉外秘书专业系列教材）
ISBN 978-7-5668-0412-9

Ⅰ.①涉… Ⅱ.①方… Ⅲ.①秘书学—高等学校—教材 Ⅳ.①C931.46

中国版本图书馆CIP数据核字(2012)第274283号

出版发行：暨南大学出版社

地　址：中国广州暨南大学
电　话：总编室（8620）85221601
　　　　营销部（8620）85225284　85228291　85228292（邮购）
传　真：（8620）85221583（办公室）　85223774（营销部）
邮　编：510630
网　址：http://www.jnupress.com　http://press.jnu.edu.cn

排　版：广州市天河星辰文化发展部照排中心
印　刷：广州市怡升印刷有限公司

开　本：787mm×1092mm　1/16
印　张：14.5
字　数：353千
版　次：2012年12月第1版
印　次：2012年12月第1次

定　价：32.00元

总序一

20 世纪 80 年代中期，在改革开放形势的呼唤下，广东得风气之先。广东外语外贸大学的前身广州外国语学院以前瞻性的战略眼光，凭着自身的优势，抓住机遇，于 1986 年开办了中英文秘书专业（专科），这在全国范围来说是名列前茅的。1989 年，该专业升级为本科，并改称涉外秘书专业。1999 年改称汉语言专业（涉外秘书）。2005 年 5 月，中国语言文化学院成立，汉语言专业（涉外秘书）更改为汉语言专业（高级涉外文秘），是校级名牌专业。2010 年 8 月，汉语言专业（高级涉外文秘）获批为广东省高等学校本科特色专业。二十多年过去了，广东外语外贸大学中国语言文化学院的汉语言专业（高级涉外文秘）获得了长足的发展，一批又一批的学生走向社会，活跃在全国各个层次、各个领域的涉外机构，得到了社会的广泛认可，赢得了很好的社会声誉。汉语言专业（高级涉外文秘）在二十多年的稳健发展过程中，也培养和造就了一支优秀的师资专业队伍。汉语言专业（高级涉外文秘）被评为广东省高等学校本科特色专业，这既是对我校过去人才培养成绩的肯定，也是我校继续做好专业建设的新契机。为此，中国语言文化学院组织了一批教学经验丰富的优秀教师，编写出版了这套“21 世纪普通高等学校涉外秘书专业系列教材”。

这套教材是专业建设的新成果，有两个很明显的特点：

一是涉外性。我校是一所具有鲜明国际化特色的教学研究型大学，是华南地区国际化人才培养和外国语言文化、对外经济贸易、国际战略研究的重要基地。国际化是我校最重要的特色，我校践行“明德尚行，学贯中西”的校训，以培养全球化的高素质公民为使命，着力推进专业教学与外语教学的深度融合，培养“双高”（思想素质高、专业水平高）、“两强”（跨文化交际能力强、实践创新能力强），具有国际视野，通晓国际规则，能直接参与国际合作与竞争，有社会责任感的国际化人才。这套教材从选题遴选、内容安排、案例选择、练习设计等方面均体现了鲜明的涉外特色。

二是实践性。教育部《关于全面提高高等教育质量的若干意见》文件要求，强化实践育人环节，结合专业特点和人才培养要求，分类制定实践教学标准。增加实践教学比重，组织编写一批优秀实验教材。我校重视学生实践环节的培养，成立了实验教学中心，在教学计划中专门设立了实践教学模块，并建设有一大批校外实践教学基地。这套教材即从秘书职业的实际需要出发，精心安排教学内容。编委会在我校十几届涉外秘书专业毕业生中进行了广泛调研，以了解职业需求。故这套教材的教学内容，可立即运用于秘书职业实践。

2012 年 9 月，教育部颁布了新的《普通高等学校本科专业目录》，在中国语言文学一级学科下特设了独立的秘书学专业。这是专业发展的又一次新契机。希望这套教材能为秘书学专业建设作出贡献。

是为序。

广东外语外贸大学校长、教授、博士生导师

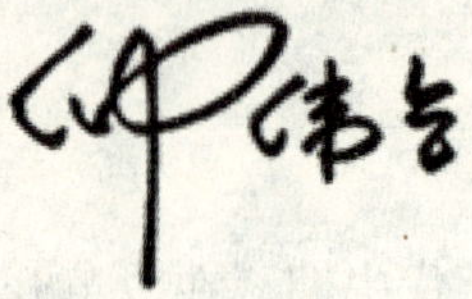

2012 年 12 月于广州

总序二

作为长期从事涉外秘书专业一线教学工作，积累了一些教学经验的教师，我们感到，教材建设的滞后在一定程度上影响了专业的建设和教学水平的提高。因为就目前来看，专门针对涉外秘书专业的教材寥寥无几，更遑论系列性的教材了。因此，借助于我校特色专业获批的契机，经过充分的筹划和准备，我们组织编写“21 世纪普通高等学校涉外秘书专业系列教材”。本系列教材的突出特点是：

（一）针对性

在策划过程中，本系列教材的指导思想就很明确，主要用于涉外秘书专业。涉外秘书与传统的秘书相比，其知识技能的复合性要求更高，除了要懂写外，还要能说会干。也就是说涉外秘书很多时候必须是个“全才”。不但要熟悉各种文案的写作和制作，还要有很强的沟通表达能力和各种各样的办事能力，包括办公自动化技能等。本系列教材正是围绕着学生的这些必备能力来精心选择相关的教学内容。

（二）前沿性

社会的飞速发展，要求作为辅助管理的秘书工作必须与时俱进。本系列教材在编写过程中注意吸收一些前沿性的学术成果，如写作的最新规范，用办公自动化手段处理各种各样的涉外秘书实务工作等，尽可能地缩短教材理论和知识与实践的距离，让学生“学即能用”、“学即可用”。

（三）实际操作性

秘书专业是一门应用学科，它所涉及的有关的程序、方法和措施等，其实际操作性都是很强的。有鉴于此，我们在教材的编写过程中注意避免坐而论道、纸上谈兵的做法，通过案例分析、情景模拟、实训练习等方法，强化学生对基本技能的操作能力，为学生就业、从业打下扎实的基础。

本系列教材既适用于高等院校本、专科涉外秘书学专业的学生，也适用于广大在职或准备入职的涉外秘书人员以及对涉外秘书工作有兴趣的各类人员。

本系列教材的编写和出版得到了暨南大学出版社的大力支持，我们对编审人员所付出的辛勤劳动表示衷心的感谢！

“看似寻常最奇崛，成如容易却艰辛。”由于我们水平有限，书中难免有错漏、欠妥之处，恳请专家、行家和广大读者不吝赐教。

21世纪普通高等学校涉外秘书专业系列教材编委会

2012年12月

目 录

第一章
涉外秘书实务概述

【学习重点】

● 涉外秘书的职业定位
● 涉外秘书的职业特性
● 涉外秘书实务的特点
● 涉外秘书的工作环境

一、涉外秘书及其职业定位

秘书作为一种职业，伴随着人类管理的需要和社会的发展而产生与发展。

涉外秘书是秘书职业中的一个分支，是改革开放后在我国出现的一种介于中国秘书与西方秘书之间的秘书类型。

（一）涉外秘书的定义

我们先来看看国外关于秘书的几个定义：

《柯林斯高阶英汉双解学习辞典》给秘书下的定义是："a person who is employed to do office work, such as typing letters, answering phone calls and arranging meetings."

《牛津高阶英汉双解词典》的定义是："a person who works in an office, working for another person, dealing with letters and telephone calls, typing, keeping records, arranging meetings with people, etc."

《朗文当代高级英语辞典》："someone who works in an office typing letters, keeping records, answering telephone calls, arranging meetings with people, etc."

涉外秘书是秘书中的一个分支。如何界定这一分支，目前在我国秘书学界尚没有一个明确的统一的定义。结合国外有关秘书的定义及我国的实际来看，我们姑且可以对涉外秘书作这样的理解：涉外秘书，就其服务单位来说，主要是指在外商投资企业，外国驻华机构，涉外单位、部门和外向型企业供职的秘书，它是在20世纪80年代为适应我国改革开放的需要而产生的新型的外向型、复合型秘书。

涉外秘书一词在英语中难以找到相应的精确译法，故有的将其译为Foreign-related

Secretary，有的称其为 Secretary of Foreign Affairs。在“三资”企业中，常常将其称为 Administrative Assistant（行政助理）、Administrative Secretary（行政秘书）或 Private Secretary（总经理秘书或总监秘书）等。

如今，经济全球化使得全球资源的配置和共享成为一种必然的要求，实现这一要求的重要途径之一是企业的跨国经营。改革开放以来，外商投资企业在我国发展迅猛，活跃在其中的广大秘书人员是目前我国涉外秘书的主体。因此，本教材的主要叙述对象也是“三资”企业的秘书工作。

知识链接

国际秘书节

为肯定秘书的贡献，1952 年，美国宣布设立秘书周和秘书日。从 1955 年开始，每年 4 月份的最后一个星期被正式定为秘书周，4 月的最后一个星期三则是“秘书日”。这一天，秘书会放假，有的还会收到上司为表达感激之情而赠送的鲜花和贺卡。

2005 年是国际秘书节的第 50 个纪念日，国际秘书协会（International Association of Administrative Professionals，简称 IAAP）为秘书节设立的主题是“Innovation Advances Administrative Professionals”，意为“创新引领行政秘书专业人士”。

随着国际化的潮流，秘书节也渐渐走进中国秘书们的视野和生活中。2000 年，北京市外国企业服务总公司与亚商在线共同主办了“2000 年国际秘书节 FESCO 网上大赛”，亚商在线和千龙网联合举办2004“春暖职场看秘书—— 4 月秘书节征文大赛”，特别是2005 年，亚商在线发起并联合搜狐策划并推出了“2005 首届‘炫秘书’之花评选”活动，吸引了来自不同类型公司与企业的几千名行政秘书人员参赛，并进行了视频线上决赛转播。

（二）涉外秘书的职业定位

任何职业都有其特定的角色要求，同样，涉外秘书只有明确自己的角色定位，了解自己的职责，才能保证工作方向的正确性，做到既到位又不越位。

由于“三资”企业多是采用国外的管理机制，因此我国的涉外秘书工作职责跟国外秘书有着更多相似之处。

关于秘书的基本职责，美国《职称辞典》是这样描述的：

◎全面处理机关、公司的行政工作，以减轻政府官员和公司负责人的较次要的行政事务及办公室工作；

◎能用速记记录口述；

◎能用翻译机将口述或将复制的记录信息译成文字；

◎处理上司约会及提醒其约会；

◎接电话和打电话；

◎处理上司私人重要邮件，主动书写日常函件；

◎对办公室其他工作人员进行工作监督；

◎整理人事档案。

英国秘书专家约翰·哈里森在《秘书的职责》中的描述是：

◎接受口述，将它打印成文，草拟函件、总结等；

◎接收并整理收到的邮件，下班前处理好雇主往外寄发的邮件；

◎有接待的责任，包括迎接并款待来访者，处理打来的电话；

◎为雇主写日志，安排他的约会和预约，协助他计划好一天的时间；

◎安排雇主的旅行并安排好他的旅行路线；

◎将雇主的私人和商业信件归档，做好索引；

◎组织会议和参加会议，包括准备会议议程和会议记录；

◎有条不紊地安排好雇主的办公室，例如：经常更新他墙上的图表，保管他的证件和文件夹，从各方面减轻雇主的许多例行业务工作和私人事务；

◎提供信息，例如：利用电脑文本业务，熟悉刊登信息的书籍和其他资料来源，照料雇主的零用现金和银行交易；

◎遵守国家健康和安全工作条例的要求；

◎建立保守秘密和确保信息安全的制度和切实可行的办法；

◎替雇主和秘书本人掌管好文具和办公用品；

◎组织会议和各种社会活动。

综合起来看，可以说，涉外秘书工作是一项综合性的工作，包括起草文稿、处理文书、组织会议、信息工作、接待公务、安排旅行、处理邮件、接听电话、掌管办公用品、整理办公环境乃至于上司的一些私人事务，可谓千头万绪，无所不包，所以，秘书是上司不可或缺的重要助手。

但是，不管涉外秘书从事哪一工作，都不能与其基本的职责和定位相背离，即其所有活动都必须以领导活动为核心，为领导管理提供综合服务，实施辅助管理。因此，涉外秘书在工作过程中必须不断调适自己的角色定位，以便及时适应不同的工作要求，但调适过程始终不能超越辅助领导实施管理的基本职业定位。

知识链接

"我和微软的成功因为有露宝"

微软总裁比尔·盖茨曾说过："我和微软的成功因为有露宝。"露宝是比尔·盖茨的秘书。

创业时微软员工都是年轻人，做软件、搞开发都是能手，但内务却一团糟。招聘秘书时，在交上几个年轻女性的应聘资料都被盖茨否定之后，总经理伍德犹犹豫豫地拿出一份资料递到盖茨面前，"这位女士做过文秘、档案管理和会计员等不少后勤工作，只是她年纪太大，又有家庭拖累，恐怕……"盖茨看完这份应聘资料，表示："只要她能胜任公司的各种杂务而不厌其烦就行。"

这样，42 岁的露宝就上任了。事实证明比尔·盖茨的选择是正确的。露宝进入公司后，便自觉以一个成熟女性特有的缜密与周到来考虑自己在"娃娃公司"应负的责任。她把公司当成一个大家庭，把里里外外都打理得妥妥帖帖。她像母亲一样真心关心、照顾着各位软件高手的衣食起居。很自然地，她成了微软的后勤总管，负责发放工资、记账、接订单、采购、打印文件等，远远超出了一位总裁秘书的职能。盖茨和其他员工对露宝都有很强的依赖心理。

当微软决定迁往西雅图，露宝因为自己的丈夫在亚帕克基有自己的事业不能走时，盖茨对其依依不舍、留恋不已，并和公司高层联名为露宝写了一封推荐信，信中对露宝的工作能力给予很高的评价，临别时还握住露宝的手动情地说："微软留着空位子，随时欢迎你。你快点过来吧！"

三年后，一个冬季的寒夜，在西雅图比尔·盖茨的办公室，一个熟悉的声音响起，"嗨，我回来了！"——正是露宝！她先是一个人从亚帕克基来到西雅图，后又说服丈夫举家迁来。

（三）涉外秘书的职业特性

作为秘书职业中的一个分支，涉外秘书和其他类型的秘书一样，有着辅助性和被动性等特性。

秘书的职业定位，决定了其承担的是上司领导工作中的辅助工作。一般来说，他们上无决策权，下无执行权，他们通过为上司安排日程、接听电话等事务性工作，减轻上司烦琐的事务工作，对上司实施精力辅助。同时，通过收集、整理、提供信息，提供决策预案等工作，对上司实施智力辅助。

秘书工作的辅助性，要求其所有工作都要围绕上司的领导活动来展开，一切都必须服从上司的指示和意愿，因此，其工作在客观上带有被动性。但是，秘书也不能因此而变成有拨则动、不拨不动的算盘珠。为了提高工作效率，秘书在工作过程必须充分发挥主观能动性，从被动中争主动，变被动为主动，以便高效快捷地发挥有效的辅助作用。

涉外秘书除了有着和一般秘书的以上共性外，还有着其自身的特点，主要表现在：

1. 关系的雇佣性

作为涉外秘书主体的"三资"企业秘书，与国内企事业单位的秘书相比，涉外秘书大多是在合同契约的基础上直接受雇于外方雇主的，因此，对于涉外秘书来说，一般不大强调其参政、辅政的职能，更多的是强调其执行力：对上司决策和安排的服从与执行。同时，这种特殊的雇佣关系在工作上还体现为涉外秘书必须完成的工作很多时候是没有严格意义上的公私之分的。

2. 工作的涉外性

涉外秘书所处的工作环境是外向型的，他们必须不同程度地同外国人、外国组织打交道，处于中外交汇的前沿地带，具有典型的涉外性和国际化特色。由于中外双方在思想观念、思维方式、文化传统、管理模式、价值体系和风俗礼仪等方面都有所不同，因此，涉外秘书在工作过程必须遵循有关的国际惯例和规则。

3. 角色的双重性

涉外秘书工作的涉外性及其固有的中国公民身份，决定了其在工作过程中角色的双重性：既是涉外企业的员工，又是不折不扣的中国公民。这种角色的双重性常常会使涉外秘书处于外方雇主和中方员工的矛盾夹缝之中，从而陷入两难困境。同时，这也要求涉外秘书在工作中必须兼顾服务对象的经济利益和自己国家的社会利益，即既要遵守有关的职业道德，忠诚于上司，忠诚于服务对象，也不能置国家、民族的利益于不顾，做出有辱国格、人格的事情。

4. 语言的双语性

网络正在使“地球村”快速形成，国别概念日益淡化。在全球信息网上，英语是国际通用语言，加之涉外秘书工作的涉外性及角色的双重性，决定了其使用的工作语言是母语和外语并重。因此，涉外秘书既必须有扎实深厚的中文表达能力，又必须熟练地掌握英语或其他的语言工具，只有这样，在进行涉外交往时，才能游刃有余地协调好中外双方各方面的人际关系，从而达到和睦共事的目的。

5. 技能的复合性

由于涉外秘书的工作环境和工作对象、工作内容等的独特性，涉及不同的国情、文化习俗、经济背景、观念性格等，因此，涉外秘书除了要有娴熟的秘书职业技能外，还必须具备其他多方面的技能，比如熟练地运用外语的技能、一定的处理国际事务和国际商务的能力、懂得各种国际礼仪规范并以之协调各方面关系的技能等。涉外秘书只有自觉地根据自己的实际情况不断地增强自身的素质，才能与时俱进。

二、涉外秘书实务的特点

（一）涉外秘书实务的一般性特点

涉外秘书实务是一般秘书实务中的一个组成部分，有着和一般秘书实务一样的特点，如综合性、程序性、规范性、技术性等。

1. 综合性

秘书实务的综合性首先表现在其工作范围的广泛。秘书的基本职责是为上司管理活动提供综合的辅助服务，因此凡是领导职权范围所涉及的工作皆属秘书实务的服务领域。在这过程中，秘书或秘书部门不像其他的职能部门，仅仅承担组织某一项或某一类具体的业务工作，而是在上下、左右、内外各具体的业务职能部门之间起着联络、沟通、协调的综合作用。其次是体现在其工作头绪的繁杂。如前所述，秘书实务涉及大量的或重大或琐碎、或突发或日常、或重复或新遇的工作，可谓“上管天文地理，下管鸡毛蒜皮”，繁多杂乱，且表现形式各异，但它们又都是彼此联系、相互交融的。例如会务工作，它是秘书实务的一项经常性工作，但又与文书撰写、电话联系、接待工作、文件管理等密切相关，因此秘书必须掌握多种工作技能，再根据不同的实际情况灵活采用不同的处理方式和工作手段。

2. 程序性

秘书实务的程序性既包括工作活动的自然进展程序，也包括法定性程序、指令性程序、技术性程序……秘书都必须予以遵循，不能盲目冒进，影响上司管理活动的正常开展。

3. 规范性

秘书工作必须中规中矩，不管是国家、政府或组织规定的个人行为准则，还是国家、政府或组织颁布的专门法规或其他规定，乃至于上司的要求，秘书在处理实务过程中都必须严格地加以贯彻执行。

4. 技术性

办公室事务头绪多，内容杂，公事私事、大事小事、难事易事，内部的外部的，日常的突发的……涉及方方面面，处理时需要多方面技能的支持，如计算机操作技能、办公设备的使用维护技能、人际交往技能、优化办公环境技能、处理突发事件技能等。因此，这就要求从事这些管理工作的秘书人员应该一专多能，甚至是“多专多能”。

（二）涉外秘书实务的自身特点

由于工作对象和工作环境等的特殊，涉外秘书实务在某些方面显示出自身的一些特点，主要表现在：

1. 中介性

在任何一级组织中，秘书都处于枢纽地位，秘书或秘书部门都必须通过其有效的实务工作来发挥其承上启下、沟通左右、连接内外作用。可以说，中介性是任何秘书实务工作的一个突出特色，而这种特色在涉外秘书实务中显得更为鲜明。

经济发展的全球化，使现代企业的分工进一步深化和细化，企业组织更重视上下、左右、内外之间的相互依存和合作。在外企中，这种依存和合作，既存在于企业内部与其上层机构之间，也存在于与作为其下属的中方员工之间以及与中方各有关部门之间，涉外秘书在其中的桥梁、纽带作用也就表现得更为突出。

另外，涉外秘书的工作内容和范围除了国内，也涉及国外，他们要和全球范围内的客户联络和提供服务，而由于不同的国家和地区的国情、文化习俗、经济背景、观念性格等有所不同，难免会产生这样或那样的冲突，涉外秘书在这中间便起着重要的中外沟通协调的作用。而这也是涉外秘书的中介性有别于其他秘书类型的突出表现。

2. 服务性

外资企业的管理机制基本上是实行董事会领导下的总经理负责制，企业的日常生产经营由总经理全权负责。加之“三资”企业讲究效率，为节省开支，人员少而精，很多部门如人事、工资福利、行政等部门大多采用合并和兼职的办法，有限的机构及其人员都是为经理（厂长）的经营决策提供综合事务性服务，如整理办公室、接待应酬、安排约见、处理邮件、办理会务、管理文档……秘书作为领导的贴身助手，其工作的事务性、服务性更为明显。

在“三资”企业中，秘书的实际工作更多的是“少拿笔，多跑腿”、“少说话，多听话”，因此，对于涉外秘书来说，为上司的工作和上司本身做好各方面的工作，便是其工作的出发点和归宿，秘书应竭尽所能、积极主动、认真细致、不厌其烦地做好大量的具体的、琐碎的、重复的事务性工作，为上司提供高效优质的服务。

知识链接

什么叫做不简单？什么叫做不容易？在海尔人看来，能够把简单的事情天天做好就是不简单。而能够把大家公认的非常容易的事情，非常认真地做好，就是不容易。

3. 商务性

从广义上来说，商务是指一切与买卖商品服务相关的商业事务。狭义的商务概念则是指商业或贸易。企业是市场经济活动的主要参与者，从事生产、流通、服务等经济活动，也就是说，企业的主要活动是商务活动，即企业为实现其生产、经营目的所从事的各类有关资源、知识、信息交易等活动。

在国外，涉外秘书一般是在出口企业、外国企业、私人企业或合资企业中工作，从企业的商业事务出发，他们要和全球范围内的客户进行联络或提供服务。目前，我国涉外秘书的主体也是集中在“三资”企业，因此，涉外秘书活动也就有着鲜明的商务性特点。涉外秘书通过其高效的服务，辅助管理者通过各种商务活动构建和实现企业与社会、企业与市场、企业与企业、企业与客户的良好互动状态，以最大限度地调动和发挥各种社会力量，实现企业经济效益的最大化。

三、涉外秘书的工作环境

涉外秘书的主体集中于“三资”企业，这里的工作环境与国内的企事业单位有所不同，涉外秘书必须予以了解，才能更有效并创造性地开展工作。

（一）外资企业的组织结构

为适应现代企业较为庞大的组织规模和较为复杂的生产、经营活动，发达国家如美国、日本等的企业主要采用的组织结构形式有：

1. 事业部制

事业部制组织结构亦称 M 型结构（Multidivisional Structure，简称 M-form），它是企业按产品、地区或顾客（市场）等而分设若干自主经营、独立核算的事业部（分公司），其结构如图 1－1 所示。主要有产品部门化和区域部门化两种类型。如宝洁公司、美的公司按产品类别划分事业部，麦当劳公司按区域成立事业部。

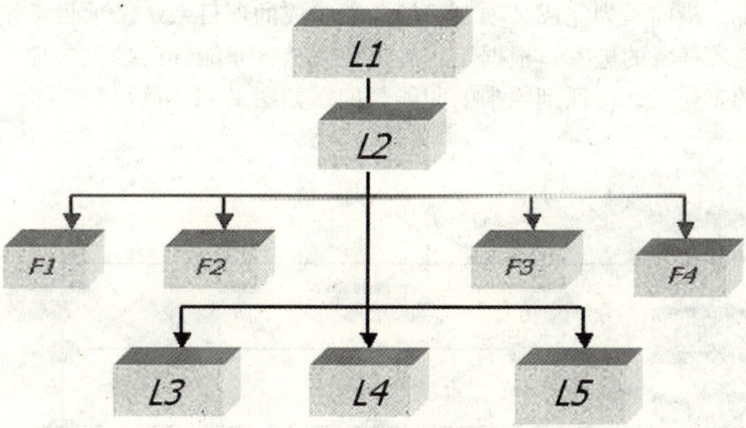

图 1－1　事业部制示意图

（资料来源：http：//wiki. mbalib. com/wiki/% E4% BA% 8B% E4% B8% 9A% E9% 83% A8% E5% 88% B6% E7% BB% 84% E7% BB% 87% E7% BB% 93% E6% 9E% 84）

事业部制结构主要适用于规模庞大、产业多元化、品种多样化、经营范围广、技术复杂的大型企业，是国外较大的联合公司所采用的一种组织形式，近几年来我国一些大型企业集团或公司也引进了这种组织结构形式。

事业部制结构使总公司最高管理层摆脱了日常事务，可以集中精力进行总体发展战略和重大决策的研究。而各事业部实行独立核算，更能发挥其经营管理等各方面的积极性。局限性是事业部由于自身经营管理的需要，也设置类似于总公司的职能部门，因而与总公司的管理层次有重叠现象，管理费用增多，且各事业部易产生各自为政、本位主义的倾向。

知识链接

随着企业规模的扩大，美的发展到包括空调、风扇、电饭煲等在内的五大类共1 000多种产品。1997年1月，空调从总体业务中分离，成立了空调事业部。接着，饮水机、微波炉和风扇、电饭煲一起组建成家庭电器事业部。随着公司业务的发展，厨具、电机、压缩机等其他几个事业部也纷纷成立。2001年，美的集团正式拆分为两个集团公司（美的股份和威尚集团）和一个投资公司（美的技术投资公司）。美的股份下设六大事业部：空调、家庭电器、厨具、电机、压缩机和磁控管。2002年7月，美的将家庭电器事业部按产品一分为四：风扇、饮水设备、微波炉和电饭煲事业部。2002年10月10日，冰箱事业部也从空调事业部分拆出来，这样，美的按照产品逐步建立了事业部体系。各个事业部在集团统一领导下，拥有自己的产品和独立的市场，拥有很大的经营自主权，实行独立经营、独立核算。事业部既是受公司控制的利润中心，又是产品责任单位或市场责任单位，对销、研、产、行政、人事等管理负有统一领导的职能。

2. 矩阵制

矩阵式组织（Matrix Organization）是由横纵两套系统交叉形成的一种复合结构组织。纵向是职能系统，横向是为完成某项专门任务而组成的项目系统。项目系统没有固定的工作人员，而是随着任务的进度，根据工作的需要，从各职能部门抽人参加，这些人员完成了与自己有关的工作后，仍回到原来的职能部门。如图1－2所示。

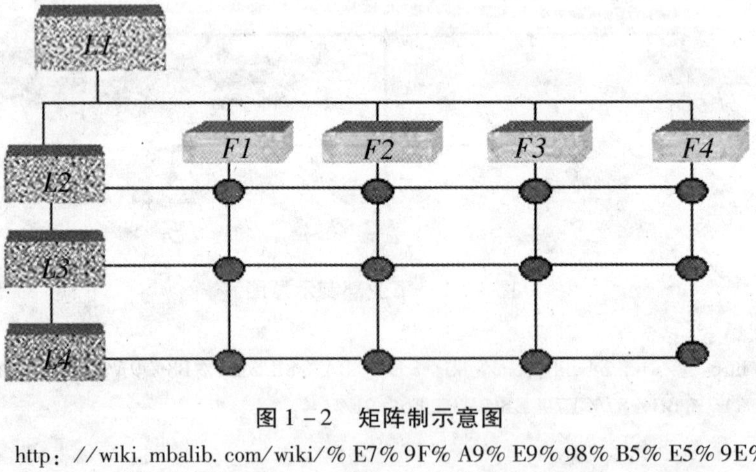

图1－2　矩阵制示意图

（资料来源：http：//wiki. mbalib. com/wiki/% E7% 9F% A9% E9% 98% B5% E5% 9E% 8B% E7% BB% 84% E7% BB% 87）

矩阵制是多产品线、跨区域或跨国企业经营的基本模式。当企业拓展到不同的国家或区域以后，对外地分支机构的管理既需要专业的指导又需要横向的协调。例如，不同的产品线需要不同的专业人员负责整体规划和营销策略制定，但在不同的区域市场或面对同一客户时，企业的各产品线之间又需要横向的协调，特别是在行政、物流、财务和信息化等领域还需要专业管理。在这种情况下，矩阵模式以其灵活、高效、便于资源共享和组织内部沟通等优势成为企业的必然选择。美国众多大型跨国公司是矩阵式组织的最早实践者，IBM（International Business Machines Corporation，国际商业机器公司）采用的就是这种组织结构模式。

但是，在这种模式中，项目组成人员受双重管理，不易树立责任心，容易产生临时观念是矩阵结构的先天缺陷。

知识链接

近年来，随着跨国公司在中国全面地展开业务，矩阵式管理也开始被引进国内，并被越来越多的中国企业采用。特别是在IT行业，最近几年来，几乎是不约而同地开展了一场影响广泛的矩阵式组织变革运动。

中国IT企业的领头羊——联想是这种组织结构较早的实践者。联想原来是以事业部制运作的6大群组——企业IT、消费IT、手持设备、IT服务、互联网、合同部件制造。采用矩阵式模式后，这些业务被整合为东、西、南、北四大区和三大业务群组：A群组，主要包括PC、笔记本业务；B群组，主要包括移动、通信业务；C群组，IT服务业务。三大群组在各个大区开展业务，形成“三纵四横”的格局。

联想之后，IT行业的代表企业如用友软件、方正科技、清华紫光等也都先后进行了向矩阵式的组织结构调整。

3. 网络型组织结构

网络型组织结构是利用现代信息技术手段而发展起来的一种新型的组织机构，是目前正在流行的一种新型的组织设计。著名的微软公司、耐克公司和雀巢公司都是采用这一结构模式。这是一种拥有很精干的中心机构，通过建立和维持契约关系，依靠外部机构进行制造、销售或其他重要业务经营活动的组织结构形式。如图1－3所示。

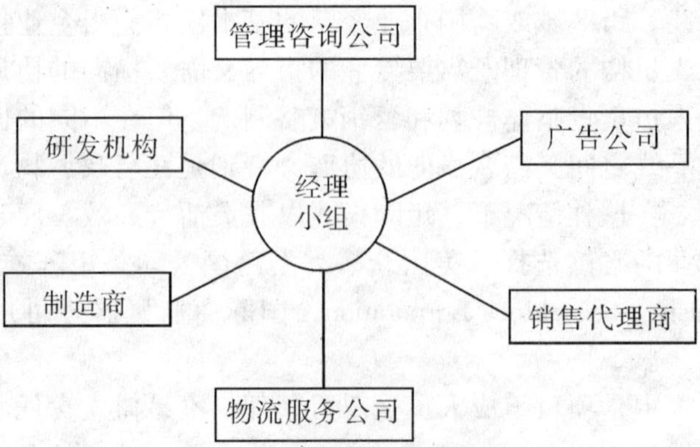

图 1－3　网络型组织结构示意图

（资料来源：http：//wiki. mbalib. com/wiki/%E7%BD%91%E7%BB%9C%E7%BB%84%E7%BB%87）

被联结在网络型结构中的各经营单位之间没有正式的资本所有关系和行政隶属关系，只是通过契约（正式的协议契约书）纽带，透过一种互惠互利、相互协作、相互信任和支持的机制来进行密切的合作。由于网络型企业组织的大部分活动都是外包的，因此，公司的经理班子只负责监管公司内部开展的活动，同时协调和控制与外部协作机构之间的关系，集中精力做他们最擅长的事。

网络型组织结构简单、精练、高效，可以降低管理成本、提高管理效益，同时，由于组织中的大多数活动都是外包的，因而实现了企业在全世界范围内供应链与销售环节的整合。但是，其缺陷也是相当突出的，如管理风险增加，一旦某个结点发生问题，其负面影响就会扩散很快，影响很大，且由于各个结点相对独立，管理层难以对其加以控制。

知识链接

雀巢公司的模块组合营销，造就了网络型组织结构，也使雀巢公司具有了网络化的特点：一是用特殊的市场手段代替行政手段来联络各个经营单位之间及其与公司总部之间的关系。网络制组织结构中的市场关系是一种以资本投放为基础的包含产权转移、人员流动和较为稳定的商品买卖关系在内的全方位的市场关系。二是在组织结构网络的基础上形成了强大的虚拟功能。处于网络制组织结构中的每一个独立的经营实体都能以各种方式借用外部的资源，对外部的资源优势进行重新组合，创造出巨大的竞争优势。

（二）外资企业的管理制度

在西方，除了一些小企业外，一般企业在管理上大都实行董事会制度。根据国际惯例以及《中外合资经营企业法》和《中外合作经营企业法》等的规定，我国的外资企业也都设立了董事会。

企业董事会制度的主要内容是：董事会是外资企业最高的权力机构。由董事会产生董事长、副董事长。由董事会聘请总经理、副总经理（或正、副厂长）。董事长是外资企业的法人代表。总经理根据董事会的决策领导企业。

（三）涉外秘书的隶属关系

在不同类型的外资企业中，秘书的隶属关系有所不同。

在外商独资企业中，秘书的隶属关系采用的是外国模式，秘书与上司多采用“一对一”的配备方法，一般是一位上司配备一名秘书，秘书直接隶属于上司，即总经理（General Manager）直接领导下的总经理秘书（Private Secretary & Private Assistant），总监（Director）领导下的秘书（Private Secretary）和经理、主管（the Manager，Supervisor）手下的秘书、文员（Secretary & Clerk）。

合作企业秘书的隶属根据实际情况有所不同。

在合资企业中，一般来说，秘书的隶属与双方的投资比例有一定的关系。外商投资比重越大的企业，秘书的隶属关系就越倾向于国外“一对一”的模式，反之，则接近于国内模式，即秘书归办公室编制，由办公室主任管辖。

国内涉外企事业单位秘书的隶属关系，与国内企事业单位的模式基本相同，他们都被编制于办公室内，归办公室主任管辖。秘书部门的办公室与其他职能部门、基层单位都处于平行地位。大型的涉外单位，由于秘书部门业务量较大，常将秘书部门的综合办公职能进行相对分工，设置若干平行的部门，如办公室、接待处、联络处等。

四、涉外秘书实务的学习方法

涉外秘书实务是一门实践性很强的课程，要学好它，离不开以下正确的学习方法。

（一）理论联系实际，学以致用

涉外秘书实务是一门应用学科，它所涉及的工作内容、工作规范、工作程序或工作经验等，都是从具体的长期的工作中积累和总结出来的，因此，学习者一定得注意理论联系实际，利用一切所能利用的学习和生活机会，将书本上学到的知识运用到实际的生活和工作中去，学以致用，经过不断的尝试和努力，将之转化为自己分析问题和解决问题的能力，在实践中不断提升自己的专业技能。

（二）勤学相关学科知识，博采众长

现代科学技术的发展，一方面，极大地推动了学科领域的拓展和研究的深入，使学科的划分越来越细，分支越来越多，于是产生了许多边缘学科或横向学科；另一方面，也使人们能更多地从宏观的角度来认识事物，由此也出现了不少综合性学科。应市场的需要，涉外秘书实务就在这种氛围之下被整合出来，它与其他的学科或课程，如管理学、决策学、行政学、文书学、应用写作学、心理学、公共关系学等有着千丝万缕的联系，因此，学习秘书实务，不能“只见树木不见森林”，应有意识地学习相关学科的知识，关注相关学科的发展动态，博采众长，由博返约，融会贯通。

（三）苦练基本技能，熟能生巧

涉外秘书实务有着很强的技术性和可操作性，无论是涉外秘书实务基本的处理方法，还是涉外秘书的办公手段（如办公设备、操作规程和操作技术等），都是可操作的。尤其是科学技术的不断发展，必将使办公自动化应用技术取代传统的手工操作技术，对于涉外秘书来说，办公室自动化技能的应用是必不可少的。此外，文书写作也是一种需要反复实践才能获得的技能，因此，涉外秘书必须下苦功，勤学苦练，掌握有关的技能技术，才能

提高办公的效率和质量。

思考与练习：

1. 如何理解涉外秘书的职业定位？
2. 涉外秘书实务的特点是什么？
3. 涉外秘书的工作环境与国内秘书有什么不同？
4. 案例分析（分析讨论过程可以暂时忽略事件背景、文化差异等因素）：

史上最牛女秘书

2006年4月7日晚，EMC大中华区总裁陆××回办公室取东西，到门口发现自己忘了带钥匙。在数次电话联系已经下班的秘书瑞××未果后，次日凌晨1点13分，怒气未消的陆××给瑞××发了一封措辞严厉且语气生硬的“谴责信”，并同时抄送公司的其他几位高管。

陆××的英文邮件内容大致是：××, I just told you not to assume or take things for granted on Tuesday and you locked me out of my office this evening when all my things were all still in the office because you assumed I had my office key on my person. With immediate effect, you should not leave the office until you have checked with all the managers you support—this is for the lunch hour as well as at the end of day, OK?

（“瑞××，我星期二刚告诉过你，想东西、做事情不要想当然！结果今天晚上你就把我锁在门外，我要取的东西都还在办公室里。问题在于你自以为是地认为我随身带了钥匙。从现在起，无论是午餐时段还是晚上下班后，你要跟你服务的每一名经理都确认没事后才能离开办公室，明白吗?”）

4月10日13点48分，瑞××用中文回复了邮件并抄送EMC分布在北京总部和上海、广州、成都三地分公司的所有员工。

瑞××在邮件中回复说：

“第一，我做这件事是完全正确的，我锁门是从安全角度上考虑的，如果丢了东西，我无法承担这个责任。

第二，你有钥匙，你自己忘了带，却说别人不对。这件事的主要原因在于你自己，不要把自己的错误转移到别人的身上。

第三，你无权干涉和控制我的私人时间，我一天就8个小时工作时间，请你记住中午和晚上下班的时间都是我的私人时间。

第四，从到EMC的第一天到现在为止，我工作尽职尽责，也加过很多次班，我也没有任何怨言，但是如果你们要求我加班是为了工作以外的事情，我无法做到。

第五，虽然咱们是上下级的关系，也请你注重一下你说话的语气，这是做人最基本的礼貌问题。

第六，我要在这强调一下，我并没有猜想或者假定什么，因为我没有这个时间也没有这个必要。”

随即，邮件像多米诺骨牌似的被迅速传播开来，传到微软、惠普、霍尼维尔、汤姆逊、诺基亚、三星、西门子、摩托罗拉、联想和通用电器等知名跨国企业……瑞××因此被称为“史上最牛女秘书”。她在发完邮件的第二天，旋即上交了辞职报告并获批准。

当然，在接下来找工作的过程中，这件事情也给瑞××造成了巨大的影响……

问题：

(1) 秘书与上司之间是一种什么样的关系？秘书应该怎样和上司相处？

(2) 秘书的职责是什么？你是如何看待瑞××的做法的？

(3) 秘书在8个小时工作时间之外，该不该随时等待上司的“召唤”？

第二章 文案管理

【学习要点】

●文案管理制度

●文案的排印与校对

●文案的收发

●文案的立卷归档

●电子文案管理

文案管理是涉外秘书的日常工作之一。与文书相比，企业文案范围更广。除了事务文书、制度文本等外，作业指导书、管理流程、表格等也都属于文案的范畴。

从广义上来讲，文案管理包括各种文案的制作和运行过程。而文案的制作属于写作的范畴，因此，本章所涉及的内容主要是文案的运行过程，即文案的收发和立卷归档等。涉外秘书必须按照一定的原则和制度，正确掌握文案运行程序，使文案管理工作条理化和有序化，从而提高管理效率。

一、文案管理的原则

（一）准确

准确是对文案管理的质量要求，是文案工作的基础。文案是记载和传递管理信息的载体，也是实施管理的重要工具。文案不准确，不仅对企业的正常运作无补，可能还会产生其他负面影响。

文案管理的准确性既包括文案本身的质量（如前所述，这属于写作的范畴），也包括文案处理程序各环节的质量。要合理设计文案处理程序，建立、健全文案管理制度，做到程序完整、手续齐全、运行到位。

（二）及时

及时是对文案管理的效率要求。作为管理信息的载体，文案运行的实效如何，直接影响到上司和组织的工作效率。因此，只有及时对文案进行有效处理，才能更好地发挥它在现代管理中的作用。

需要指出的是，及时是指在办文的时限内，准确高效地将文案处理完毕，不积压、不拖延、不误时、不误事。因此，根据文案内容的轻重缓急规定办文时限，是确保文案工作整体效率的一个重要因素。

运用现代化的办公设备，实行“网上行文”、“网上办理”可以加快信息的传递，是加快办文速度、提高办文效率的一个重要手段。

（三）安全

安全是文案管理的前提。没有安全保障，轻则会使工作前功尽弃，重则产生政治或经济方面的严重后果。

保护文案安全，首先要保证文案内容的安全，特别是涉密文案，如企业的生产计划、销售计划和财务报表等，要确保文案中的信息不丢失（如传递过程不慎而使文案丢失或掉页）、不泄密。为此，应建立完善的文案处理和运行管理制度，消除和防范不安全因素，尤应注意在计算机和网络环境中保证文案内容不被窃取、篡改或损毁。其次是要保证文案实体的安全。为此，应使用比较耐久的字迹材料和合乎要求的载体材料，尤其是一些须长久保藏的文案，应减少文案的各种人为或自然损坏因素，注意防火、防潮、防虫蛀等，确保文案的安全。

知识链接

2001年7月，美国钢铁协会和美国商务部指控上海×××钢管公司生产并进口到美国的高直缝焊钢管，以低于正常价值的价格进入美国市场，对其相似产品及相关工业造成实质性损害，因而对上海×××钢管公司提起反倾销诉讼。对此，上海×××钢管公司沉着应诉，依靠日常优质高效的档案管理的成果——齐全完整、内容翔实地反映该新产品的成本、生产总量、国内销售价格以及向调查国出口的价格及数量等档案材料，据理力争，打赢了曾经被称为“中国入世后中国企业在国际贸易争端中的第一案”的高直缝焊钢管反倾销官司，使美国商务部于2002年5月对×××钢管公司生产的高直缝焊钢管作出了关税为零的最终裁定，而且认为×××钢管公司生产的钢管不存在价格低于成本的倾销问题。

在谈到应诉程序时，该公司集团董事长深有感触地说：“他们需要什么材料，我们就准备什么材料。美国商务部的两个官员到现场调查时，我们的发票差不多放满了一个60平方米的房间。所有的工资单、费用收据，包括一度电、一度水是怎样用的，政府有没有补贴，他们都问得非常详尽。”可见，企业如果没有日常规范的档案管理，就无法应对随时可能发生的贸易争端，就无法维护企业的合法权益，就无法在WTO的环境中最大限度地保护自己。

（资料来源：胡鸿杰主编：《办公室事务管理》，中国人民大学出版社2004年版，第214页，引用时略有删减）

（四）精简

精简是对文案工作的数量要求，主要指控制发文数量。管理虽然离不开信息，离不开文案，但也要注意消除信息的冗余度，抓住关键信息，发挥关键信息纲举目张、以一当十的效果。涉外秘书在文案管理工作中，必须坚持精简原则，注重实效，严格把好行文关、审核关，凡是可发可不发的公文，一律不发；可长可短的公文，一律简短。同时，还要简化文案格式，缩短文案运行周期，确保文案管理的高效。

（五）统一

统一是对文案管理的组织要求。涉外秘书文案工作的统一主要体现在三个方面：一是企业内部文案格式的统一；二是文案处理制度的统一；三是文案处理渠道的统一。可以说，统一是保证文案管理质量、提高文案管理效率的重要手段，也是文案管理规范化、科学化的必然要求。

二、文案管理制度

简单来说，行文制度是指在文案运行过程中必须遵循的规程或准则等。文案运行时，要根据一定的行文关系，采取适当的行文方式，遵循相应的行文规则进行。

对国家行政机关的公文行文制度，国务院的《国家行政机关公文处理办法》作了严格的规定，“三资”企业的文案管理虽不受其限制，但企业与我国有关行政机关的公文往来，则必须按照我国的有关规定执行，涉外秘书对此必须有所了解。

（一）行文关系

行文关系是指公文运行所构成的关系，它主要是根据隶属关系和职权范围来确定的。任何一个层级的机构都处于一定的组织系统中，与其他机构的关系犹如纵横交错的网络，其中的主要关系有：

1. 直接隶属关系

直接隶属关系是指在同一组织系统的上下级之间领导与被领导、管理与被管理的关系。如国务院与地方各级人民政府的关系。

2. 业务指导关系

业务指导关系主要是指上下级组织的业务主管部门之间的关系。各级政府下设的专门性职能部门，如国家教育部下设各省教育厅，各省教育厅又下设地（市）教育局，各县又设有教育局，各级的教育部门之间就构成了业务指导关系。

3. 平行关系

同一系统的同级组织之间或不同系统的同级组织所构成的横向联系的关系，都是平行关系。如广东省人民政府和北京市人民政府，各级政府下设的工业局、农业局、教育局等都是平行关系。

4. 不相隶属关系

不相隶属关系是指不同组织系统的各机构之间的关系。如政府和军区、学校和工厂等。

要确定好行文关系，就要明确各层级机构之间的关系，只有这样，才能提高行文的准确性，因为行文关系不同，所用的文种和行文语气也不同。

（二）行文方式

行文方式是指发文单位将有关文案传递到收文单位的方式。由于组织系统的机构设置是多层次的，文件运转的方式相应地也有多种。在企业实际工作中，基本的行文方式主要有：

1. 逐级行文

逐级行文即向所属的直接上级或下级机构行文，或者说是按照层次一级级地行文的方式。这是确保组织上下级关系和工作秩序的基本行文方式，也是最常用的一种行文方式。

2. 越级行文

越级行文，顾名思义，就是越过直接上级或直接下级向更高的上级或更低的下级行文。这是一种非常规行文方式，一般不使用，只有遇到特殊情况时才使用。

3. 多级行文

多级行文即同时向几个层级的上级或下级机构行文。这种行文方式可免去逐级行文的过程，可提高行文的时效。但要注意文案内容对收文单位的意义和要求是否合适，以免造成文案泛滥。

4. 直达行文

直达行文即把文案直接发至基层组织或通过广播、电视、报纸等传播媒介直接传达至有关须知晓人群。

5. 联合行文

联合行文即对同一内容的文案，多个同级机构同时签发行文。这样可以避免行文的繁复，节约人力、物力。

行文方式的正确与否，关系到文案能否得到及时有效的处理，因此，要注意根据文案的内容、时限和密度等要求，综合考虑，选用适当的行文方式。

（三）行文规则

行文规则是指公文运行时必须遵循的有关准则。行文规则主要有：

1. 同级部门必要时联合行文

前文已经说过，同级部门之间对同一内容的文案，经协商可以联合签发行文，这可避免多头发文，也可协调各方，避免重复或造成浪费。但联合行文时要注意：联合行文的各部门必须是同级的，而且对发文内容一定要协商一致，若在未获得统一意见之前某一部门擅自向下行文，上级部门有权责令其纠正或撤销。

2. 一般不越级行文

为避免打乱正常的组织领导体系，一般情况下，不越级行文。确有特殊情况需越级行文时，需同时抄送被越过的上级部门。

3. 向上级部门请示应当一文一事

使用文案向上级请示有关事项时，应一文一事，在属于非请示事项的文案中不要夹带请示事项，同时，在未得到上级部门批准时，请示文案不要同时发送或抄送给下级部门。

行文制度是保证公文运行高效有序、充分发挥管理工具作用的重要手段，必须严格执行。“三资”企业的文案是企业经营管理活动的工具之一，带有鲜明的行业性质，如合同、协议书、产品说明书、技术鉴定书等。为了提高管理效率，使文案管理更适合企业管理的需要，很多企业都有自己一套行之有效的管理制度和方法，甚至有的还自创文体、自定格式和办文程序等，如会议通知书、文件会签单等，而且企业间经营往来的文书，也没有国家行政公文那样严格的体式要求。因此，涉外秘书在日常工作中，要根据行文关系和行文对象予以灵活变通。处理企业内部的文案，则必须严格按照企业的制度和规定进行。

知识链接

公司文件资料管理办法

第一条　为了规范公司的文件资料管理，确保公司各项管理工作顺利进行，制定本办法。

第二条　收文处理。一般包括登记、分办、批办、催办等程序。

（一）收到的文件资料均由总经办人员统一签收、开拆、登记、呈阅、分发并按不同类别进行分类处理，及时呈送领导阅批。

（二）对于需处理的公文，应先填写《收文批阅办理单》并由总经理办公室主任签批意见，再送公司领导批示后处理。

（三）总经办人员对有公司领导批示的公文要认真督办，以防积压或漏办，需要汇报贯彻执行情况的，要及时检查反馈。

（四）参加重要会议带回的文件，在汇报和传达后，应将会议文件交到总经理办公室存档。

第三条　发文处理。一般包括拟稿、审稿、签发、缮印、校对、用印、分发等程序。

（一）草拟公文的要求：

1. 要符合国家的方针、政策、法律、法规和其他有关规定。

2. 情况要确实，观点要明确，文字要精练，条理要清楚，层次要分明，标点符号要正确，篇幅要力求简短。

3. 发文要写明发文机关、公文编号、标题和发文时间。

4. 正式文件中，除名称中的数字、词汇和成语中的数字、分数、概数用汉字外，其他用阿拉伯数字书写。

5. 章节序数一般应按下列顺序排列：第一层为“一”，第二层为“（一）”，第三层为“1”，第四层为“(1)”。

6. 年、月、日，人名，地名，文件名称、事物名称等，一般不要用简称。

（二）公司的文稿在送给公司相关领导签发前，应先由起草部门填写《公司拟文稿纸》。

（三）发文由分管负责人签署意见后，由总经理签发，重要文件由法定代表人签发。

（四）公文拟稿、改稿和签发，一律用钢笔，禁止使用铅笔和圆珠笔。

（五）签发后的公文不得再作任何修改。若确需修改，必须重新送签。

（六）公文签发后，由经办部门交总经理办公室统一打印、盖章、装订、登记、分发。印章盖在年、月、日的中上方，上沿不压正文，下沿略压年、月、日。如正文末页无空档，可另起一空白页注上日期盖章，并在该页的左上方标明“此页无正文”字样。

第四条　公文处理完毕后，要及时送交到总经理办公室整理归档，个人不得私自保存应存档的文件。

第五条　本办法自经审核批准后执行，由公司总经理办公室负责解释。

（资料来源：http：//wenku. baidu. com/view/f609d9f07c1cfad6195fa7ed. html）

三、文案的排印和校对

文案定稿之后，涉外秘书要根据需要进行缮印，使之成为正式文件以发出。而在这过程中，涉外秘书必须对文案页面的各个组成部分进行精心安排，使之既清晰整齐、美观醒目，又给人以严肃庄重感，并对清样进行认真核对，保证文案内容准确无误。

国家行政机关的公文文本格式，须严格按照《国家行政机关公文处理办法》的规定执行。

以下着重介绍的是普通文案的排印和校对方法。

（一）排印

文案的排印主要包括排向，字体、字号的选用，字行间距和标题排列等四个要素。

1. 排向

文案的缮写，目前一律是自左向右横排，在涉外部门和“三资”企业中，如果文案是发往港、澳、台地区，可考虑依据这些地区的习惯，使用竖排。

2. 字体、字号的选用

文案在使用汉语作为表达方式时，发往港、澳、台地区的文案，可使用繁体字，其他一律使用规范的简体汉字。

外语文案的字体，常用的有白正体、白斜体、黑正体、黑斜体，此外还有手写体、花体等。

计算机汉字软件有多种字体。文案常用的字体主要有宋体、仿宋体、楷体和黑体等。

不同的字体有不同的特点。宋体字横细直粗，字形方正，结构严谨，浓淡适中，是文案正文最常用的字体。仿宋体笔画粗细匀称，结构优美，清秀挺拔。楷体是“手写体”，笔画柔和华丽。黑体笔画粗壮，浓重厚实，十分醒目，最适用于行文中需要强调的文字。对于印制文案时应使用哪种字体，并没有统一的规定，涉外秘书可根据文案的不同特性，选用不同的字体，以活跃版面。但要注意，艺术性较强的字体一般不宜用在正式的文案中。

每种字体按字身大小有不同的字号，在文案页面的不同组成部分，一般会使用不同的字号。一般来说，标题的字号应大于正文，注释字号要小一些。一般的文案，使用汉字时，正文多用五号字。

3. 字行间距

字行间距是指每一行中，字与字之间、两行文字之间的距离。一般来说，电脑打字时，字距是固定的、系统默认的。当然，如果需要，可通过重新设置，拉宽或缩窄字距。

行距一般根据字号大小来安排，一般行间空一格同号字。比如用五号字排版，行距就相当于一个五号字的等高。同样，行距的大小也可以根据实际需要进行设置和调整。

排版时还要注意标点符号的位置：

（1）点号（如句号、分号、逗号、顿号、冒号、问号、感叹号等）占一格，且不能在一行的开头。

（2）破折号、省略号占相连的两格，且不能拆散使用，即必须在同一行，不能转行。

（3）引号、括号、书名号前后部分各占一格，且通常前半部分不出现在一行之末，后半部分不出现在一行之首，即不宜将其前后两部分拆开在两行分别置于上一行之末和下一行之首。

4. 标题排列

排印标题时应注意：

（1）大标题一般用二号字排印，副标题应选用小于大标题而大于或等于正文的字号。

（2）多级标题（即大标题、章题、小标题俱全）选用字号的原则是逐级缩小。如果用同一字号，则以字体区分。如果小标题与正文在同一行，其字号应与正文相同，但字体则应不同。

（3）标题和正文之间，需间隔一个半到两三个字的距离，以示醒目。

（4）长标题不宜硬性安排在一行，一般来说，12 个字以内的标题以单行排列，否则宜排成两行。排列时一般是上短下长，且转行时不宜将相对固定的一个词或词组割裂分排在上下行。如以下的长标题可以这样排成两行：

××省××公司
关于任命×××为总经理的通知

（二）校对

校对是保证文案质量的重要环节，必须认真对待。

1. 校对内容

正式文案通常是实行三校制度。校对时主要注意以下几个方面：

（1）文案的文字表述是否简明、通顺，是否符合语法、逻辑规范。

（2）校正错别字、多字或缺字、标点符号等错漏之处。

（3）检点页码是否衔接，避免页码的错漏。

（4）统一图注和图表格式。

（5）检查各级标题所用字号、字体和格式是否一致，统一全文格式。

（6）检查各校次中校改是否正确，书写有无笔误。

（7）必要时，还须关注封面、扉页的统一，目录、正文标题、附件序码的统一等。

校对完成后，还应对文件的格式、各类附加标记作全面的复查，复查无误后再行付印。

2. 校对方法

校对方法灵活多样，主要有对校法、折校法、读校法、分校法。

（1）对校法。又称视校法，即一个人既看原稿，又看校样，逐字逐句核对。这种方法容易保证质量，也易于保密，但速度较慢。

（2）折校法。就是把原稿放在桌面上，轻折校样，用手指夹住，压在原稿上，逐字逐行对准、对齐原稿校对。

（3）读校法。顾名思义，就是一人读原稿，一人看校样校对。采用这种方法可以提高校对速度，但不宜保密。同时，读稿要注意详细到逐字、逐句、逐个标点符号，遇到容易混淆的字或生僻字，要加以说明。看稿人要认真阅读，不清楚时要及时询问。

（4）分校法。即把原稿和校样分成若干份，多人分别校对。对于较长或紧急的文案，可采用这种方法。

3. 校对符号的使用

校对符号是保证校对质量的一种技术符号。使用时要做到：

（1）校对校样必须用色笔（红色或绿色墨水笔、圆珠笔等）书写校对符号和示意改正的字符，不能用灰色铅笔或与印刷油墨颜色相同或相近的笔书写。

（2）校改文字要用引线从行间画出并牵出到页边空白处改正，不宜在版内改正。

（3）墨色相同的校对引线不可交叉。

（4）校样上改正的字符要书写清楚。

表 2 - 1 是 1994 年经国家技术监督局批准实施的标准校对符号及其用法：

表 2 - 1　校对符号及用法示例

编号	符号形态	符号作用	符号在文中和页边用法示例	说　明
一、字符的改动				
1		改　正	增高出版物质量。（提） 改革开改（放）	改正的字符较多，圈起来有困难时，可用线在页边画清改正的范围 必须更换的损、坏、污字也用改正符号画出
2		删　除	提高出版物物质质量。	
3		增　补	要搞好校工作。（对）	增补的字符较多，圈起来有困难时，可用线在页边画清增补的范围
4		改正上下角	16=42 H2SO4 尼古拉费欣 0.25+0.25=05 举例2×3=6 XY=1:2	
二、字符方向位置的移动				
5		转　正	字符颠倒要转正。	
6		对　调	认真经验总结。 认真验结经总。	用于相邻的字词 用于隔开的字词
7		接　排	要重视校对工作， 提高出版物质量。	
8		另 起 段	完成了任务。明年……	

第二章

文案管理

9	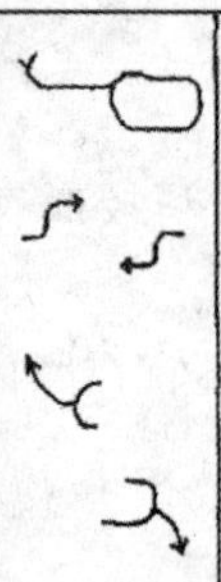	转　移	校对工作，提高出版物质量要重视。 "。以上引文均见中文新版《列宁全集》。 编者　年　月 …… 各位编委：	用于行间附近的转移 用于相邻行首末衔接字符的推移 用于相邻页首末衔接行段的推移
10	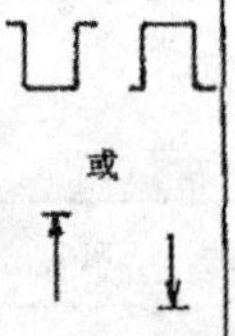 或	上下移	序号　名称　数量 01　显微镜　2	字符上移到缺口左右水平线处 字符下移到箭头所指的短线处
11	 或	左右移	要重视校对工作，提高出版物质量。 3 4　5,6　5 欢呼　歌　唱	字符左移到箭头所指的短线处 字符左移到缺口上下垂直线处 符号画得太小时，要在页边重标
12		排　齐	校对工作非常重要。 必须提高印刷质量，缩短印制周期。 国家标准	
13	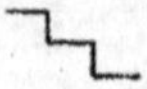	排阶梯形	RH_2	
14		正　图	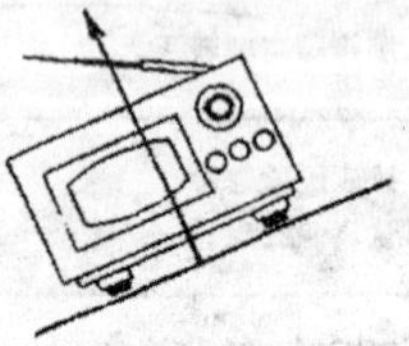	符号横线表示水平位置，竖线表示垂直位置，箭头表示上方

三、字符间空距的改动

15	∨ >	加大空距	├一、校对程序┤ 校对胶印读物、影印书刊的注意事项：	表示在一定范围内适当加大空距 横式文字画在字头和行头之间
16	∧ <	减小空距	二、校对程序 校对胶印读物、影印书刊的注意事项：	表示不空或在一定范围内适当减小空距 横式文字画在字头和行头之间
17	#	空 1 字距 空 1/2 字距 空 1/3 字距 空 1/4 字距	第一章校对职责和方法 1. 责任校对	多个空距相同的，可用引线连出，只标示一个符号
18	Y	分　开	Goodmorning!	用于外文

四、其　他

19	△	保　留	认真搞好校对工作。	除在原删除的字符下画△外，在原删除符号上画两竖线
20	○=	代　替	(兰)色的程度不同，从淡(兰)色到深(兰)色具有多种层次，如天(兰)色、湖(兰)色、海(兰)色、宝(兰)色…… ○=蓝	同页内有两个或多个相同的字符需要改正的，可用符号代替，并在页边注明
21	○○○	说　明	第一章 校对的职责 改黑体	说明或指令性文字不要圈起来，在其字下画圈，表示不作为改正的文字。如说明文字较多时，可在首末各三字下画圈

知识链接

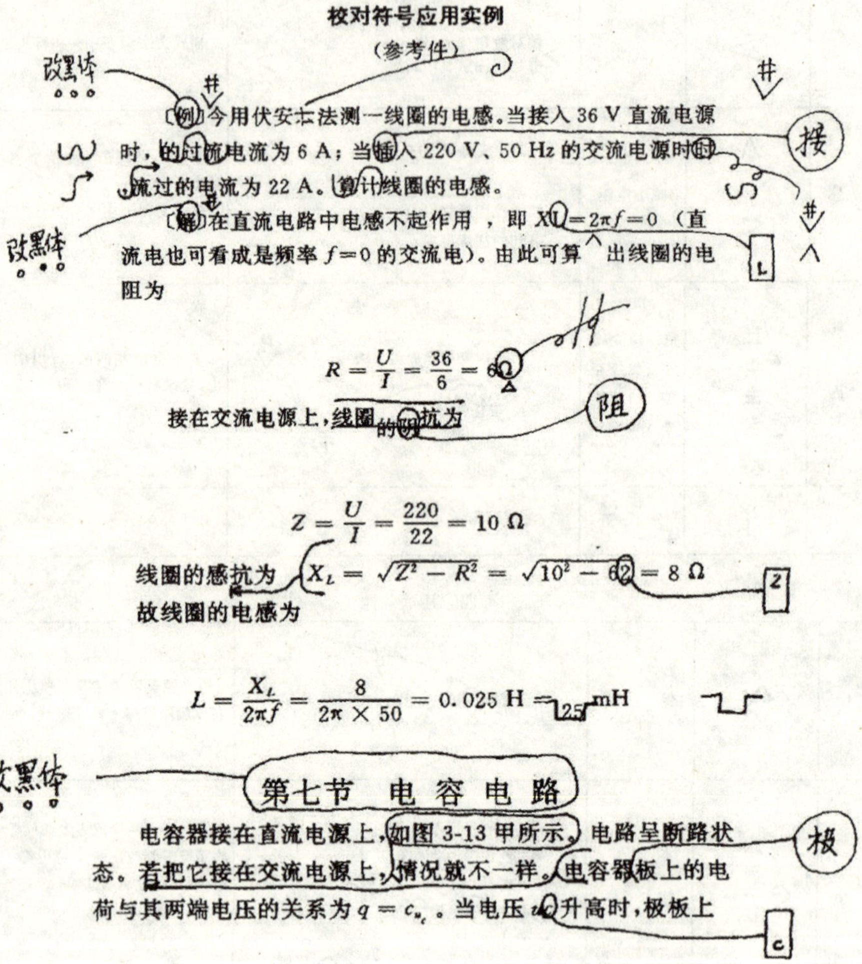

校对符号应用实例

（参考件）

〔例〕今用伏安表法测一线圈的电感。当接入 36 V 直流电源时，测得流过的电流为 6 A；当接入 220 V、50 Hz 的交流电源时，流过的电流为 22 A。试计算线圈的电感。

〔解〕在直流电路中电感不起作用，即 $X_L = 2\pi f = 0$（直流电也可看成是频率 $f=0$ 的交流电）。由此可算出线圈的电阻为

$$R = \frac{U}{I} = \frac{36}{6} = 6\Omega$$

接在交流电源上，线圈的阻抗为

$$Z = \frac{U}{I} = \frac{220}{22} = 10\ \Omega$$

线圈的感抗为 $X_L = \sqrt{Z^2 - R^2} = \sqrt{10^2 - 6^2} = 8\ \Omega$

故线圈的电感为

$$L = \frac{X_L}{2\pi f} = \frac{8}{2\pi \times 50} = 0.025\ \text{H} = 25\ \text{mH}$$

第七节 电容电路

电容器接在直流电源上，如图 3-13 甲所示，电路呈断路状态。若把它接在交流电源上，情况就不一样。电容器极板上的电荷与其两端电压的关系为 $q = Cu_c$。当电压 u_c 升高时，极板上

四、文案的收发

国务院颁布的《国家行政机关公文处理办法》对公文的收发有严格的规定，相比起来，“三资”企业的文案办理，虽有类似之处，但从总体上来看，其程序相对要简便些，而且不同的企业根据其自身管理的需要，也会制定与之相适应的收发文制度，涉外秘书应予以执行。

（一）收文处理程序

组织的文案有时是跟邮件一起通过邮政渠道寄来的，有的可能是由专门的部门或人员送来的，不管采用哪种方式，收文处理程序大致都包含签收、拆封、登记、分发、办理、分类存放、归档等环节。其中，签收和拆封的方法与本书第五章中邮件的签收和拆封是一致的，这里先不赘述。

对已签收和拆封后的文案，大体上要作如下处理：

1. 登记

为方便文案的运行、统计和查找，对于正式往来和需要答复办理的文案，涉外秘书要认真予以登记。登记内容大体如表 2－2 所示：

表 2－2　××××收文登记表

收文号	收文日期	来文标题	来文单位	来文字号	附件	办理情况	归档日期	备注

收文登记内容可以根据实际工作需要予以适当调整。如上表是按照来文的时间顺序，也可以按照行文关系、来文性质或发文单位所在国家、地区、行业性质等来分类，也可以是几种方法同时使用。可以是制成一个总表，也可以是按不同的类别分列成几个细表。

为提高工作效率，在对文案进行登记时，可以根据其内容同时对文案进行分类，登记完毕，分类也就完成，然后就可分发给各部门或各有关人员进行办理。

2. 分发

文案登记完毕后，涉外秘书对于需交由有关领导或部门办理的文案应及时分类发放，当天收到的文案原则上应当天分发完毕。

一般来说，涉及组织全局的文案应送给组织有关上司批办；业务性文案可交由有关的业务对口部门办理。

分发时，如是阅件，可写上“（呈）（拟请）××阅”或“请××、××部阅”等。如是办件，可写“呈××阅示，（建议）（拟）请××部办理”等。如涉及多个部门或者是机密文件传阅，最好制作传阅单，并把传阅单连同文件一起发出。表 2－3 是一传阅单示例。

表 2－3　文案传阅单

文案名称						
发文部门			发文字号			
发文日期			收文日期			
部门	姓名	呈文时间	领导批示	退文时间	签名	备注
注：1. 为保证文件的效用，每位阅件人阅文时间为一天； 2. “呈文时间”由文件管理员填写，“退文时间”请阅件人填写。						

涉外秘书分发文案时要注意的主要事项有：

（1）严禁文案横传。文案传阅时，为明确责任，确保文案特别是密件的运行安全，原则上不允许阅文人员之间互传文案，只能在送阅人与阅文人之间进行。

（2）文案传阅过程中，要注意检查文案是否有损坏或缺页、附件是否连同正件一起被收回等。

3. 办理

办理是收文处理的核心环节，即对来文的内容和要求等予以具体落实、办理。如果对来文不办或办而不力，则会影响组织的正常运转。

对于属自己职权范围内的文案，涉外秘书应及时着手办理。

对于交由其他部门办理的文案，要加以跟踪，及时了解并收集有关的反馈信息。

对于上司批办的文案，要加强对其办理情况的督促、检查工作。

4. 存放归档

文案办理完毕，要进行分类存放，有的还要立卷归档。这在后面再专门论述。

（二）发文处理程序

与国家行政机关有所不同，“三资”企业主要是制发商业文案和公关宣传文字等，其处理程序主要是拟稿、审核、签发、缮印、用印、登记、封发等。

1. 拟稿

在“三资”企业中，重要的文案多由上司亲自起草或亲自组织有关人员拟就。属于职能部门的业务，由职能部门起草，经秘书过目润色后，再交给上司审查。涉外秘书多撰写一般的综合性文案。文案的具体写作过程在写作中有专门的论述，这里不再赘述，特别要强调的是：

（1）内容表达要清楚、完整，不能模棱两可，以避免产生歧义。

（2）语言表达要注意符合国际规范要求。

（3）格式要规范。涉外文案，如国际商务信函、国际商务社交文书（如邀请信、国际商务致辞等）大都有其自身惯用的特定格式，写作时要予以遵循。

2. 审核

审核是对文案质量把关的关键性环节。初稿完成后，不管是自己草拟的还是来自其他职能部门的文案，涉外秘书都应先对文案的内容、语言、体式等再进行全面的审核和检查，然后再送予上司签发。审核的目的是保证文案的质量，减轻上司的负担。审核的主要目标是：

（1）文案对相关的内容是否表达正确、清楚，如果涉及多个部门，是否已协调一致，有关部门是否都已会签同意。

（2）文字表达是否准确、简练、明白，要尽量避免模糊、易产生歧义的词语。

（3）文案的格式是否规范、完整。

对于审核中发现的问题，要予以及时解决。如属原则性或具体业务问题，可以提出相关意见并退回承办部门修改；如属文字表达的问题，秘书可作修改，并最好同时请承办部门或承办人阅知。

3. 签发

签发是指上司对已审核的文案进行最后审定，签署印发。签发是上司履行职权、承担

责任的体现。

文案一经审核，即成定稿，不得再对其内容进行修改。如发现问题，确需修改，应先经签发人批准。

4. 缮印

对已签发的文案，涉外秘书可以根据实际的需要进行缮印，使之成为正式文本。少量的文案，可以直接在打印机或复印机上进行；大批量的文案，可以由印刷厂印刷。秘书要做好校对和保密（如有必要的话）工作。

另外，对印制出来的正式文本，多页需装订时要做到整齐牢固，便于阅读和处理。

5. 用印

印章是一种重要的凭证，对于行政公文来说，更是其生效的标志，因此用印是一道严肃的程序。文案印制完毕，经有关人员批准后，须加盖公章的应加盖公章，有的还须上司签字后再盖印，涉外秘书应根据需要严格按照规定及时办理好有关的手续，以便尽快将文案发出。用印时要注意：

（1）用印文件的制发部门必须与印面一致，用印文件的内容必须与签发的定稿相符，否则不得用印。

（2）印面要端正清晰，用印的位置要正确，下要骑年盖月，上应不压正文，并且不得盖歪和倒盖。

（3）要根据发文的印数核实用印的份数，超过印数的不能用印。

（4）单一部门制发的公文在落款处不署发文部门的名称，只标识成文时间。

（5）联合发文时，主办部门印章在前，印章间互不相交或相切。

6. 登记

为便于文案的管理，重要文案发出前须予以登记，以备存查。表 2-4 是发文登记表示例。

表 2-4　发文登记表

发文时间	发文标题	发文字号	发送单位	发送时间	发送方式	签收人	备注

7. 封发

登记完毕后，涉外秘书可将文案装入封袋，准备寄发。装封寄发时要注意的事项与本书第五章邮件寄发相同，这里先不赘述。此外，还要强调的两点是：

（1）根据工作需要选择合适的邮寄方式。

（2）对机要文案，发送外单位时，要索取“收文回执”，并加以妥善保存。

五、文案的立卷归档

文案管理的最后环节是将办理完毕的、具有保存价值的文案予以分类存放、立卷归

档，方便需要时查找。

所谓立卷，就是将办理完毕的、具有保存价值的零散的文案材料，根据其形成规律、特点、价值等，进行整理、分类，组合成案卷。

归档，简单来说，就是把经系统整理的案卷交给有关的档案部门保存。

立卷归档工作的主要环节有：

（一）立卷归档的范围

涉外秘书每天都要接触、处理大量的文案，并非所有的文案都有保存价值，因此，必须先明确哪些文案是需要保存的。一般来说，“三资”企业涉外秘书要立卷归档的文案范围大体包括：

1. 法律法规类

指与企业的经营管理有关的政府法规及与企业自身有关的法规性文案，如中国政府关于外资企业的政策、法规和税收文件；企业成立时的各种文件，如中外合营协议书、中外合营企业章程、合同以及企业的注册专利、商标注册证明等。

2. 行政管理类

指企业日常管理和决策中需要使用的、应当长期保存的文案，如董事会名单、企业各种规章制度；企业在生产经营过程中形成的重要文案，如董事会等重要会议的会议记录、有关的规定和条例、各种统计报告、文案收发记录、重要的来往信函、人事材料等。

3. 生产经营类

指与企业经营管理活动有关的各种重要的文案资料，如生产经营计划、市场调研分析报告、商品价格表、技术图纸、新产品研发报告、设备管理情况、客户和协作单位的资料等。

4. 金融财务类

指企业各种金融财务文案，如财务预算、决算报告，财会记录，账单账本，银行对账单，税务报告，发（订）货单副本等。

（二）拟制立卷类目

对于需要保存的文案，应拟制立卷类目，对文案进行整理，分类存放。

涉外秘书可以根据以往企业活动和文案形成的规律，对在工作中可能产生和收到的文案，预先编制分类方案，拟制立卷类目，并用不同颜色的笔或不同颜色的标签标注于不同的文件夹或文件柜中，对办理完毕的文案材料，“对号入座”、“随办随归”，这样可以避免文案的堆积。

立卷类目由类别和条款（目）组成。类别即文案的类属，如“公司工作计划类”、“公司生产计划类”、“公司营销计划类”等。条款（目）是指类别之下具体概括一组文案的题目，如某一电子公司的“生产计划类”下又可分“DVD 生产计划”、“数字电视机生产计划”等条款。编制时还可以给条目和条款编号，以便查找。

分类立卷的方法，国家行政机关的公文与“三资”企业的文案有所不同。国家行政机关主要是采用“六特征”立卷法，即：

①作者特征——将同一作者（机关或单位）制发的文件组合成一个案卷，其优点是便于了解文件来源。

②问题特征——将涉及同一事件、同一问题的文件材料组合成一个案卷，这种方法既保持了文件之间的有机联系，又便于历史检索，是一种使用比较广泛的立卷方法。

③名称特征——名称即文种，即将同一文种的文件组合成一个案卷。它能在一定程度上反映出案卷的重要程度和价值。

④时间特征——将针对同一时期（相同时间段）的文件组合成一个案卷。这种方法保持文件在时间上的联系，反映出不同阶段的工作情况与特点。

⑤地区特征——将内容反映同一地区的有关文件组合成一个案卷。按地区立卷，可以反映某一地区的工作情况。

⑥通讯者特征——将本单位与某一单位之间就一定问题进行工作联系时的来往文件组合成一个案卷。它所涉及的是双方单位就某问题往复的文件，不包括双方各自单独的发文。

“三资”企业的文案立卷，必要时可以采用国家行政机关公文的方法。此外，出于经营管理的需要，它有自身的一些方法，涉外秘书应按照其规定执行。其常用的方法有：

1. 字顺法

字顺法也称为字母分类法或直接存取法。它根据文案作者（单位名称或人名等）或文案题目的字母排列顺序分类。这是西方档案管理中常用的一种方法。使用这种方法时，26个字母被分成9组，即ABC/DEF/GHI/JKL/MNO/PQR/STU/VW/XYZ。

使用字顺法时要注意几个问题：

（1）作者同姓。若出现作者同姓的情况，则按名字的字母顺序排列前后次第；若第一个名字也相同，则按第二个名字的字母顺序排列。

（2）单位、企业名称中若包含着人名，则以个人姓名的字母顺序分类排列。

（3）单位、企业名称中含有数字者，则需将数字用文字写出，然后再按字母顺序排列。如The 35 Club，应按Thirty-Five Club排列。

（4）单位、企业名称中含有冠词“The”和“A”者，不必考虑冠词，直接以名称字母排列顺序即可。

2. 主题词法

主题词法是一种着眼于文案内容的分类方法。当文案的内容即主题显得比作者更为重要时，就多采用这种方法。

为了更加科学化，也更方便使用，使用主题词法时，往往在一个主题下面再分设若干小类，如果小类比较多，必要时又可以采用字顺法进行排列。如与新、马、泰的贸易合同可归类为：

（一）进口货物贸易合同

1. 大米进口贸易合同

2. 食油进口贸易合同

……

（二）出口货物贸易合同

1. 服装出口贸易合同

2. 陶瓷出口贸易合同

……

3. 数字法

数字分类法亦称数码分类法，即给每一通讯者或专题规定一个数码，案卷按数字进行排列。采用这种分类立卷方法，应同时制作一份索引目录，标示数码所代表的类别，以方便查找。这种方法比较简便，又便于记忆及计算机保存。如某公司贸易合同的文案，用数字法排列：

1 食物贸易合同
2 服装贸易合同
3 日用品贸易合同
……

每一项目下如果还有分目，可以用小数点表示：

1.1 大米贸易合同
1.2 食油贸易合同
1.3 大豆贸易合同
……

如需再往下分项，可以以此类推下去。

4. 地区法

地区法又叫地理分类法，即按文案产生和形成所涉及的国家、地区名称的字母顺序进行排列。排列顺序依次是先洲别，再国别、州（省）别、市（县）别。

5. 时间分类法

时间分类法是按文案产生和形成的时间先后顺序分类，按年、月、日的自然顺序排列。如果文案成文的时间相同，则按文案形成的单位级别高低排列。

（三）平时归卷存放

涉外秘书在平时的日常工作中，应加强对文案的收集、整理和归卷存放。

对于不必保存的文案，应用碎纸机进行切碎或集中焚烧，一般不能随手扔弃或当作废纸来卖，这是缺乏保密意识的体现，因为对于本企业来说，有些文案虽然不需保密，但对于其他企业来说未必没有参考价值。

对于正在办理或因其他原因尚未能归档的文案，应单独保管并标上“待归”字样，一旦办理完毕，应立即归档。

对于办理完毕且有保存价值的文案，应“随办随归”，根据其所属类别，存放进已预先拟制好的类目中去。需要注意的是，由本单位制成的文案、封发后留下的定稿和存本、上司出差带回来的资料等，都是属于“处理完毕”的文案。

（四）调整立卷归档

虽然已经预先拟制了立卷类目，但平时归卷存放的条理性和系统性肯定尚有不足之处，因此，在定期（有的半年，有的一年，不同公司、部门视实际情况而定）归档前，涉外秘书还应将平时已归档的文案进行认真、细致、系统的全面检查和调整，最后确定组卷并归档。调整工作主要包括：

1. 检查归卷文案

检查工作主要有以下几个方面的内容：

（1）已归卷文案是否齐全完整，有无遗漏、短缺之处或未办理完毕的文案。同时，如果发现有重份或无保存价值的文案，应加以剔除。

（2）卷内的文案材料是否与立卷类目相吻合，有无游离或矛盾状况。

（3）已归卷文案是否有一定的内在联系和系统性，有无拆散和混淆现象。

（4）卷内文案的保存期限是否大体一致，数量是否适中。一般来说，卷内文案以100～200页为宜，过厚或过薄都是不当的。

2. 排列卷内文件并编号

将卷内文件进行系列化排列，固定每份文件的位置，使其系统化、条理化，方便检索利用。

卷内文案主要的排列方法有：

（1）时间排列法。对于同一问题或关系密切的问题、同一作者或同一文种组成的案卷，都可以按文案的时间先后顺序排列。

（2）姓氏笔画排列法。这种方法多用于人事案卷。

（3）重要程度排列法。如重要文案排前，次要排后；方针、政策性在前，业务、事务性在后；综合性在前，专题性在后；主件在前，附件在后；定稿在前，草稿（讨论稿）在后；批复在前，请示在后；问函在前，复函在后；文字在前、图件在后等。

文案顺序排列好后，为了使其固定化，便于保管和检索，要进行统一编码，包括页码及每份完整文案的号码（即件号），一般用阿拉伯数字标在页面的右上角；正文和附件、存本和定稿或有两种文字的文木，只编一个件号，但问函和复函则各编一个号。编号要细心，避免重号或跳号，号码要清晰工整，大小适中。

3. 拟写案卷标题

案卷标题就是案卷的名字，是对卷内文案主要内容的概括。案卷标题是查找文案的向导，因此应注意概括准确，表达清楚，文字精练。其结构大体是：通讯者＋（时间）（地区）问题（名称）。如《××电子集团××××年度董事会会议记录》。

4. 填写卷内目录和备考表

为便于查阅和统计，一般来说，归档的文案卷内都有一个目录表，内容大体包括：

（1）顺序号，即件号。

（2）文号，即发文单位所标明的文件代号。

（3）作者，即发文单位，可用简称。

（4）标题，如原件无标题，须标明事由。

（5）日期，即成文日期。

(6) 页号，即文案在案卷中的起止页号。

(7) 备注。

表2-5是一卷内目录参考表。

表2-5　卷内目录表

顺序号	文号	作者	标题	日期	页号	备注

在案卷中，卷首目录表置于首页，而在全卷最后，则有一备考表，注明卷内文件状况（如是否有缺页、破损、修改、补充、移出等情况），和立卷时间，人员情况等，以备查考。要注意的是，即使没有特殊情况要填写，也要将一张空白备考表置于卷内一起装订，以供必要时填写。表2-6是一备考表参考范例。

表2-6　卷内备考表

本卷内共有　　　份　　　页 本卷情况说明：   立卷人： 检查人： 立卷时间：

5. 填写案卷封面

为了使案卷更好地保存，归档的案卷必须加封皮，即封面和封底。封皮要用较厚的、质量较好的纸张统一印制。图2-1是一规范的国家行政机关案卷封面范例。

上　海　市　档　案　局 上　海　市　档　案　馆
机关党委
上海市档案局机关党委2003年工作计划及总结

自　2003　年　01　月至　2003　年　12　月	保管期限	永久
本卷共　2　件　14　页	归档号	

全宗号	目录号	案卷号

图 2－1　国家行政机关案卷封面

“三资”企业的案卷封面有时会比较简单。参考图 2－2。

档号：

（案　卷　标　题）

立卷单位______

起止日期______

保管期限______

密　　级______

共　卷　第　卷

图 2－2　“三资”企业案卷封面

6. 装订案卷

封面填写完毕后便要装订，以免文案散失和损坏。装订前要拆除文案上的金属物件，如订书钉、大头针、回形针等，以免日久锈蚀案卷。对纸张尺寸过大的，要折叠整齐；对未留出装订位置或纸张过小的，要用白纸加边托裱；对破损的要裱糊。装订时在左侧订线上打上三个孔眼（距离约7cm），用线绳装订，结头打在背后。

7. 归档管理

在国内的涉外单位，涉外秘书要严格按照国家关于档案移交的有关规定，做好文件的归档工作。

在“三资”企业，尤其是在中小型企业中，没有专门的档案部门，涉外秘书有时必须兼任档案管理工作。主要环节有：

（1）案卷归档前，还必须对案卷作全面、认真、细致的检查。

（2）案卷归档的同时应编制案卷保存一览表。表2－7是一参考样式。

表2－7　案卷目录表

案卷号	案卷标题	起止日期	页数	密级	保管期限	备注

（3）选择合适的档案摆放方法。一般是先按保管期限排列摆放，经常使用的、保存期短的放在上层或左边，以便于查找。再按机构或问题排列，具体可根据分类方案进行。

（4）完善借阅制度。涉外秘书应协助上司制定和完善档案借阅制度。借阅时应办理相应手续。表2－8是借阅卡参考样式。

表2－8　借阅卡

借阅人	部门	借阅日期	归还日期	备注

对于一些有保密要求的档案，如董事会会议记录、重要技术图纸等，更要严格控制借阅范围和执行借阅制度。

档案借出时，注意插入代用卡，便于归还时放回原处。

六、电子文案管理

随着办公室自动化的不断发展和普及，组织管理需要的各种文案正越来越多地由传统的纸质文案向电子文案过渡，从总体上来说，上文所述对纸质文案的管理制度和方法，对电子文案管理基本上也是适应的，应加以遵照执行，下文不再重复。同时，由于载体的不同，电子文案的管理有一些特殊的要求，涉外秘书在对电子文案实施管理过程中必须加以注意。

（一）电子文案的制作

1. 预制模板

为了提高办事效率，涉外秘书可以将一些有固定格式要求的常用文案和拟稿纸的格式预先制成模板储存起来，需要时调出相关的模板，只需输入不同的正文和项目要求，便能自动生成格式，省却每次都制作格式的麻烦。

2. 保存拟稿

对于需上司签字的文案，在相关的拟稿纸上输入正文、填全所有项目，经校对无误后，应将电子文案打印出来，提交上司签发。为安全起见，即使上司已使用电子签名，也要请其在纸质文本上签字并妥善保存。

3. 严格校对

电子文案形成后，为确保文案质量，应对文案进行严格校对，可以由计算机校对后再进行人工校对，尽量保证文案内容和格式、语言表达准确无误。

（二）电子文案的传输

1. 电子文案的发送

（1）忌传涉密文案。由于网络的安全性有限，因此，一般来说，涉密文案不宜通过网络传输。即使网络已经经过保密处理，传输过程也要注意保证有人跟踪看管。

（2）及时查询发送情况。电子公文传输之后，涉外秘书应及时对所发的电子文案的接收情况进行查询。查询方法可以是直接要求接收方收到后回复或通过电话查问等。对退回的文案应及时签收并采取有效的补救措施，必要时可向收文机构发送纸质文本。

2. 电子文案的接收

（1）接收电子文案的部门应当对文案的发送部门、文案的完整性及体例格式等进行核对，确认无误后予以接收。

（2）文案接收后要及时发送电子回执。

（3）把电子文案存储在安全的存储器上。

（三）电子文案的办理

1. 双轨制的并行

前面说过，由于电子文案的安全性尚未能得到完全保证，因此，在相当一段时间内，文案管理将会持续双轨制的格局，即电子文案和纸质文案并存。涉外秘书对需要批办或拟办的文案，应将文案处理单打印成纸质文本，交给上司批办或有关部门办理，并加以保存。使用电子签批软件的，也应当在上司以电子方式签批后，打印出来予以保存，重要电子文案更应如此。

电子文案办结后，应在文件处理单的纸质文本和电子文本上分别留注办理结果。

2. 通过局域网进行

一般来说，单位内部大都有相对独立的局域网，电子文案的办理，可在本单位或单位指定的局域网内进行。涉密文案特别要采取保密措施。

发文单位要注意跟踪文案的接收情况，收文单位要及时发出电子回执，加以确认。

电子文案在形成和处理过程中，应采取严密的措施，保证其不被非正常改动。

(四) 电子文案的安全管理

电子文案在一定程度上记录着企业经营管理活动的信息，现代企业的竞争，从某种意义上来说，也是信息的竞争，因此，保护好信息、保护好电子文案的安全，对企业的运作至关重要。

电子文案的安全主要有两个方面：信息内容安全和物理安全。

1. 信息内容安全

对于需保密的电子文案，应对其密级予以正确和合法界定，并从技术上处理好公开信息和保密信息的关系。

(1) 权限控制。即对电子文案的用户进行身份验证，限制和防止无关人员随意进入，例如建立分级网络、分级授权，控制信息的公开范围等，以达到保护信息内容安全的目的。如我国目前各政府机构就通过这种方式，保障政务信息内容的安全。还可以实施信息资源分级管理，不同级别的访问者、管理者拥有不同的权限，使用资源时须进行身份认证。

(2) 签署技术。目前，电子文案的签名技术一般包括证书式数字签名和手写式数字签名。

(3) 加密技术。对数据进行加密处理，使其成为不可读的一段代码，只有输入相应的密钥之后才能显示出本来内容。以此来达到保护数据不被非法窃取、阅读的目的。

(4) 监控技术。这是一种访问控制技术，它是在单位的网络和外界之间设置障碍，即防火墙，对数据系统的进、出两个方向进行监控甄别，阻止对本单位信息资源的非法访问，也阻止本单位的机要信息从数据库非法输出。

(5) 防写措施。利用软件将文件设置为“只读”状态，在此状态下，用户只能从计算机上读取信息，而不能对其作任何修改。

2. 物理安全

对电子文案的物理安全保护，将在“信息工作”一章展开叙述。

(五) 电子文案的归档

(1) 电子文案归档与办理一样，也实行“双轨制”。即电子文案应与纸质文案或其他载体形式的文案一并归档，具有永久保存价值的文本或图形形式的电子文案，须制成纸质文案或缩微品等与电子文案一并归档，并且在内容、相关说明及描述上应保持一致。不可制成纸质文案的电子文案正本须同步制作脱机备份。

(2) 只有电子签章的电子文案，发文单位在归档时须在纸质文件上加盖具有法律效力的公章，以保证电子文件的凭证作用。

(3) 具有永久保存价值的文案，存储时须附有规范的机读目录，并将其与收发登记表、有关的说明等一起归档保存。

(4) 为更好地对电子文案实行有效的管理，需归档的电子文案，一般应转换成标准规范格式。一般来说，文字型电子文案以 XML、RTF、TXT 为通用格式；图像型电子文件以

JPEG、TIFF 为通用格式；视频和多媒体电子文件以 MPEG、AVI 为通用格式；音频电子文件以 WAV、MP3 为通用格式。在目前实际应用中，也有很多使用版式文件（pdf 或 ceb）格式归档的，因为其文字信息可以被直接复制利用。

（5）电子文案形成单位应在电子文案归档时对相关项目进行检查，包括与纸质公文核对内容、签章，审核电子公文收发登记表及相关的著录条目等，确认电子文案及相关的信息和软件无缺损且未被非正常改动，电子文案与相应的纸质文案内容及其表现形式一致，处理过程无差错。

（6）归档电子文案光盘编号的形式及编写方法是：

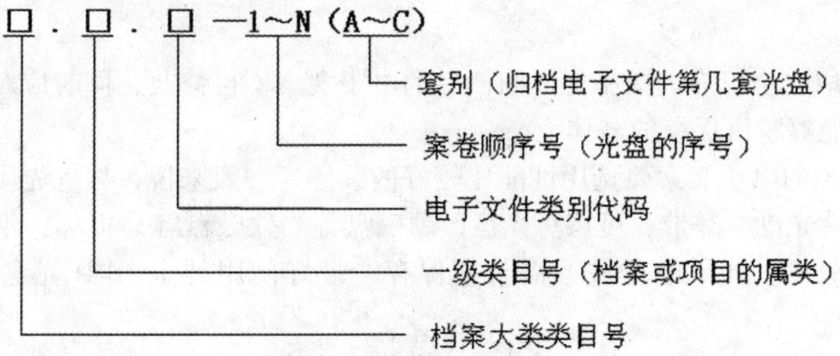

其中，档案大类类目号、一级类目号按档案实体分类执行，如有需要，可用到二级类目号。一级类目号指产品代号、课题代号以及建设项目代号等。电子文件类别代码用字母表示：T—文本文件；I—图像文件；G—图形文件；V—影像文件；A—声音文件；O—超媒体链接文件；P—程序文件；D—数据文件。套别指归档电子文件套号，用 A 表示封存保管，B 表示查阅利用，C 表示异地保管。

知识链接

归档电子文案光盘编号举例

××公司××××年购置的×××扫描仪安装软件编号是 C1P－1（B）.

C 1 P-1（B）

- 套别（查阅利用）
- 案卷顺序号（第 1 张光盘）
- 电子文件类别代码（程序文件）
- 一级类目号（办公设备）
- 大类类目号（设备档案）

（7）应采取安全可靠的措施保证归档后的电子文案不可修改，同时应对电子文案进行备份，存储于能够脱机保存的载体上。

（8）需归档的电子文案要选用性能比较好的载体。一般来说，按优先顺序依次为：只读光盘、一次性光盘、磁带、可擦写光盘、硬磁盘等。软磁盘容易损坏，不宜作为归档电子文案保存的载体。如果电子文案需长期保存，最好使用纯金 DVD 光盘进行数据备份存储。

（9）归档的电子文案，应按本单位档案分类方案进行分类、整理，拷贝至耐久性好的载体上，一式三套，一套异地保存，一套封存保管，一套供查阅使用。对已加密的电子文案，则应在解密后再制作拷贝。

思考与练习：

1. 文案管理应遵守哪些原则和制度？
2. 涉外秘书处理来文主要有哪些工作？
3. 审核文案的主要目标有哪些？
4. 如何做好保存文案的立卷工作？
5. 如何做好电子文案的归档工作？
6. 如何保护电子文案信息内容的安全？
7. 技能训练：

（1）运用正确的校对符号修改一篇文章的草稿。

（2）对一篇撰拟的定稿按照公文格式进行排版。

（3）调查你所在院系过去一年的收文情况，检查其立卷类目是否合适。如需调整，请拟制调整方案。如果没有立卷分类，请为其拟制一立卷类目。

（4）分别模拟收、发文过程。

第三章 会务工作

【学习重点】

●会前准备工作

●会间的管理服务工作

●会后扫尾工作

秘书的工作总是和各种各样的会议联系在一起的，秘书在会议中的角色可能是组织者、协调者、参加者、助手、记录员之一或“一身多任”，担负着会议多方面的事务工作，涉外秘书也不例外，因此，涉外秘书必须熟悉有关的会务工作。

会务工作就是会议的事务工作，即从会议的筹备到结束，各个阶段的管理与服务工作。会务工作的好坏，直接影响到会议的质量和效果。

一、涉外企业主要的会议类型

（一）经理例会和特别会议

经理例会，顾名思义就是定期例行的会议，通常是每月或每周一次，时间和地点一般也都是相对固定的，与会者是企业的部门经理层人员，会议议题主要是经营管理事项。因为是例会，因此会务工作相对简单，涉外秘书主要是要做好提醒通知、会场准备和会议记录等工作。

特别会议是在企业的内部运转机制或外部环境出现比较重大的问题，须立即拿出解决方案时临时召开的会议。

（二）员工会议

员工会议主要有员工大会和员工例会。

员工大会是全体员工都参加的。会议需要一定的成本。在涉外企业，有时或有的生产线是不能没人控制的，尤其是在生产任务紧迫的状态之下，一旦停产，成本就会加大，因此相对来说，涉外企业比较少召开全体员工大会，而比较多的情况下是分解到各部门，由各部门根据实际情况召开员工例会。

员工例会是某一部门召集本部门的全体员工开会，一般也是定期召开，如生产部门会议、销售部门会议等。这类会议主要是起到部门内部通报情况、交流信息、解决问题和融洽感情的作用。这类会议的形式比较灵活，可以采用团队互动法、头脑风暴法等。

（三）股东大会和董事会议

股东大会是按照公司章程规定举行，所有股东都参加的会议。股东通过股东大会了解公司的运行状况和发展趋向，行使自己的所有者权利，维护自己的利益。一般一年举行一次或两次不等。遇有特别情况，也可召开临时会议。

与股东会议相类似，董事会会议也可以定期召开或临时召开。

董事会定期会议是指由法律和公司章程规定的每年度定期召开的董事会会议。至于每年度召开几次，则由公司章程在法律规定的限度内自定。我国《公司法》规定，股份有限公司董事会每年度至少召开两次会议；有限责任公司董事会的次数，《公司法》未作具体限制，可由公司章程确定。

我国《公司法》规定，如果1/3以上的董事提议，便可以召开董事会临时会议。

股东大会和董事会议的会务工作，从会前的通知召集到会间服务、会后落实等，是比较烦琐的。

（四）公司年会

这类会议通常在圣诞节前举行，类似于我国各级组织的年度总结会。会议主要由部门经理以上级别的人员参加，主要内容是各部门报告一年来的工作业绩，提出下一年的工作设想和目标等，并审核下一年度的经费预算。

（五）客户销售咨询洽谈会

这是企业的重要会议之一。主要是邀请一些重要的客户代表、合作单位代表参加，目的是洽谈投资合作意向、签订购销合同、听取客户对企业经营管理的意见和建议、对客户提出的问题予以集中解答等。客户销售关乎企业的效益，因此这类会议的规格比较高，形式也会比较灵活。

各种诸如产品展销订货会、交易会等，可以是这类会议的变相形式。

（六）新产品新闻发布会

企业研制生产出新产品后，为了扩大新产品的市场占有率，尽可能地提高其市场份额，往往会召开新闻发布会，借助媒体的宣传力量，将新产品隆重地推向市场。有些组织会由专门的公关部门负责筹办，但涉外秘书也要予以积极协助。

（七）培训会议

培训会可以是为老员工举办，也可以面向新员工，也可能是针对某一具体活动举行。不管哪种情况，涉外秘书都必须认真对待，除了组织好有关的被培训人员参加之外，还要注意聘请、召集好培训人员，让被培训人员真正学有所得。

不管什么性质的会议，会务工作一般都分“三部曲”，即会前准备工作、会间的管理服务和会后的扫尾工作。当然，不同的会议，会务工作的侧重点有所不同。

二、会前准备工作

会前的准备工作要做到充分而周密，这是开好会议的先决条件。

（一）制订会议策划方案与筹备方案

会议策划方案和筹备方案一般都是为大中型或重要的会议所做的预设方案。也可以根据实际情况，只制订会议筹备方案。单位内部召开的小规模的会议，则一般不需要起草专门的会议策划方案或筹备方案，只需要通过简易会议计划或会议通知来预先安排好会议事务就可以了。

1. 会议策划方案

会议策划方案是对会议活动的总体战略和大致进程进行前瞻性规划与设计，它是会议筹备工作的依据，也是会议筹备工作有序进行的保障。

一般来说，会议策划的内容大体上应包括以下几个方面的内容，可简称为“5W1HB”：

◎Who：参加会议的对象，即与会人员；

◎What：会议类型、议题和名称等；

◎When：会议时间；

◎Where：会议地点；

◎Why：为什么开会，即会议的主题；

◎How：会议将怎样进行；

◎Budget：会议的成本预算。

（1）who。

与会单位和人员是会议策划的主要内容，它是决定会议规模和影响的直接因素。策划时，要根据会议情况来确定主办单位、承办单位、支持单位、赞助单位、协助单位、协办单位或者合作单位等。与会的具体人选如果没有最后确定，可以预计。

（2）What。

一般情况下，会议是有了某些“问题”或“事情”才开的，即是有了议题才开会，也就是说，会议一般都有着明确的目的和清晰的主题，然后根据会议的议题或主题来确定会议名称。会议名称要体现和强调会议的内容、性质、范围和任务等，如“××大学×年教师节全体员工表彰大会”，标示了会议的主办机构、会议内容、参加会议的人员范围和会议的类型。

会议名称要用精练概括的语言一目了然地揭示会议的某些基本信息。确定会议的名称一般用全称，会议的正式文件、会议记录也一律写会议全称，会议简报和会议的宣传报道可以写规范化、习惯性的会议简称。

（3）When。

会议时间主要涉及两个方面：一是在什么时候召开会议，二是会期的长短。

知识链接

确定会议时间时，应注意考虑多项要素，如：

1. 会议时间与本组织其他活动以及其他重大社会活动时间是否冲突。

2. 会议准备的时间是否充足。

3. 会议时间是否能避开本单位生产销售的旺季。

4. 会议时间是否有利于费用开支的节约（如因旅游淡季和旺季产生食宿费用的高低）。

……

（4）Where。

会议地点的策划包含两个要素：一是选择合适的地方（即会议的举办城市或地区）；二是确定会议召开的具体场所，如在哪个酒店举办会议。选择确定会议具体场所要考虑的核心要素是会议室。

知识链接

确定会议举办地时，应注意考虑多项要素，如：

（1）举办地与会议举办者及与会者所在地之间的距离，这与节省时间和交通费用有着密切的关系。

（2）会后是否安排有观光参观活动，如果有，应该考虑举办地是否有合适的观光参观点。

（3）在会议期间，会议举办地的天气情况。

（4）举办地是否适合公司的业务发展需要。

（5）举办地的交通环境，例如，对于国际会议来说，会议地点所在的城市必须有国际机场。

……

（5）Why。

任何会议都必须有清晰的主题，即开会的根本原因。它概括了会议的主要内容和实质问题，是会议目标的转化，与会人员通过它可以对会议有大体的了解。因此，主题也是会议成功的重要因素，因为会议中所有活动都是紧紧围绕主题来安排的。

会议主题不同于会议议题，一般来说，一个会议只有一个主题，但议题可以有若干个，后者是围绕前者而设立的多个拟讨论的问题。议题是主题的具体化。例如，博鳌亚洲论坛2002年年会的主题是“新世纪、新挑战、新亚洲”，而议题则有20多个，像“亚洲经济发展前景”、“亚洲区域经济和贸易合作与展望”等。

（6）How。

主要是指会议议程的策划，即对会议议题或系列主题活动的顺序安排，它是保证会议有秩序、按计划进行的一项重要工作。一般由涉外秘书初拟，再由领导讨论决定。

一般会议的议程安排是：

①领导和来宾讲话；

②工作报告；

③分组讨论；

④大会发言；

⑤参观及其他文娱活动；

⑥会议总结。

（7）Budget。

会议成本预算是会议策划不可缺少的重要组成部分。通过预算会议各项费用来控制总支出，达到适当降低成本，提高会议效率的目的。

会议预算一般包括以下几项内容：

①会议费：场地租金、设备租金、茶水费等；

②会场布置费：如制作会标、会徽、租借充气拱门等；

③人工费：如报告人的讲课酬金、有关人员的补贴等；

④资料费：如文具费和资料印制等费用；

⑤食宿费：包括茶水、饮料、果点等；

⑥交通费：会议期间各种参观、接待所需的费用等；

⑦其他：如安排参观娱乐所需的费用等。

编制会议预算一定要本着勤俭奉公、节约开支的原则，尽量减少会议不必要的开支，预算要有适当的弹性，预留一定的资金，以应付会议过程中突发而必要的开支。

2. 会议筹备方案

（1）会议筹备方案与会议策划方案的区别。

会议筹备方案是在会议召开之前对构成会议的诸要素作出系统周密、具体详细的书面安排的会议文书。

会议筹备方案与会议策划方案的主要区别在于：

①会议策划是对会议作整体的计划，会议筹备方案是会议策划方案的一个组成部分，侧重于会议准备工作的组织与实施。对会议的时间、地点、议程和经费等方面的内容要予以具体的落实。

②会议策划方案侧重于宏观上的设计，会议筹备方案侧重于微观上的落实，一般是先进行策划和制定预算，再设计具体的筹备方案。

（2）会议筹备方案的构成要素。

会议筹备方案的构成要素主要有：

◎确定会议出席者和分组；

◎确定会议主题和议题；

◎确定会议名称；

◎确定会议议程和日程；

◎确定会议地点；

◎确定会议所需设备和工具；

◎确定会议文件和材料；

◎确定会议的食宿安排；

◎确定会议经费预算和来源。

下面就上列诸要素再择要阐述。

①确定会议出席者和分组。

选择恰当的单位参会，选择合适的人员出席会议十分重要。涉外秘书确定与会者时要注意：

◎ 明确参会单位的职责。

◎ 明确参会者的职责和身份。如主持人、发言人等。参会者身份不同，参加会议的提法也不一样。一般来说，正式代表称为“出席”；列席代表称为“列席”；旁听代表称为“旁听”；特邀成员根据具体情况，可以称为“出席”，亦可称为“列席”。

◎ 与会者要有代表性。根据会议的性质等有代表性地选择和邀请与会者。

◎ 控制与会总人数。总人数直接体现会议的规模效应并影响会议的成本，人数过多或过少都是不适宜的。同时，总人数也是选择会场的重要依据。

确定与会人员是会前准备工作中的一项比较困难而重要的工作，涉外秘书应根据上司的指示和要求，认真斟酌，提出与会人员名单，并请领导审定。

规模较大而且需要安排讨论、审议等活动的会议，还要将与会者进行分组。以下为几种常用的编组方法：

第一，按与会者所在单位编组。

第二，按与会者所在行业或系统编组。

第三，按与会者所在地区编组。

第四，按议题编组。

知识链接

为了提高会议的效率、实现预期目标，确定与会人员的时候，应注意考虑多项要素，如：

（1）与会者与会议所要实现的目标是否有直接或主要的关系。

（2）与会者同会后的行动是否直接相关。

（3）与会者是否具备相关的专业知识或经验，发言是否具有代表性或权威性。

（4）与会者是否能全身心投入会议。

……

②确定会议议程和日程。

会议议程、会议日程和会议程序都是关于会议活动顺序的安排。但它们之间是有区别的。

会议议程是整个会议议题性活动顺序的总体安排，一般不包括会议期间的仪式性、辅助性活动，如果一个会议有两个或两个以上的议题，通常就应当制定议程。

会议日程是将各项会议活动，包括仪式性、辅助性活动，落实到具体的上午、下午或晚上的单位时间里，但凡会期满一天，也就是两个单位时间，就应制定会议日程。如果会期在半天以内，而且是以议题性活动为主的，基本上只需制定议程，而不必制定日程。

会议程序则是一个单元性（大致半天以内）会议活动或单独的仪式性活动的详细顺序和步骤。如以颁奖、选举、揭牌等仪式为主的会议活动，一般就只制定会议程序，而不制定议程。

如果会议的规模较大、会期较长、活动较多，往往就需同时制定会议的议程、日程和程序，以适应不同层次会议活动的需要。

下面着重介绍会议议程和日程的制定。

前面已经说过，会议议程是会议内容的概略安排，一般会在会前分发给与会者。不同的会议，其议程也有异，但写法基本上是一致的。主要包括以下几项内容：

◎ 标题。由会议名称加上“议程”二字组成。如“××学会年会议程”。

◎ 题注。法定性会议议程应当在标题下方说明该议程通过的日期、会议名称，题注的内容要用括号，如“（××××年×月×日××大会通过）”；一般性会议可用括号注明会议的起讫日期，如“（××××年×月×日~×月×日）”。

◎ 正文。简明扼要地说明会议的每项议题和活动的顺序，并冠以序号，条目后面一般不用标点。例文如下：

××省××学会成立大会议程

（××××年×月×日）

（一）讨论通过学会章程

（二）选举理事、常务理事

（三）颁发证书（副会长以上）

（四）当选会长讲话

（五）座谈讨论

××省××学会

××××年×月×日

会议议程的具体表现形式是会议日程，即会议在一定时间内的具体安排。它不仅具体地细化了围绕会议主题的全部活动，而且包括了会议过程中的其他辅助活动，如聚餐、娱乐、参观、考察等。会议日程包括时间、内容和地点三大要素，有的还要写明活动的主持人（或负责人）等。很多时候是采用简单文字或表格形式。表3－1是一则参考例文：

表3－1　××公司××研讨会日程表

日期	时间		内容安排	地点	参加人员	负责人	备注
×月×日	上午	8：30	报到	会议大厅	全体	×××	
		9：00~10：00	总经理讲话	小会议厅	全体		
		10：20~11：50	专家讲座	小会议厅	全体	×××	投影仪
		12：00	午餐	××宾馆	全体	×××	自助餐
	下午	14：30~16：00	×××作报告	小会议厅	全体		投影仪
		16：30~17：30	人力资源总监发言	小会议厅	全体		
	晚上	18：00	晚餐	××宾馆	全体		
		19：30	联欢	娱乐中心	全体		

（续上表）

日期		时间	内容安排	地点	参加人员	负责人	备注
×月×日	上午	7：30	早餐	××宾馆	全体		
		9：00～10：30	分组讨论	小会议厅	全体		
		10：40～11：40	分组讨论	小会议厅	全体		
		12：00	午餐	××宾馆	全体		
	下午	14：30～16：00	各组代表发言	小会议厅	全体		
		16：20～17：00	自由发言	小会议厅	全体		
		17：20～19：20	聚餐	××宾馆	全体		
		20：00	离会				

涉外秘书安排会议日程时要注意：

◎开会时间和会议持续时间对与会人员是否适宜，尤其要考虑重要的与会者，如主管上级、主持人和嘉宾等。

◎根据人的生理节律，会议持续时间应控制在3小时之内，否则会议效果会开始下降。会议最佳时间是上午9：00～11：00，下午14：30～16：30。

◎会议日程的安排要注意松弛有度、劳逸结合，符合人体的生理和心理规律，以提高会议质量。

③确定会议地点。

选择会议场所要考虑诸多因素，主要是：

◎交通便利。

◎环境适宜。要考虑空气质量、噪声大小、环境绿化等因素。尤其是带有秘密性质的会议，更要尽量选择避开闹市区、相对僻静的地方。

◎设施齐备。主要是指召开会议所需要的一般设施，如照明设备、通风设备、音像设备、通信设备、电子白板、桌椅用具、卫生设施以及必要的安全设备等。高级会议还应考虑是否有停车场等。大型会议要注意其安全消防设施。

◎规格适当。会场的装潢档次等要与会议规格相配。会场的大小要与会议规模相符，一般来说，人均应有2～3米的活动空间。

◎成本合理。涉外秘书要在会前通过网络、广告等渠道多方了解、考察能够满足会议需求的地点并提前预订，保证会议能如期举行。

（二）准备会议文件资料

方案一经确定，涉外秘书就要根据会议要求着手准备相关的材料。包括上司各种各样的发言稿和会议文件，如议程表、日程表、签到表等，并把必要的文件装入文件袋，以备会议召开时发放。会议资料的发放有时可跟公关宣传工作结合起来，如在发放的纸笔或资料袋上印制组织及会议名称，以扩大组织的影响。

制发会议通知是其中一项重要的工作。会议内容、时间、地点和与会人员一经确定，涉外秘书就要制发会议通知，以便与会单位和人员提前作好准备。

根据会议的性质，会议通知可以是一次通知，也可以是多次通知。如果是多次通知，应把握好时间。一般来说，需要与会者提交论文、报告、汇报材料或提前准备有关工作的会议，就应该先发预备性通知，等具体的议程、时间、地点等确定后，再发正式通知。

会议通知可以是书面通知，可以是口头通知，也可以是电话、传真或邮件通知，有的还可以是多种形式并用，对于个别特殊的与会者，可以是先口头预通知，再书面通知，甚至是登门邀请。

会议通知必须写明会议名称、会议内容或主题、会议起止时间、会议地点、与会人员须知等，比较详细的通知还可以附上日程安排、费用等。有的会议为了便于组织，还要附上回执。下面是一简单的会议通知和回执示例：

会议通知

尊敬的××××：

为了进一步加强协作关系，增加行业内同仁的交流机会，我公司拟于××××年×月×日上午9：00至下午17：00在××宾馆举行同仁联谊会。

敬请回复及光临。

附：会议日程、路线图、会议回执（略）

×××××公司

××××年×月×日

会议回执一

参会单位	姓名	性别	民族	通讯地址	邮编	电子邮箱	联系电话	交通工具	到达时间	是否住宿	备注

注：请于×月×日前将参会回执发送电子版或传真至会务组，以便安排有关事务。

会务联系人：×××，邮箱：××××××，

电话：×××××××××××，××××××××—×××，

传真：××××××××—×××。

企业内部的例行会议，可以不再通知，如果需提醒，提前打电话即可。

比较大的涉外企业的内部会议，一般有固定的会议通知格式，如下：

会议通知

致：各部门经理

发自：总经理秘书××

通知：定于×月×日（星期×下午15：00～16：30在公司小会议室开会，讨论×月举办公司产品展销会问题。

如您不能出席，请派一名副手参加。

会议回执二

姓名		性别		职务/职称	
工作单位		E-mail			
通信地址				邮政编码	
联系电话		传真号码		是否到会	
是否住宿		到达时间		交通工具	
是否需预订返程票	是（ ）　否（ ） 车（机、船）票　日期： 起止地点：				

涉外秘书制发会议通知时需要注意：

（1）有的会议如果有预备议程或有其他需要与会者事先了解的情况，应随通知寄发一份。有的会议，如股东会议，若需要表决，为了保证表决票数的有效性，在发送通知时应按规定的会议规则行事。发通知时可附上一份代理委托书，以便股东不能出席时可以委托代理人。下面是一份委托书参考样本：

会议委托书

兹委托×××先生（女士）作为我的代理人参加××××年×月×日在××举行的××××公司股东会议，并于会议中行使各项本人应有之权利。

委托人：×××

住址：

代理人：×××

住址：

××××年×月×日

请务必附上您的地址、签名及签发日期，谢谢合作。

（2）如果是会议正式通知，可将会中使用的有关票证（如入场券、代表证、汽车通行证、停车证、座次号、编组名单、交通路线图等）一并寄出，以提高工作效率。

(3) 会议通知草拟完成，要请上司审核同意后才能寄出。

(4) 会议通知应适时寄出。过早寄出，容易被遗忘；过晚寄出，致使准备匆忙。一般来说，会议通知的寄发，应估摸让与会者接到通知后能够既从容作好赴会准备，又能准时到达会议场所为宜。

(5) 会议通知尤其是重要的会议通知发出后，要及时通过各种渠道确认受邀与会者是否已收到。

（三）布置会场

布置会场，是会前准备的一项重要内容。要根据会议的性质、规模、类型等因素来布置。

1. 会场基本布局

不同的会场布局，体现不同的气氛、意义和效果，涉外秘书要根据会议的性质、规模和实际需要安排会场基本布局。其主要形式大体上有以下几种：

(1) 礼堂式。

这种布局的主要特征是主席台和代表席上下面对面相对（如图3-1），突出主席台的地位，整个会场的气氛显得比较严肃和庄重，比较适合大型的代表会议、工作布置会等。

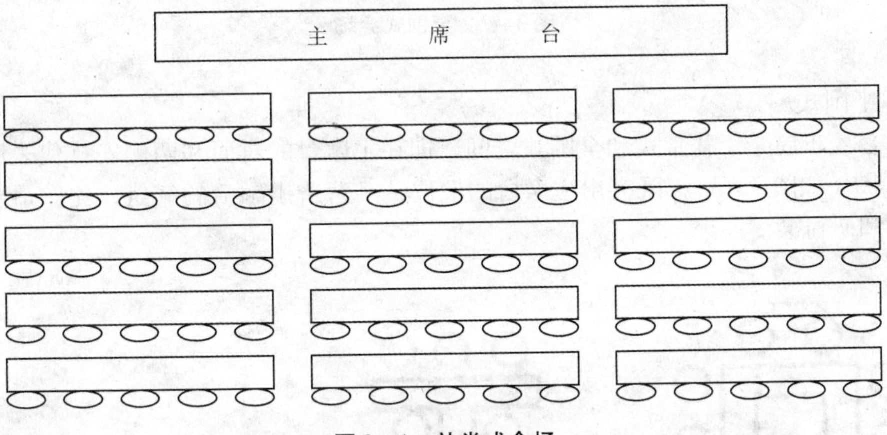

图3-1　礼堂式会场

(2) 全围式。

这种布局的主要特征是不设专门的主席台，会议的领导和主持人同其他与会者围坐在一起（如图3-2），营造出平等、融洽与合作的气氛，比较适合中小型的办公会、研讨会等。

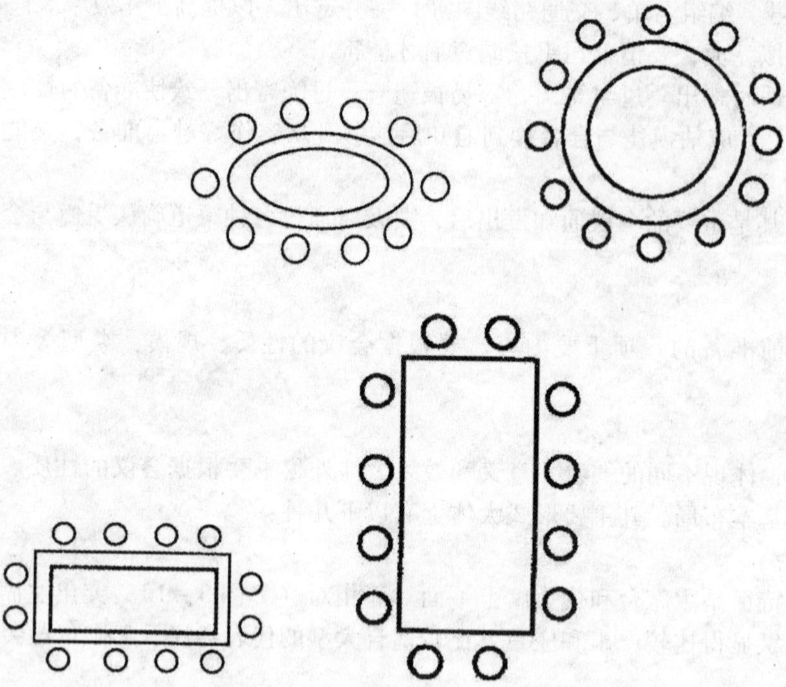

图 3－2　全围式会场

（3）半围式。

这种会场布局介于礼堂式和全围式之间，即在主席台的对面和两侧安排代表席，形成半围的形状（如图 3－3），既突出主席台的地位，又营造出融洽的气氛，比较适合中小型的培训会和研讨会。

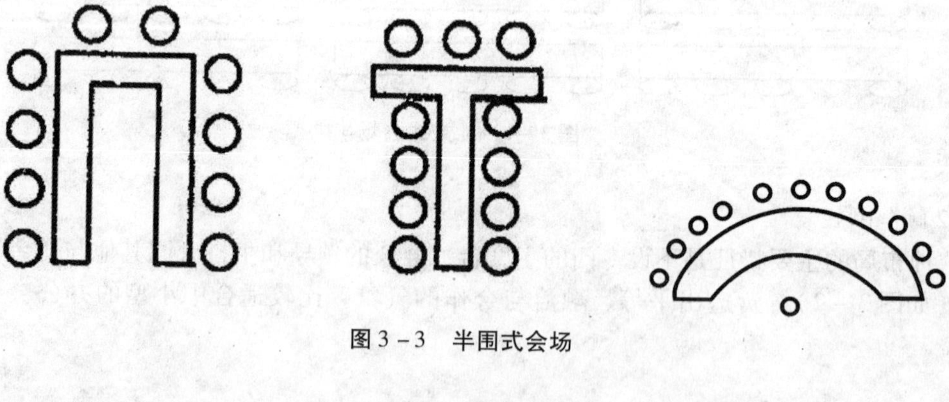

图 3－3　半围式会场

2. 主席台的布置

主席台是整个会场布置工作的重点，不能疏忽大意。

（1）主席团座次安排。

主席台的座位可以根据人数安排一排或多排，前排必须是通栏，后排可以是通栏，也可以分成两栏，中间留出通道。如图 3－4 所示。

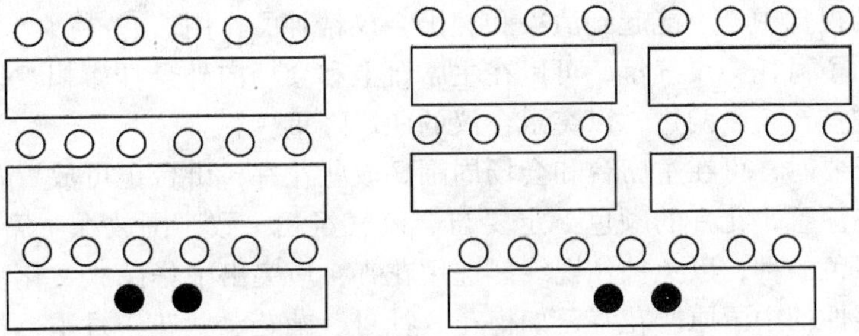

（横式·通栏形）　　（横式·分栏形）

图 3－4　主席台座位

主席团位次的基本规则有三：一是前排高于后排，二是中央高于两侧，三是右侧高于左侧。根据这些原则，再按照在主席台上就座人员的职务或社会地位与声望的高低来安排，最高的安排在主席台前排中央，其余按高低顺序，以正中座位为基点，面向会场，右上左下，一右一左排列。

另外，如果现任领导和离任领导同时出席，则前者高于后者。还有，主席团的排座还要注意单数与双数的区分。如图 3－5 所示。

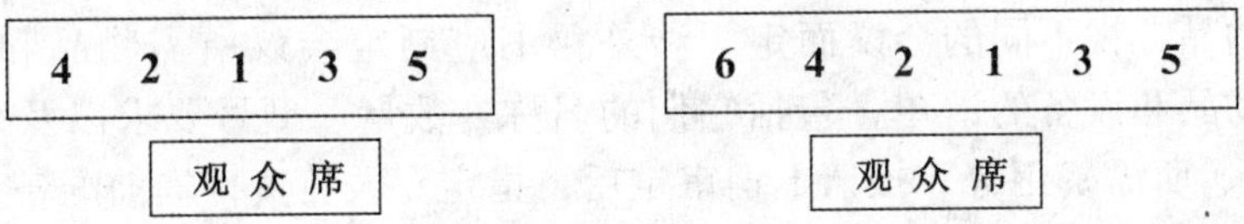

图 3－5　主席台座次

主席台座次必须放置双面名签，以便领导对号入座，避免上台之后互相谦让，同时也便于台下记者和观众辨认。

涉外秘书一定要谨记，会前务必逐一落实主席台上的领导届时能否出席会议。临时如有变化，应及时调整座次、名签，防止主席台上出现名签差错或领导座位空缺。

重要的代表大会和报告会，一般需设专门的讲台。讲台一般设在中央或设在主席台的右侧（以主席台的朝向为准）。设在中央的，位置应低于主席台，以免发言人挡住主席台上领导人的视线。

会议主持人的位置有三种方式可供选择：一是居于前排正中央；二是居于前排的两侧；三是按其具体身份排座，但不宜在后排。有时，主持人也可不在主席台就座，而到讲台主持会议。

(2) 主席台的布置。

除主席团座次外，主席台其他主要的布置是：

①会标。会标要悬挂在主席台的正上方。会标的制作应端庄、醒目、大方，具有视觉冲击力。除悼念性会议外，一般为红底黄字或红底白字，一些专业性的会议也可“因会制

宜”，但要注意与整个会场布置取得和谐；文字以楷体或美术字体为宜。

②会徽。会徽一般悬挂在主席团后面的背景上。会徽是体现或象征会议精神的图案性标志，是会场的视觉中心，能起到渲染和突出会议精神的作用。

③旗帜。为了衬托会议气氛，可以在主席台上和会场内外悬挂旗帜。但要注意，主席台上的旗帜应围挂在会徽两边，以突出会议的庄严隆重。

④花卉。必要时，可在主席台和会场周围摆放些花卉，讲台也可放置花束，借以调节会场气氛。但应注意，花卉的颜色一定要与会议气氛相一致，围放在主席台台口的花卉，宜选择低矮的绿色品种，以免挡住视线。选用花卉，应突出中华民族文化特色，主体花材要多选择有代表性的中国原产花卉，如梅花、牡丹、菊花、兰花、月季、杜鹃、山茶、荷花、桂花、水仙等。选用这些花材，并结合中国传统的艺术花卉的插放造型，可起到宣传源远流长的中华文化的作用。

3. 会场其他附属布置

会场的其他附属布置，如会场的照明、空调、音响、录音、录像等也是不能忽略的。

会场音响一定要预先调试妥当，避免会场出现刺耳的回输啸叫声。录音、录像工作要由专门的专业人员负责。总之，对于会议必需设备，涉外秘书一定要认真进行督促检查，实行专人负责制，必要时还要亲自对一些设备进行预演调试，如投影仪、音响等。

会场的保安措施、保健措施以及需要新闻报道的话，也要在布置会场时必须加以妥善安排。

（四）准备会议所需物品

会议所需物品，视不同的会议而定。涉外秘书应制定会议所需物品和设备的详细计划，开列所需物品和设备的清单，包括它们的名称、数量、型号要求以及来源（如租借、调用或购买等）、所需费用等，报请上司审定后，指定专人负责，提前准备，避免遗漏。

知识链接

会议物品的准备可以分类进行：

1. 会议证件：包括工作证、代表证（如有必要可再分出席证、列席证、旁听证）、记者证等；为方便辨认会场内各种人员的身份，不同的证件可以用不同的颜色和字体制作。

2. 会议指示标识：如路标指示牌、名签等；

3. 会场设施：如桌椅、照明、空调、声像器材、消防设施等；

4. 日常办公设备：如打印机、复印机、传真机等；

5. 常用文具：纸、笔、剪刀、笔刨、订书机（钉）、回形针、大头针、胶水、双面胶、胶带纸、白板、白板笔、信封、便签等；

6. 会议日常用品：茶叶、茶壶、烟灰缸（抽烟区域）、饮料、饮用水、一次性纸杯、普通常用外用药如止血贴和碘酒等；

7. 专门用品：可能用到的如国歌和国际歌光碟光盘、国旗样板、选票、投票箱、奖状、奖品、鲜花等。

（五）安排住宿交通

1. 安排住宿

在与会人员报到前就要安排好住宿。安排的基本依据是与会者的职务、级别，在可能的情况下应尽量满足他们的要求。具体来说，要注意：

（1）与会者住地要相对集中。这有助于信息沟通和事务联系，也便于休会期间与会者之间的非正式沟通和交流。

（2）与会者住地要尽量靠近主会场。这对时间和费用的节省大有帮助。

（3）身份相同的与会者，住房标准要大体一致。如果是自费出席会议者，对住房有特别的要求，可能的情况下要尽量满足。

（4）对专业相同或相近的与会者，尽量安排他们住在一起。这有助于他们之间进行交流。

（5）带有随行工作人员的，与会人员可将他们安排在一起或相邻房间。

（6）对年老体弱的与会者应给予照顾。

2. 交通保障

会议期间的交通保障直接关系到会议组织工作的效率，会前要加以落实。

（1）做好车辆组织。会前要先掌握会议所需车辆的情况，如所需车辆类型、数量、用车时间等信息。该租该借，先行作好准备。

（2）规范用车手续。规范会议期间的用车手续，满足会议的用车要求。如规定用车手续、建立会议期间24小时用车值班制度，安排好值班表等。

（3）高效使用车辆。在用车的时间安排、乘车安排等方面加强组织管理，以保证用车的安全、准时、高效。

（六）会前检查

为了确保会议顺利进行，涉外秘书要对各项准备工作进行全面深入的检查。会前检查的重点是会议文件材料的准备情况、会场的布置情况及会议的安全保卫工作等。

会前准备工作是非常琐碎的，但都是很重要的工作，涉外秘书要将之逐一进行分解，并列成清单，分派到有关部门或有关人员，落实到位。

三、会间的管理服务

随着召开会议时间的来临，会务工作由会前准备阶段转入会间服务管理阶段。涉外秘书的工作重心也发生了转移。

（一）接站

当举办大型跨地区会议时，可能需要安排接站。涉外秘书要了解与会者选用的交通工具（可以在之前的会议回执中获悉），安排有关人员到飞机场、火车站、长途客运站或码头等处迎接。

对于少数或个别重要的来宾，涉外秘书可能要陪同上司或者代表上司到有关的交通场所迎接。

（二）组织签到

在会场出、入口处组织与会人员签到和登记，以便及时了解与会人数，开展各项会间管理服务工作，这是会议进行的第一件事，涉外秘书应有效地组织和做好这一工作，并及时向领导汇报与会人员的报到动态。在签到的同时可以分发相关的会议资料。

目前常用的签到方式主要有：

1. 登记式签到

登记式签到也是一种人工签到形式，到会人员在预先准备好的登记表上签名或填上有关信息，表示已到会。这种签到形式一般用于内部的或小型的会议。表3－2是一签到表参考样式。

表3－2　签到表

序号	参会人	参会单位	职务/职称	通讯地址	邮编	电子邮箱	联系电话	备注

涉外秘书可以根据签到表的信息，尽快制作与会人员通讯录，分发给与会人员。

2. 电子签到

随着电子化产品的应用，会议电子签到由于其快捷和准确特征而越来越受到欢迎，方式也是多种多样。涉外秘书在可能的情况下，可以选择适宜的方式加以应用，以提高工作效率。

（1）通道式签到。

通道式签到就是在会场入口放置类似超市出口安全门的两道通道，参会人员只需佩戴事先特制的出席证或代表证，经过通道时，系统就能自动识别，并马上在屏幕上显示代表信息或欢迎信息。这种签到方式很高级，目前多应用在一些比较高端的大型的论坛或峰会中，如人大、政协会议等。

（2）手持式智能签到机（PDA方式）。

手持式智能签到机是一种移动远距离（室内距离可以达到80～100 m）的会议签到形式，便携性高，使用自如，对于一些小型会议，如果不方便使用通道式签到机，则可以用此设备替代签到。

（3）刷卡签到（立柜式签到）。

在会议入口处，放置立柜式签到机（也可以是桌面式的），参会人员入场时只需要像坐公交车刷卡一样，将卡片轻轻接触或靠近读卡器，就可以读取到事先写在卡片上的信息，进行会议签到，同时有关个人信息也会在签到机屏幕上显示出来。

会议签到结束后，还可以将签到机挪到餐厅门口，作为自助餐的就餐刷卡，实时显示就餐人数。

（4）条形码签到。

如果会议经费有限，为了快捷地进行会议签到，还可以采用条形码签到。在会议的出席证或者邀请函上事先贴上条形码，入场时，用扫描条码设备进行扫描，完成会议签到。

（5）拍照签到。

在会场入口处，与会者可以通过现场摄像头进行拍照，直接在屏幕上签名。使用这种形式比较个性化，并且不需要提前制卡或制作条形码，但多少会影响签到速度。这种形式目前比较少用于正式会议，多数用于庆典和婚礼等。

（6）二代身份证签到。

二代身份证签到就是使用二代身份证读写器直接读取身份证的信息，与参会数据库核对身份。这种方式也不需要提前做卡，但在读卡的同时会把与会者的一些个人隐私，如出生年月、籍贯等暴露出来。

（三）会议记录

会议记录是会议实况的记载，是会议活动原始信息的反映。完整、简洁、条理清楚的会议记录，是形成会议正式文件的基础，也是总结会议和传达会议精神的依据。做好会议记录，是涉外秘书会间的一项重要工作。

1. 会议记录的方法

（1）详细记录。

详细记录要求把与会者发言的内容尽可能都记录下来，甚至是把整个讨论的详细过程都记录下来，这不但要求涉外秘书有较强的速记能力，还要有很强的分析能力，做到边听边想边记，抓住中心，兼顾其他。有时可以由几个秘书同时记录，会后共同核对整理。在征得上司同意之后，也可使用录音的办法，会后根据录音整理。

一般来说，决策会议、董事长会议等重要会议都要做详细记录。

（2）摘要记录。

摘要记录就是只要求记录发言的要点、讨论的结论、会议的决议和决定等，至于决议等形成时详细的讨论过程则不必记录，这要求涉外秘书在记录过程中能迅速分析判断发言者发言内容的中心并迅速加以归纳，择其要点记录下来。

一般性的会议可以使用摘要记录。

2. 会议记录的内容

不管是详细记录还是摘要记录，会议记录的内容大体应包括以下几个部分：

（1）会议概况。

会议概况包括会议名称、时间、地点、主持人、出席人、列席人、缺席人、记录人等。

（2）会议内容。

会议内容是会议记录的主体部分，包括会议议题、讲话发言、形成的决议等。

（3）其他情况。

与会者迟到、早退以及会议过程中发生的异常状况等，也应及时记录下来。会议记录完成后，应请有关领导或主持人审核签字，归档的会议记录更应如此。

下面是一份会议记录参考格式：

××公司会议记录

会议时间：××××年×月×日×时

会议地点：××××

出席人员：××× ××× ××× ……

主持人：×××

缺席人员：××× ×××……

会议内容：

×××：×××××××××××××××××××××××××××××××××××。

×××：××××××××××××××××××××××××。

……

散会（会议于×时×分结束）

主持人：×××（签名）

记录人：×××（签名）

（本会议记录共×页）

（四）信息沟通与通讯服务

1. 会议信息沟通

会议期间，涉外秘书在上下、左右、内外之间起着重要的信息联络与沟通的作用。

对于上司，在会前，涉外秘书要做好一些工作的预处理。对于临时事件，应根据实际情况，见机行事。如对于“不速之客”或“不速之电（话）”，要先作大致了解，再决定是否通报上司。但要注意，如果上司正在作正式发言，除非十万火急，否则不要轻易打断。同时，会议期间，涉外秘书除了随时与上司保持联系外，还要备有组织各部门领导的通讯录，以便及时联络。

会议期间，涉外秘书要注意广开言路，本着“准确、及时、全面、适用”的原则，及时收集、传递、反馈来自与会者的会议信息，方便领导掌握并且必要时调整会议进程，同时把会议的有关决定贯彻下去加以执行。

涉外秘书还要与各项会务的负责人员（如车辆调度人员、有关设备维修人员、食宿后期服务人员等）随时保持联系，以便能随时发现问题，解决问题。

另外，沟通与会者之间的信息也是秘书会间信息联络工作之一，如介绍与会者之间认识、促进彼此的合作、及时印发通讯录等。

2. 会议简报编写

会议简报即会议期间编印的用来反映会议动态、传递会议信息的一种内部性简要报道。

会议简报的主要内容是报道会议讨论中有代表性的意见、建议，摘录与会者重要的发言要点和会议决定的事项等，为领导组织控制好会议、提高会议质量提供依据，同时也起到及时沟通各方面信息的作用。

人数多、会期较长或较重要的大中型会议常常会印发会议简报；无须分组讨论、会期较短的会议，一般不印发会议简报。

简报的发放范围根据简报内容确定，有的发到全体与会者，有的发到各组负责人，有的则只送会议组织者、领导者。

会议简报的构成和写法在写作课中会有专门的介绍，这里不再赘述。下面是一会议简报简要参考格式：

××（会议名称）简报

第×期

××××编　××××年×月×日

××××××××××××××××××××××××××××××。

××××××××××××××××××××××××××××××××××××。××。

送：××× ×××……

发：××× ×××……　　（共印×份）

需要指出的是，涉外秘书往往既要写简报稿，又要负责简报的编辑，还有其他的会务，因此要善于充分调动与会者的积极性，组织与会者拟写，才能保证报源和简报的质量。

3. 会议通讯服务工作

在信息化社会，会议通讯服务工作是至关重要的。除了一些保密性会议需要封闭之外，涉外秘书要协调好与有关的通讯部门的关系，保证电话、传真、宽带等通讯线路的畅通。

如果是保密性会议，可装设对外电话，同时可通过登记、监听、录音等手段防止泄密。

（五）后勤服务

为保证会议的顺利进行，涉外秘书还应安排好会议期间的各种后勤服务工作。

1. 生活服务

认真做好与会人员的住宿、就餐等生活服务事项，也是涉外秘书会间的一项重要工作。

（1）作息时间、就餐时间及地点，注意事项等应在与会人员签到时通知；如有变动，要及早做好安排并通知与会人员。

（2）饮食安排要根据有关食品卫生的要求和规定，认真把关，严格管理。对有特殊饮食要求的与会者，如少数民族等，要尽量满足他们的要求。

（3）茶水、饮料的供应最好冷热兼备，尤其是夏天开会的时候。

（4）及时了解、收集与会者的住宿信息，对他们的建议、意见及时予以反馈。

2. 交通服务

做好停车场（位）的调度，严格按照规定用车，保证会议的用车需求，如果需同时使用多部车辆或调用、租赁、借用，即使在会前已办妥有关的手续，但为了确保万无一失，也应在使用前一定时间再加以落实。另外，集体用车时，为使车辆得到充分利用，应做好乘车组织工作，如提前发票，让与会者对号入座等。集体外出时，要认真清点人数，避免漏接漏送。

涉外秘书会间交通服务的另一个内容是为与会者预订返程票。返程票是与会者最为关心的问题之一，涉外秘书应该急与会者之所急，及时帮助与会者订好返程票，为他们解除后顾之忧，让他们能安心和专心开好会。实际上，涉外秘书可以通过参会回执了解与会者对返程票的具体需求，在回收回执时进行统计，在与会者到会后，再予以确认，然后就可以马上与票务部门联系订票事宜，确保与会者在会后能顺利按时返程。

3. 娱乐服务

如果会期较长，可根据会议活动内容适当穿插安排一些娱乐活动，尤其是带有保密性的会议，更应如此，因为秘密性会议对与会者有着各种各样的严格要求，会场又相对地封闭，与会者与外界处于相对的隔绝状态，容易产生烦闷心理，通过适当的娱乐活动，可以在一定程度上调节或舒缓与会者的这种负面心理。娱乐活动的内容要健康，形式要尽量大众化、多样化，以满足大多数与会者的要求。

4. 医疗卫生服务

大中型会议人员集中，活动频繁，要安排好卫生保健工作，除了要重视饮食环境卫生外，还要配备必要的专职医护人员。对于已知的患有心脏病、高血压等疾病的与会者，涉外秘书要加以密切注意。

5. 安全保卫服务

涉外秘书还要组织有关的部门和人员为会议提供安全保卫服务。

（1）检查与会者入场时的会议证件，防止无关人员进入会场。

（2）安排和指挥好与会者车辆的出入停放，保证会议期间行车和停车的安全。

（3）做好会场和与会者住地的安全巡逻工作，尤其是用电情况及防火防盗措施等。

（六）突发事件的处理

紧急事件在任何时候都可以发生，可以说是难以预料，处理起来也比较棘手，因此，涉外秘书要具备一些处理大大小小突发紧急事件的能力。会议突发紧急事件主要有以下几个方面：

1. 会场更换

由于某种特殊原因，不得不临时更换会场，这时，最重要的就是让与会者及时知道新的会址，为此，应采用多种方法予以妥善处理。一方面，可以安排人员到旧会址等待并告知改换会址的消息，同时，可以通过电话、微信、微博、QQ 等及时把消息发布出去。

2. 会议材料未到位

有时，由于某些原因，会议材料未能准时到位，如会议所需材料未能及时送到会场或原先准备的材料不足等，因此，涉外秘书应该身边带一份活动安排及活动中需要使用的文件的原稿，一旦出现意外，就可以在活动地点就地复印。

3. 医疗急救

受生活环境变化等因素的影响，有些与会者的原有疾病容易发作，如心脏病、高血压等，而且这些疾病的发生如果抢救不及时，容易危及生命，因此，秘书要与与会者尤其是年纪比较大的与会者多进行沟通，对于患有易发作病病史的与会者应给予更多的关注和关心，一旦发生意外，要镇定而及时地联系医疗机构。

4. 卫生问题

卫生，包括饮食卫生和环境卫生问题是对会议主办方的一大挑战，尤其是餐饮卫生更是重中之重。在会议期间，除了要按有关的规定对餐饮工作进行严格管理外，还要慎选餐饮合作对象，并与之签订卫生合约，尽量避免卫生饮食问题的发生。

5. 火灾事故

对于会议来说，火灾事故是个重大事故，逃生技能则是对与会者的重大考验。此外，会议主办单位有责任让每一位与会者知道火灾紧急逃生口的位置及逃生的步骤，因此，一些会议主办单位会印发一份防火须知和会场逃生通道资料，和会议资料一起发给与会者，大中型会议尤其需要如此。

知识链接

美国杜邦是世界500强企业中的佼佼者。

参加杜邦的任何一个会议，无论是内部员工会议还是与政府首脑会谈，会议主持人的第一句话都是："开会前，我先向诸位介绍安全出口。"杜邦召开大会之前必有保安考察、弄清楚紧急疏散路线，并在会上宣布疏散步骤。杜邦就是从小事入手，贯彻自己的安全信念的。

（资料来源：胡鸿杰主编：《办公室事务管理案例与实务》，中国人民大学出版社2004年版）

四、会后的扫尾工作

会议结束后，"曲终人散"，但涉外秘书还不能消歇，还得善始善终，完成会后的扫尾工作。

（一）与会人员离场返程的安排

会议结束后，涉外秘书应组织有关人员安排与会人员安全、有序地离开会场并返程。

1. 引导与会人员有序离场

会议一结束，涉外秘书应组织有关人员安排与会人员有秩序地离开会场。一般是主席台人员离场后，与会人员再退场。如果会场有多个通道，应尽可能全部开放。为避免拥挤，也可以安排主席台人员和与会人员各行其道。停车场也要安排专人指挥车辆及时、有序地离场。

2. 安排与会人员返程

会议结束后，对于外地与会人员，涉外秘书应根据与会人员离会的时间先后，尽量安排好送行车辆，派人将外地与会人员送到机场、车站、港口等交通场所；对于会议嘉宾及重要领导，如有必要，还应安排专门人员为他们送行。同时，还要提醒或帮助与会者及时做好有关的清退工作，如及时为与会者开具好相关的发票收据，提醒与会者归还或带齐有关物品等。

对个别需要暂留的与会者，要妥善、安全地安排好他们的食宿。

（二）会场的清理

清理会场的主要任务包括：

（1）将有关的器材物品复位。在会议期间，为了使用方便，需将某些器材物品搬离原来的置放处。会议结束后，涉外秘书要组织有关的人员将搬离的器材物品归放回原来位置，保证会场原来的有序状态。

（2）归还有关的器材物品。对于或借或租的器材物品，应及时归还。

（3）清扫会场。清理完有关的器材物品后，要对会场进行彻底的清扫，保证会场环境的整洁。如果是保密性会议，在与会者退房后，还要对与会者住房进行清理，检查是否有留下任何可能泄密的痕迹，如会议材料、废纸片等。

（三）会议文件的处理

1. 会议文件的清退

会议结束后，对于该收回的文件，涉外秘书要按照文件领取表上所登记的数目，逐一点清收回，做到物表相符，对于内部文件、机密文件更应如此。如有不符，须马上查找。

对清退的会议文件，没有保存价值的可以将其粉碎处理；该保留的，应将其装袋、封紧，或妥善保管，或装车运回。

2. 会议文件的整理和归档

对需保留下来的会议文件，应进行整理，该上交的上交，该保存的保存，该归档的归档。

一般来说，日常性的工作会议，只需对会议记录按会议议程的顺序进行补充整理，连同需保留的文件，归入卷内保存即可。重大会议的文件，整理后则要做好立卷归档工作。卷内文件大多按照会议议程进行先后顺序的排列：会议通知、会议议题有关文件（按议程顺序）、会议记录。

（四）会议经费的结算报销

会议结束后，要及时对会议的各项开支费用进行结算，该支付的及早付清，并按相关的规定汇总有关的票据，到财务部门报销。

（五）会务工作总结评估

除特殊情况外，一般常规性的日常例会无需作会务工作总结，但重大的会议结束后，涉外秘书应协助上司作好会务工作总结，即使上司没有明确的要求，涉外秘书自己也可以作大概的回顾总结，为下次办会提供可资借鉴的经验和教训，提高办会水平。

会务工作总结可以围绕以下的主要内容来展开：

（1）会议预案所规定的各项工作是否准确到位，有无脱节或缺漏事项。

（2）各有关部门和人员的合作是否顺利、协调。

（3）各个岗位的有关工作人员工作是否到位。

（4）需进一步改进之处。

表3－3、表3－4分别是会议管理评估表和会议工作人员表现评估表的参考格式。

表 3－3　会议管理评估表

请根据您对会议的印象给出您的回答（请在有关的项目后面打√）	
1. 会议计划	优（　）　良（　）　中（　）　差（　）
2. 会议主题是否清楚	优（　）　良（　）　中（　）　差（　）
3. 议题选择	优（　）　良（　）　中（　）　差（　）
4. 会议规模是否恰当	优（　）　良（　）　中（　）　差（　）
5. 会议议程安排	优（　）　良（　）　中（　）　差（　）
6. 会议日程安排	优（　）　良（　）　中（　）　差（　）
7. 会议文件是否齐备	优（　）　良（　）　中（　）　差（　）
8. 文件资料发放是否及时	优（　）　良（　）　中（　）　差（　）
9. 会议地点的选择	优（　）　良（　）　中（　）　差（　）
10. 会场大小是否合适	优（　）　良（　）　中（　）　差（　）
11. 会议室的布置	优（　）　良（　）　中（　）　差（　）
12. 会议住宿	优（　）　良（　）　中（　）　差（　）
13. 会议餐饮	优（　）　良（　）　中（　）　差（　）
14. 娱乐安排	优（　）　良（　）　中（　）　差（　）
15. 休闲设施	优（　）　良（　）　中（　）　差（　）
16. 其他后勤服务	优（　）　良（　）　中（　）　差（　）
请根据您对会议的印象给出您的评价，必要之处请作简略说明	
1. 会议通知送达的时间是否合适？ 是　否　　（　）	
2. 会议通知是否清楚地表达了会议须知？ 是　否　　（　）	
3. 会议内容是否与会议通知目标相符？ 是　否　　（　）	
4. 您在本次会议上是否有所收获？ 是　否　　（　）	
5. 您认为本次会议的会务工作最大的亮点是什么？	
6. 您认为本次会议的会务工作有哪些是需要改进的？	
7. 其他建议：	

表3-4 会议工作人员表现评估表

工作内容	表现评价
1. 精通业务、胜任工作	好（ ） 中（ ） 差（ ）
2. 工作主动热情，自觉维护组织形象	好（ ） 中（ ） 差（ ）
3. 礼仪修养良好，行为得体，语言规范	好（ ） 中（ ） 差（ ）
4. 工作踏实，能按时完成任务	好（ ） 中（ ） 差（ ）
5. 有合作精神，与同事合作协调	好（ ） 中（ ） 差（ ）
6. 对别人的批评指导能虚心接受	好（ ） 中（ ） 差（ ）
7. 能掌握办会的基本技能	好（ ） 中（ ） 差（ ）
8. 工作中常表现出厌倦、懈怠的神态与行为	好（ ） 中（ ） 差（ ）
9. 有时控制不了情绪，较易发怒	好（ ） 中（ ） 差（ ）
10. 工作经常出错	好（ ） 中（ ） 差（ ）

（六）会后信息的反馈

会议结束后，对会议决定的事项要及时传达给有关的部门，让其知晓或执行，同时，涉外秘书还要注意将会议决定在实际工作中所引起的反应、产生的影响和结果等情况，及时收集起来并反馈给上司，以便更好地调整工作，促进工作的开展。

思考与练习：

1. 会议筹备方案的主要内容有哪些？怎样制订会议筹备方案？
2. 会前准备工作包括哪些内容？
3. 怎样做好会议经费的预算？
4. 布置会场时应注意哪些问题？
5. 会中有哪些工作要做？
6. 会后还有哪些扫尾工作？
7. 技能训练

为了规范财务管理制度，AB公司准备给各分公司、各部门负责报销的人员进行业务培训，培训的内容是财务报销的方法和程序，由公司副总经理兼财务主管李总负责培训。如果你是李总的秘书，要求：

（1）拟写一份会议通知。

（2）制定会议程序。

（3）列出会前你要做的准备工作。

8. 案例分析

东成公司的新产品发布会即将在9：00举行，8：30，总经理秘书李兰来到会场做最后的检查。在主席台上，她发现一位没能来参会的董事名签仍被摆放出来，这时她的手机响了起来，是总经理打来的，告诉她刚有一位嘉宾临时决定要来赴会，必须将其安排在主席台上就座。电话刚挂断，她似乎还没回过神来，电话又响了，原来是派去接董事长的车在路上抛锚了，重新派车显然来不及了。这时，材料组的小王气喘吁吁地跑来告诉她，突然发现有个材料漏印了。而这时，李兰看见，已经有与会者向会场走来了……

假如你是李兰：

（1）你会如何处理这一连串的事情？

（2）怎样才能避免这些状况的发生？

第四章

办公环境管理

【学习重点】

● 办公区域管理

● 办公设备管理

● 办公用品管理

涉外秘书的办公环境，简单来说，就是其所处的工作环境，指直接或间接地影响其工作效率的各种外部力量的总和。包括人文软环境和物质硬环境。

人文软环境与一个国家的社会大环境、组织内部整体的职能环境等有着密切的联系。在通常情况下，这是涉外秘书难以进行影响和改进的。而且，由于涉外秘书所处的组织环境差异很大，组织文化也有很大不同。因此，本章内容所涉及的主要是支持涉外秘书办公的物质硬环境。

涉外秘书办公的物质硬环境主要包括办公区域、办公设备、办公用品等。

涉外秘书对办公环境施加管理，实际上就是协调好人—物（设备）—环境关系的过程。

一、办公环境管理的原则

办公环境管理，必须遵循如下基本原则：

（一）舒适

对于一个办公室来说，不管是其装潢或是其摆设，都应以舒适为准，光线、色彩、气候、噪音等在不同程度上对工作人员的情绪都会有所影响，所以，涉外秘书在设计办公室时应首先并且特别注意这些因素。其次，整洁有序的环境有助于营造舒适的氛围，提高工作效率，因此，不论是办公室、办公桌，还是抽屉等，都不要放置与办公无关的东西，办公文具的摆放也要井然有序。很难想象，一个凌乱肮脏的工作环境，能产生令人满意的工作效率。

（二）和谐

一个和谐的办公环境，激发工作人员的团队精神。因此，在优化办公环境时，要注意其和谐性。如办公室的办公桌椅、橱柜等的大小、格式、颜色要尽可能统一，这不但可以增强办公室的美观效果，更重要的是可以强化成员之间的平等观念，创造和谐的人际关系。

（三）实用

优化办公环境的实用原则，首先是办公室布局应该力求方便，争取时效，如相同或相关的部门应尽可能安排在相邻的地点，以避免不必要的穿插和迂回，便于工作的密切联系和同步进行。其次，为了改善办公室的单调环境，可以适当地放置一些工艺品或花草，价格不一定要昂贵，但注意不要流于粗俗，否则会影响整个组织的形象，因为办公室往往就是组织的一个“窗口”。

（四）安全

保证组织人员和物品的安全是涉外秘书的重要职责之一，也是优化办公环境不可忽略的一个原则。在人对环境的控制中，文化意识是至关重要的。只有树立牢固的安全意识，防患于未然，才能确保组织人员和物品的安全。

知识链接

什么是安全及安全文化？（What is Safety? What is Safety Culture?）

杜邦的安全理念是：

安全是一种通过你的行动对人的生命的尊重。保护生命是至高无上的，因为你的丈夫或太太、父亲和母亲、儿子和女儿的生命是构成企业活力的源泉。（Safety is respect, through action, for the well-being of people. Protecting what matters most the lives of husbands and wives, mothers and fathers, sons and daughters that make up the Company's lifeblood.）

安全文化是组织和个人的特性与态度的集中表现。这种集合所建立的就是安全拥有高于一切的优先权。（Safety Culture is that assembly of characteristics and attitudes in organizations and individuals which establishes that, as an overriding priority, safety issues receive the attention warranted by their significance.）

文化主导行为。（Culture drives BEHAVIOR.）

行为主导态度。（Behavior drives ATTITUDE.）

态度主导后果。（Attitude drives RESULTS.）

二、办公区域管理

涉外秘书与上司基本上是“一对一”开展工作的，因此，涉外秘书的办公地点一定要方便配合上司工作，同时涉外秘书还要明白，除了要管理好自己的办公区域外，还要在上司上班前整理好上司的办公室及做好有关的公共区域（如会议室和接待室）的管理工作。

（一）办公区域空间管理

办公区域的空间管理主要是指各种办公设备，如办公桌椅、橱柜、设备、文具等在办公房间内的摆放和布置。

涉外秘书要管理的办公区域，除自己的外，还包括上司的办公室（包括办公桌）及有关的公共区域，如会议室、接待室等。

一般来说，办公桌大小要适中，以足够放置常用的办公用品，并有空余的位置进行工作为好。理想的办公桌是多平面转角电脑办公桌，它的工作容量较大，功能也较多样，适合使用电脑和读写等多种要求。图 4－1 是目前较先进的办公桌椅，“三资” 企业的涉外秘书，大多使用这种半封闭式的工作台。

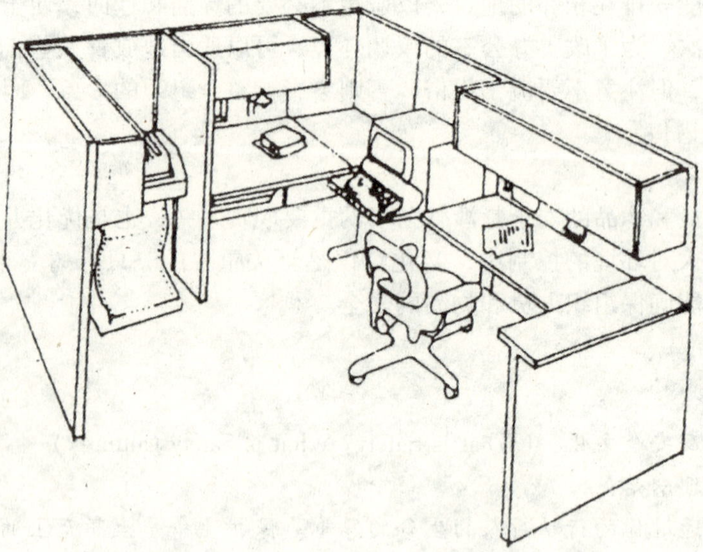

图 4－1　半封闭式工作台示例

办公桌的整洁程度可以从一个侧面反映出秘书能力和素养的高低。办公桌面的布置，可以参照下面的做法：坐在办公桌前，伸直双臂，在离桌面约 15 厘米高的位置画个弧形，手臂覆盖过的桌面部分，应放置工作中经常用到的物品。另外还要注意：

（1）尽量使光线来自左方，以便顺光写字办公。

（2）桌面上常用的文件夹应分类整理存放。一些小物品如笔、订书机、回形针等要根据工作需要分门别类地放在文具用品盒中。文件应放在文件夹或文件盒中，并贴上标签。专用电话应放置在左手边容易拿到的位置，右手随时记录留言。非办公用品，如化妆盒、MP4 等不能摆放在办公桌上。

（3）秘书还要注意经常收拾抽屉，及时让抽屉“吐故纳新”。橱柜等办公家具以必需为限，尽量靠墙放置，但不要妨碍光线。橱架上的书、报、杂志等要放置整齐，不可杂乱无章。大的、重的物品，油墨、化学液体等，应放在底层。小物品可集中装于盒子放在中间几层。复印机、碎纸机、传真机等办公自动化设备是办公室内的噪音源，放置时既要方便使用，又要注意远离工作区。

对于上司的办公室，涉外秘书应在经上司授权后，定期对上司的文件柜进行清理，将文件资料归类保管存放，将一些无用的文件及时清退或销毁。在每天下班后或上班前整理上司办公桌，并准备好必需的办公用品，确认纸篓里没有堆放垃圾。定时开窗通风，定时测温、测湿。确认钟表、日历指示正确。对于上司办公室的花卉、盆景，要及时浇水、施肥、剪枝等。

（二）办公室空气环境管理

空气环境的好坏，对人的心理和行为有着直接的影响，清新的空气能振奋人的精神，而混浊的空气不但使人精神萎靡，而且有损健康。因此，室内通风与空气调节对提高工作效率有很大的作用。空气环境是以空气温度、湿度、清洁度和流动速度来衡量的，通常称之为空气的“四度”。

1. 温度

温度对人体的影响显而易见。温度过高，会使人烦躁困倦，影响思维；温度过低，人的动作会显得迟缓。适当的温度则使人心情舒畅，精力集中，思维流畅。一般来说，办公室的适宜温度是22℃～26℃。

2. 湿度

湿度是指空气中水蒸气的含量，湿度过高或过低，会使人感觉湿闷或烦躁。适宜的湿度使人感觉清凉、爽快、精神舒畅。据有关的研究表明，在正常温度下，办公室的理想相对湿度是在40%～60%之间。办公室最好备有温度计和湿度计，秘书应在上司上班前调节好办公室的温、湿度。

3. 清洁度

清洁度是表示空气的新鲜程度和洁净程度的物理指标。空气的新鲜程度和洁净程度反映出空气中氧的比例是否正常。在一个封闭的办公室中，空气混浊，氧的比例降低，人会出现胸闷或压抑的不适感，影响工作。因此，办公室应不时打开门窗或利用有关的设备，如开启排气扇或空调机，调节室内空气，并做好办公室的清洁工作，保证办公室空气新鲜和洁净。

4. 流速

流速是指室内空气流动更换的快慢。室内空气的更换是通过空气流动来实现的，一般来说，在室内温度为22℃左右的情况下，空气的流动速度在0.25米/秒时，人有一种微风拂面的舒适感觉，这时人体热量散发保持正常。因此，常开门窗“换气”，保持室内空气的对流是很重要的。

（三）办公室视觉环境管理

办公室的视觉环境包括室内的光线和色彩。

1. 光线

科学测试证明，适当而稳定的光线，可以提高生产力和工作安全性，使工作效率提高10%～15%。因此，管理办公室的视觉环境时应注意尽量利用自然光。因为一般来说，自然光优于人造光，匀散光优于集束光，为此，办公室的窗户更适宜采用有利于采光的百叶窗。同时，办公桌最好安放台灯，以20W～25W为宜，要加灯罩，避免灯光直射人眼。还要尽量避免因电脑、办公桌面、玻璃或其他有光亮表面的物品反光而刺激人的眼睛。

2. 色彩

色彩对人的情绪有着直接的影响，办公室的色调从总体上来说应单纯柔和，使人置身其中时感觉平静舒适。一般来说，办公室的内墙宜采用白色、乳白色等，会议室、接待室多用淡黄色；为保持较高的光线反射率，天花板一般都用白色；地板以多采用不易被污染的棕色为佳。另外，要注意办公室的内墙、天花板、地板、办公家具等色彩的和谐。

知识链接

美国一间家具工厂，利用先进的灯光技术制造了虚拟加州海滩氛围的工作环境，工作人员可以穿着海滩短裤、T恤上班，享受100%的新鲜空气和自然光。

有趣的是，根据美国《商业周刊》报导，这家公司的生产率因此增加了15%，其中，有8位被挖墙角跳槽的员工，在离职两星期后自动回来报到，原因竟是他们“无法忍受其他单位晦暗的工作环境”。

（资料来源：http：//www. cqzs. com/forum/ essay. php？ forum =11&serial =969&listpage = ）

（四）办公室听觉环境管理

噪音会使人注意力分散，思维力下降，记忆力减退，并令人产生烦躁、厌恶等负面情绪。中国科学院声学研究所《环境噪声标准》规定，办公室的噪音，白天应在45分贝以下，晚间则应在35分贝以下。因此，办公室听觉环境管理要注意排除、弱化噪音。

对于来自外界的噪音源，有条件的话，可在办公室和噪音源之间种植绿化带或采用隔音玻璃、隔音板等控制噪音。对于来自办公室内部的噪音，如使用复印机、打印机等发出的声音，主要是要加强设备的维护与更新。

轻快抒情的音乐能调节人的身心，使人心情舒畅，愉快工作，所以，在工作间隙及不影响工作的前提下可以听听音乐。

（五）办公室健康安全环境管理

办公室里也会存在影响健康和安全的不利因素，而且大多是很细小的不起眼的地方，但其危害是潜在的，稍不留神就会酿成事故，因此，涉外秘书应注意发现办公室的隐患，以防患于未然。

1. 树立健康安全意识

涉外秘书应树立健康安全意识，上岗前认真学习并自觉遵守有关安全生产、劳动保护的规定和组织有关的规章制度；工作中细心检查并主动识别存在于工作场所及机器设备等的隐患，一旦发现问题，应及时加以排除或者向上司报告，尽快解决问题，以营造健康安全的工作环境。

2. 识别办公室健康安全隐患

涉外秘书应该在健康安全意识的指导下，了解并识别办公室中各种有碍健康和安全的潜在危险，以减少或防止危险的发生。一般来说，办公室的隐患主要存在于下面几个方面：

（1）办公建筑隐患：主要指地、墙、天花板及门、窗等，如地板缺乏必要的防滑措施，离开办公室前忘记关窗、锁门等。

（2）办公室环境管理方面的隐患：如光线不足或刺眼，温度、湿度调节欠佳，噪音控制不当等。

（3）办公家具方面的隐患：如办公家具和设备等摆放不当，阻挡通道；家具和设备有突出的棱角；橱柜等端堆放太多东西，有倾斜倾向等。

（4）办公设备及操作中的隐患：如电线磨损裸露，“蜘蛛网”式的电线接驳，电脑显示器摆放不当造成反光，复印机的辐射、违规操作等。

（5）工作中疏忽大意的人为隐患：如站在转椅上举放物品，女士的长头发卷进有关的机器设备等。

（6）消防隐患：如乱扔烟头，灭火设备已损坏或过时，灭火器上堆放物品，火灾警报失灵等。

3. 办公环境健康及安全的维护和管理

（1）遵守有关的法规，实行安全管理责任制。

安全是组织运作的基本保障，也是现代文明的体现。为了与国际接轨，国家已经推行了职业健康安全卫生管理体系（Occupational Health and Safety Management System，简称OHSMS）模式，其基本要求是：

◎严格遵守国家劳动安全卫生规程和标准；

◎伤亡事故和职业病发生率要低于同行业水平；

◎实施职业健康安全卫生管理体系三个月以上；

◎履行不断改善职业安全卫生状况的承诺。

涉外秘书应协助上司按照国家及有关部门的法规、组织规章中的有关规定，在组织内部落实安全管理责任制，对办公环境实施安全和健康管理，使办公环境的健康和安全得以有效地完善。

（2）定期进行安全检查，改善工作环境。

涉外秘书除了要协助上司按照有关规定落实好安全管理责任制外，还要主动自觉地对办公环境和办公设备定期进行安全检查，及时发现隐患，采取有效措施，做好风险的防范和排除。特别要注意危害人群健康、污染办公环境的“无形杀手”，如吸烟、采用有毒有害的建筑材料等。

知识链接

杜邦公司是世界上历史最悠久、业务最多元化的全球性企业。杜邦公司一直保持着骄人的安全记录：安全事故率比工业平均值低10倍。杜邦已经成为“安全”的代名词，杜邦公司的安全管理已经具备了品牌价值。这与杜邦建立的安全理念和安全文化有着密切联系。

杜邦名言：心之所至，安全等随。

杜邦安全管理十大基本理论（Principles of DuPont Safety Excellence）

1. 所有安全事故都是可以防止的。

All incidents are preventable.

2. 各级管理层对各自的安全直接负责。

Management is responsible and accountable for safety.

3. 所有安全操作隐患是可以控制的。

All operating exposures can be controlled.

4. 安全是被雇佣的一个条件。

Working safely is a condition of employment.

5. 员工必须接受严格的安全培训。

Employees must receive safety training.

6. 各级主管必须进行安全检查。

Management audits are a must.

7. 发现的安全隐患必须及时更正。

Deficiencies must be corrected promptly.

8. 工作外的安全和工作中的安全同样重要。

Off-the-job safety is important.

9. 良好的安全创造良好的业绩。

Good safety is good business.

10. 员工的直接参与是关键。

Employees are the key.

办公室安全须知（Office Safety）

一、General Rules　基本要求

1. 不要奔跑。
2. 不要边走边看文件。
3. 电器设备有故障，请有关部门人员检修，不要自己动手检查。
4. 不要用湿手碰电器。
5. 发生火警时，不要使用电梯。
6. 不要在办公室里储存化学、危险或易燃物品。
7. 门口和走道处不要堆放物品。
8. 不要在橱柜顶部堆放重物和散装物品。
9. 抽屉不用时请关好。
10. 需要爬高时请使用梯子，不要站在桌椅上面。
11. 个人办公区域内请保持清洁整齐。
12. 办公室严禁吸烟。
13. 清楚了解办公室内的火警疏散通道。
14. 一旦发现不安全的地方，请及时与部门主管或公司安全负责人联系，以便及时采取改正措施。

二、个人办公区域安全要求

1. 不要在四层橱柜上堆放物品。
2. 除了垃圾桶，请勿在办公桌下堆放物品。
3. 不要在椅背或隔离板上挂衣服。
4. 不要将笔尖朝上放。
5. 不要在过道上堆放物品。

（六）办公室美化环境管理

在安全、实用的基础上，可以对办公室的环境适当地加以美化，营造一个更为舒适的

工作环境。

1. 办公家具的选用

在可能的条件下，办公家具尽可能选用规格、颜色、款式等风格一致，整齐划一的系列产品，以增强办公室的美观效果。

摆放大件家具时，如档案柜、书架等，可将其背对背或尽量靠墙放置，充分依靠“墙体效益”，既可节省空间，也使办公室看起来更加整齐、美观。

条件许可的话，可以考虑采用 OA（Office Automation，即办公自动化）系列家具，它在设计上，有机地融合了“办公室整体规划系统”的主张和“人体工程学”的理念。充分考虑 OA 设备的整合，环境景观的设计，整体规划及使用效率管理、网络、照明、噪音处理及搭配等细节，能够创造一个完美的办公空间，提升整体企业形象。而且，OA 系列家具在款式、规格、颜色等方面既考虑到使用的整体性，也考虑到办公室的搬迁或扩展，虽然一次性投入的资金较多，但其效果却是比较好的。

2. 办公室的绿化

在办公室美化中，绿化是不可忽视的，绿化不但可以点缀、美化环境，而且可以改变办公室小气候，还会使人产生良好的视觉效应。对于比较封闭的办公室来说，室内绿化更被誉为“无声音乐”，在室内放置几盆小花草，可使人心旷神怡，从而提高工作效率。植物色调可随着季节的变化而变化：一般是“春暖宜艳丽，夏暑要清凉，秋寒适嫣红，冬寒多青绿”。但要注意不宜放置太多，避免出现植物跟人“争氧”的情况，因为绿色植物在没有光照的情况下，吸入的是氧气，吐出的是二氧化碳，久而久之就会降低空气中氧的浓度而提高二氧化碳的浓度，影响室内空气的清洁度。

3. 办公室的装饰

办公室里不宜有过多的装饰品，但适当悬挂或放置一些有品位的油画及工艺品，能在一定程度上改善办公室单调的气氛，但要注意，过于鲜艳的廉价作品，如低劣的绘画、明星印烫画等，只会使办公室显得浮躁和不雅。

三、办公设备管理

办公自动化技术的迅猛发展，为现代秘书提供了丰富的办公资源，涉外秘书必须掌握常用的办公设备技术，才能更好地做好辅助管理工作。由于电脑的使用已经非常广泛，这部分不再赘述。

（一）复印机的使用和管理

复印机是办公室常用的自动化设备。图 4 – 2 所示的是静电复印机。

图 4－2　静电复印机

1. 静电复印机使用基本步骤

（1）预热。按下电源开关，机器开始预热。预热结束，复印键绿灯亮，就可以开始复印。标准方式：复印倍率为“等倍”，复印曝光量为“自动”，复印张数为“1”。

（2）放置原稿。复印前应先检查原稿的纸张尺寸、质地、颜色、字迹色调、装订方式、张数以及有无图片等，以确定是否需要改变曝光量，并妥善选择横放或竖放。

（3）设定份数。按下数字键设定复印份数。若设定有误可按“C”键，然后重新设定。

（4）设定复印倍数。复印一般有固定缩放倍率和可调节缩放倍率两种，可按需调节。

（5）选择复印纸尺寸。根据原稿尺寸、缩放倍率选取复印纸尺寸。根据实际需要采用自动或手动方式送纸。如果制作胶片或载体纸张较厚，则使用手动方式送纸，否则一般情况都使用自动送纸方式。

（6）调节复印浓度。根据原稿纸张、字迹的色调深浅，调节复印浓度。原稿纸张颜色较深的，如复印报纸、图片和印刷品等一般需将浓度调浅。字迹浅且线条细、不十分清晰的，如原稿用铅笔书写的等，则应将浓度调深些。

2. 复印机使用要求

（1）选择合适的地方安装复印机。至少应在机器左右留出 90 cm、背面留出 13 cm 的空间（如机器接有分页器，大约需要 23 cm 的距离），以保证最佳操作，而且要注意防高温、防尘、防震、防阳光直射，同时要保证通风换气。

（2）尽量减少搬动复印机的次数，如要移动，则一定要水平移动，不可倾斜。

（3）应使用稳定的交流电，电源的定额应为：220V～240 V，50 Hz，15 A。

（4）使用前，开机预热半小时左右，使复印机内保持干燥。

（5）保持复印机玻璃台清洁、无划痕，不能有涂改液、指印之类的斑迹效果。如有斑迹，应使用软质的玻璃清洁物处理。在复印过程中一定要盖好盖板，以减少强光对眼睛的刺激。

（6）当复印机面板显示红灯信号时，用户就应及时给复印机加碳粉，加粉不及时会造成复印机故障。加碳粉时应摇松碳粉并按照说明书进行操作，切不可使用代用粉（假粉），否则会造成飞粉、底灰大、缩短载体使用寿命等故障，而且由于它产生的废粉率高，实际的复印量还不到真粉的2/3。

（7）添加复印纸时，先检查一下纸张是否干爽、洁净，理顺后再放到与纸张大小规格一致的纸盒里，数量不能超过复印机所允许放置的厚度。为了保持纸张干燥，可在复印机纸盒内放置一盒干燥剂，每天用完复印纸后将复印纸包好，放于干燥的柜子内。

（8）如果复印品的背景有阴影，可能是因为复印机的镜头上有灰尘。此时，需要对复印机进行专业清洁。

3. 复印机使用技巧

（1）巧妙复印双面。

在复印双面，特别是双面中都有图像时，很容易出现图像透到背面的情况。为此，可以找一张黑纸垫在材料背面进行复印。找不到黑纸的话，可以将复印机盖板打开直接复印，就能生成一张均匀的黑纸，用它来垫底。

而当复印纸张较薄而底稿两面都有字时，为防止背面的字透印出来，则可在该页背后垫上一张白纸。

（2）巧妙反向复印。

有时如果需要得到的是与原图案方向相反的复制品，可找一张比原图大些的透明薄纸或硫酸纸，再将一复印纸轻轻地黏合在薄纸上；在复印时，将薄纸朝上放置，复制完毕后，将复印纸与薄纸分离，并将所需反面图案的一面朝下放置在平板玻璃上进行复印，就能得到反向图案了。

（3）巧妙去除痕迹。

在复印带有污迹的原稿时，可以用一小白纸条遮住污迹然后再进行复印。

如果是复印较厚的材料，也可能会在复印件上出现阴影，此时可以在需要复印的页面下垫一白纸，就能去除阴影痕迹了。

在复印无法拆开的书本时，可在两页中间夹一张厚白纸，以消除两页间中缝的阴影痕迹。

（4）巧用曝光。

复印较浅字迹的材料时，通常需减小曝光量，加大显影浓度。而对于照片、图片等色调深的稿件则应减小显影浓度，加大曝光量。具体的做法是：将曝光窄缝板抽出，把光缝调宽，即可减小显影浓度，光缝调小可以加大显影浓度。

（5）巧用暂停、停止键。

在复印多份文件，如果中途急需复印另一材料时，可以按下暂停键，复印机会停止当前任务，复印数量恢复为“1”，此时可重新设置复印参数。加急材料复印完毕后，复印机就会自动恢复到中断时的状态，再按下该键，就能继续复印了。在复印多份材料时，如果因意外原因需要取消复印时，可以按下停止键。

（6）预防卡纸。

复印机要经常进行清洁保养，定期用脱脂棉擦拭搓纸轮，以有效避免卡纸。

复印机可选用离感光鼓近的纸盒，这样复印走纸过程就比较短，可以减少卡纸的概率。

4. 复印机的维护和保养

（1）每天下班时关机。关机是关闭复印机电源开关，切断电源。注意不可未关闭机器开关就去拔电源插头，这样容易造成机器故障。

（2）如果出现如机器外壳过热、机器里发出异响、机器部分损伤、机器被雨淋或机器内部进水等情况，应立即关掉电源，并请维修人员进行维修。

（3）对复印机应予以定期保养维护，必要时可以请专业人员进行。

另外还要注意的是，复印机工作时会产生微量臭氧，操作人员工作一段时间后应到户外透气，稍作休息。

（二）传真机的使用和管理

随着通信和新技术的不断发展，传真的智能化程度也得到极大的提高。从20世纪初德国研制出第一台光学传真机，70年代美国人研制出世界第一台电子传真机，日本首先研制出适于传真机用的大规模集成电路，并采用了美国的发明——热敏印字技术，到90年代，传真机的传送速度和清晰度不断提高，打印介质也开始多样化，出现了色带传真机、喷墨传真机、激光传真机（图4－3）等。

进入21世纪，随着电脑和网络的大规模普及，传统纸质传真机越来越难以适应使用者的需求。新一代传真机——数码传真机（图4－4）应运而生。它采用大容量的数码芯片代替传统传真机的纸质媒介，不但实现无纸化传真，而且具有高智能化、简单快捷的特点。发送传真时，只需拖动文件到管理窗口即可完成。而打开电脑，收到的传真就会自动上传到电脑中供查阅；还具有电脑签字盖章、修改转发、签审流程管理、智能电话簿、收到传真自动OCR识别等功能，用户可以在任何地方，在电脑上或者手机上及时收到邮件，浏览传真，大大降低了成本、提高了效率。

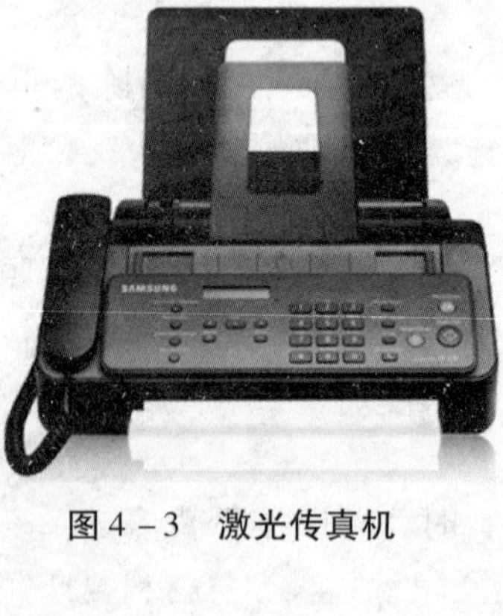

图4－3 激光传真机

图4－4 无纸数码传真机

1. 传真机的操作方法

由于新一代传真机尚未得到完全的使用，纸质媒介传真机的使用在相当程度上还是较为普遍的。不同类型的传真机除了操作控制面板、电路结构和外形不同外，通常它们的操作步骤不一样，所以各种传真机的使用，均应按其使用说明书进行。现将传真机的一般操作方法简单概括如下：

(1) 传真准备。

①调整传真机的工作状态。

准备传真时，必须将传真机后板上的“传真/电话”（FAX/TEL）开关拨向“传真”（FAX）的位置。

当传输信道质量好时，应调整机内开关使传真机采用9 600 b/s的高传输速率，并应用自动纠错功能。这样，既可保证通信质量，又可缩短传输时间。当传输信道质量较差时，可选择4 800 b/s或2 400 b/s的较低传输速率，是否使用自动纠错功能则视情况而定。若线路质量非常差，就不应使用。

②装纸。

记录纸的幅面必须符合规格要求，纸卷两端不要卡得太紧；记录纸要卷紧后再安放到机内，运输传真机前要将纸卷取出；注意记录纸的正反。纸的正面应对着感热记录头（可在纸的两面划几下，有划痕的一面为正面）。

③原稿。

凡出现下列情况之一的原稿都不能使用：尺寸大于或小于技术规格规定的原稿；有折叠、扭曲、撕破、粘贴的原稿；纸张厚度大于0.15 mm或小于0.06 mm的原稿；纸上有大头针、曲别针或其他硬物的原稿。这时可将原件用复印机调整复印后再传送。

④放置文件。

一次放置的文件页数不能超过规定页数；文件正反面按要求放置；文件顶端要推进到能够启动自动输纸机关的地方；送多页文件时，两侧要排列整齐，靠近导纸板，前端要摞成楔形。

(2) 试运行。

通常采用复印（COPY）方式，检查传真机是否能够正常工作。具体操作步骤如下：

①接通电源开关，观察液晶显示屏是否显示“准备好”（READY）或检查指示灯是否亮；

②将欲复印的原稿字面朝下放在引导板上；

③选择扫描线密度的档次。一般置于“精细”级，也可选择“标准”级或“超精细”级，不管选用哪个档次均有液晶显示或指示灯显示；

④原稿灰度调整。当原稿图文颜色较深时，将“原稿深浅”键置于“浅色”位置；若图文颜色较浅时，就将该键调至“深色”位置；

⑤最后按复印（COPY）键。需首先确认传真机线路是处于未接通的状态，否则，按下“START/COPY”键，将成为发送状态。

(3) 发送。

发送传真的操作步骤如下：

①检查机器是否处于“准备好”（READY）状态；

②放置好发送原稿；

③选择扫描线密度和对比度；

④摘取话机手柄，拨对方号码，监听对方的应答信号（长鸣声）或等待对方回答；

⑤按启动键（START），这时发送指示灯或液晶显示“TRANSMIT”，表明机器开始发

送文件；

⑥挂上话机，等待发送结束并收取对方记录报告；

⑦若发送出现差错，再进行重发，直至全部无误为止。

发送操作时要注意：

◎ 若按下“停止”（STOP）键，发送就会马上停止，此时不能强行抽出卡在传真机中的原稿，应掀开盖板取出；

◎ 在发送期间，不允许强行抽出原稿，否则会损坏机器和原稿；

◎ 当出现原稿阻塞时，要先按“停止”（STOP）键，然后掀开盖板，小心取出原稿。若原稿出现破损，一定要将残片取出，否则将影响机器的正常工作；

◎ 若听到对方的回铃音，而听不到机器的应答信号，则不要按启动键，应打电话问明情况后再作处理。

（4）接收。

人工接收的操作步骤是：

①使机器处于“准备好”（READY）状态；

②当电话振铃后，拿起话机与对方通话；

③通话结束后按发方要求，按启动键（START），开始接收；如果对方是自动发送，在拿起话筒时，会听到类似“哔”音的 CNG 信号，这时按下“启动”键，便能接收文件；

④挂上话机。

也可采用自动接收方式。自动接收时，要预先装好记录纸，将传真机调整为自动接收状态，无需操作人员在场即可完成文稿的接收。

2. 传真机的维护和保养

（1）传真机要避免受到阳光直射、热辐射，避免放置在强磁场、潮湿、灰尘多的环境或是接近空调、暖气机等容易被水溅到的地方，应将其放置在平台上，前后和其他物品应保持 30cm 的距离，以方便原稿与记录纸的输出操作。在遇有闪电、雷雨时，传真机应暂停使用，并且要拔去电源及电话线，以免雷击造成传真机的损坏。

（2）减少开、关机的数量，否则会导致机内元器件提前老化。

（3）在传真机打印过程中，不要打开纸卷上面的合纸舱盖。如果真的需要打开，必须先按停止键。打开或关闭合纸舱盖的动作不宜过猛，以免损坏舱盖及舱盖下面的感热记录头。

（4）选择说明书推荐的传真纸。劣质传真纸的光洁度不够，容易损坏感热记录头和输纸辊。记录纸不要长期暴露在阳光或紫外线下。

（5）定期保养，保持传真机内、外部的清洁。

（三）打印机的使用和管理

1. 打印机的选用

目前市场上常用的打印机主要有三种：针式打印机、喷墨打印机和激光打印机。秘书可以根据实际工作需要选用不同类型的打印机。

（1）针式打印机。

图4－5　针式打印机

针打机（图4－5）购置成本、耗材成本低廉，适合高强度打印，而且其输纸路径平进、平出，进退自如，打印介质能够畅通自如地输入而不会出现卡纸和皱纸现象，因而不论是名片纸、标签纸、明信片等较厚的纸张，或是容易起皱的蜡纸，都可以打印。同时，平推式走纸还使进退纸速度更快，可以提高业务处理速度。针打机大量用于银行、证券、保险、商务、运输以及税务等需较大量打印票单的行业。但其打印噪声大、精度不高，不大适应高质量、高速度的商用打印需要。

（2）喷墨打印机。

图4－6　喷墨打印机

喷墨机（图4－6）有单色打印与彩色打印两种类型。喷墨打印机因其打印质量较高、噪音很低且价格不高等优点而得到广泛应用，特别是在支持彩色打印的设备中占有重要地位，常用于广告设计和美术设计。此外，喷墨打印机还具有较为灵活的纸张处理能力，在打印介质的选择上，喷墨打印机也具有一定的优势，既可以打印信封、信纸等普通介质，也可以打印各种胶片、照片纸、光盘封面、卷纸、T恤转印纸等特殊介质。但是，当打印一些“非标准环境下”的文件，如大容量的图表、照片文件等时，喷墨机的打印速度会明显比激光机慢，而且其耗材也较贵。

（3）激光打印机。

图 4－7　激光打印机

激光打印机（图 4－7）则是近年来高科技发展的一种新产物，也分为黑白打印和彩色打印两种，它的特点是噪音低、分辨率高、打印速度快。虽然就目前来说，激光机的使用成本比较高，就目前市场来看，低端激光机产品的价位相当于中端喷墨机的价位，但随着激光机技术的不断发展和价位的逐渐降低，激光机将以其优势占据更大的市场。

2. 打印机的保养和维护

打印机类别各异，保养和维护的方法也略有不同。

★ 针式打印机的保养和维护

（1）打印机必须放在平稳、干净、防潮、无酸碱腐蚀的工作环境中，并且应远离热源、震源和避免日光直接照晒。其正常温度范围是 10℃～35℃（温度变化会引起电气参数的较大变动），湿度范围是 30%～80%。

（2）要保持清洁。定期用小刷子或吸尘器清扫机内的灰尘和纸屑，经常用在稀释的中性洗涤剂（尽量不要使用酒精等有机溶剂）中浸泡过的软布擦拭打印机机壳，以保证良好的清洁度。

（3）勿在打印机上面放置其他物品，尤其是金属物品如大头针、回形针等，以免异物掉入机内，造成机内部件或电路板损坏。

（4）并行接口电缆线长度不能超过 2 米。插、拔各种接口连接器插头时一定要关掉主机和打印机电源，不要让打印机长时间地连续工作。

（5）定期检查打印机的机械装置，检查其有无螺钉松动或脱落等现象，以便及时紧固、更换。

（6）正确使用操作面板上的进纸、退纸、跳行、跳页等按钮，尽量不要用手旋转手柄。若发现走纸或小车运行困难，不要强行工作，以免损坏电路及机械部分。

（7）检查打印头前面的色带保护片是否破损。若有破损，在打印过程中会出现打印针刮色带或刮纸现象，最终将打印针挂断。

（8）打印头的位置要根据纸张的厚度及时进行调整。在打印中，一般不要抽纸，因为在抽纸的瞬间很可能刮断打印针，造成不必要的损失。

（9）针打机工作时，打印头表面温度较高，不要随意用手触摸打印头表面。不要将手伸进打印机内。

（10）电源要用 AC220 ± 10%、50 Hz 的双相三线制中性电，电源线要有良好的接地装置，因为在机架和逻辑地上会有 100 多伏的交流电压，静电积累和雷击都可能会烧坏打印通信口等。

（11）要选择高质量的色带并定期检查色带及色带盒，若发现色带盒太紧或色带表面起毛便应及时更换，因为色带盒太紧会影响字车移动，色带破损则会挂断打印针。

（12）应尽量减少打印机空转次数，最好在需要打印时再打开打印机。

（13）尽量避免打印蜡纸。因为蜡纸上的石蜡会与打印胶辊上的橡胶发生化学反应，使橡胶膨胀变形。另外，石蜡也会进入打印针导孔，易造成断针。

★ 喷墨打印机的保养和维护

（1）打印机必须摆放在一个稳固的水平面上工作，不要在打印机顶端放置任何物品。为了防止灰尘或者其他东西进入打印机内，不用打印机时必须关闭其前盖。

（2）工作环境必须清洁少尘，并时常对打印机进行必要的清洁保养。如经常擦拭导轴上的灰尘，用流动性较好的润滑油如缝纫机油对导轴进行润滑。

（3）禁止带电插、拔打印机电缆，以免损坏打印机的打印口以及电脑主板的并行口，甚至是主板。

（4）如果打印输出不太清晰或者有条纹，可用打印机的自动清洗功能清洗喷头，但要消耗少量墨水。若连续清洗几次之后打印效果仍不满意，这时可能墨水已用完，需要更换墨盒。

（5）在关机前，要让打印头回到初始位置（打印机在暂停状态下，打印头自动回到初始位置）。有的打印机在关机前会自动将打印头移动到初始位置，有的则必须在关机前确认处在暂停状态（即暂停灯或 Pause 灯亮）才可关机。这样做一是避免下次开机时打印机重新进行清洗喷头操作，浪费墨水，二是因为喷头在初始位置可受到保护罩的密封，使喷头不易堵塞。

（6）墨盒未使用完时，最好不要取下，否则会造成墨水浪费或打印机对墨水的计量失误。如果打印机真的长期不用，那就需要把墨盒取出来了，这样可以防止墨水变质，也确保喷头的寿命。墨盒在长期不使用时应置于室温下，避免日光直射。

（7）换墨盒时一定要按照操作手册中的步骤进行，而且要在电源打开的状态下进行，因为重新更换墨盒后，打印机将对墨水输送系统进行充墨，这个过程在关机状态下是不能够完成的。

（8）若有墨水漏洒在电路板上，应用无水酒精擦净、晾干后再通电，否则会很容易烧坏电路板。

★ 激光打印机的保养和维护

（1）应避免阳光直射和化学物品的侵蚀，并放置于通风处，但不要置于通风口、过道或是紧挨着门窗，否则带有静电的打印机会起吸附灰尘的“磁铁”的作用。从室内环境的美化与健康的角度讲，应在激光打印机附近放置一盆绿色植物，它会对有害物质产生有效的吸收作用。

（2）除定期请专业人员对打印机进行较为专业的维护外，一些简单的日常保养清洁也是很重要的。

◎打开打印机翻盖，取出硒鼓，再用干净柔软的湿布来回轻轻擦拭滚轴等有关部位，去掉纸屑和灰尘。清洁纸路。

◎至少一年要更换一次臭氧过滤器。

◎每次更换粉盒后，应使用酒精棉签清洁电晕网。

◎经常用柔软的纱布小心清洁内部所有能看得见、够得着的部位上的碳粉颗粒，最好的方法是使用小吸尘器吸收（不要直接擦拭感光鼓光滑的表面，以免留下划痕）。

(3) 可以购买一些专用的激光打印机清洁工具清洁打印机。

◎清洁纸。这是一种具有普通纸张外形的专用纸张，它具有很强的吸附作用，使用时将它放进纸槽中，让激光打印机打印一张空白文件，目的只是让这张清洁纸正常运动，清洁纸就像海绵一样粘走滚轮和纸道上的粉尘。重复操作几遍就可以完成纸道上的清洁工作。

◎粉尘吸附器。使用有弹性的活性吸附材料制成，并且充有静电，能很容易清理掉打印机内部粉尘。

(4) 了解一些防卡纸技巧很重要。卡纸是激光打印机最常发生的故障，不妨采取一些有益的预防技巧。

◎散开纸张。纸张装入打印机纸盒之前，握住纸的两端，正反弯曲几遍，并分别只握住一端抖动几下，使纸张页与页之间散开，减少“夹带纸”以及随后的卡纸现象。整理齐后再将纸放入纸盒中使用。

◎纸盒不要太满。纸盒装得太满也会引起“夹带纸”现象，纸张导引槽也不要卡得太紧，否则也会引起卡纸。

◎使用适宜的纸张。纸张必须干燥且不能带有静电。不是激光打印机专用胶片或棉织物纸张，不宜在激光打印机中使用。对于易卡纸的打印机，不要将刚打印过的纸张紧接着又放入进纸槽中供打印，因为纸上还有少量的静电，容易引起卡纸。

◎厚纸打印。打印厚纸时宜使用手动进纸。

◎不干胶标签纸。采用手动进纸可以减少不干胶纸被剥离的可能性，更应注意的是，应该使用未揭开过的完整的纸张，否则胶黏剂粘附在打印机内部会对机器造成损害。

(5) 卡纸的处理。

卡纸后，要注意沿纸张正常传送的方向拉出被卡住的纸张。如果不行，可打开打印机翻盖，若有必要，还需取出硒鼓，将打印机的纸厚调节杆拉到最厚纸张的位置，这样可减少传纸机构的阻力。用双手轻轻拽出被卡住的纸张，此时注意不要用力过猛，以免拉断纸张。不要用夹子之类的工具去拉取纸张，以免划伤精密部件的表面。取出被卡纸张后，或许会附带散落一些墨粉，此时最好使用微型吸尘器将其吸取干净。

(6) 常见打印质量故障。

◎露白轨迹线。很可能是没墨粉了。将硒鼓取出，轻微左右晃动，再放入打印机内，如打印效果明显有改善，则说明硒鼓内的碳粉不多了；若确认碳粉充足时也出现露白轨迹，则需要更换硒鼓。

◎连续打印时丢失内容。文件的前面的页面能够正常打印，但后面的页面会丢失内容或者文字出现黑块甚至全黑或全白，而分页打印时却又正常。这是由于该文件的页面描述信息量相对比较复杂，造成了打印机内存的不足。可以将打印机的分辨率降低一个档次实施打印。

◎打印纸面出现碳粉污点。用干燥清洁的软布擦拭打印机内部的纸道，以去除纸道内遗留的碳粉；选择高质量的打印纸。如果还存在问题，可能需要更换碳粉盒或硒鼓。

（四）投影机的使用和管理

随着投影技术的不断成熟和价格的不断降低，投影机越来越广泛地得到使用。

1. 投影机的选用

图4－8　普通型投影机

图4－9　便携式投影机

选购投影机，原则上要根据用途与使用场所来确定。

根据投影机的重量与体积大小，可将其划分为普通型（图4－8）与便携式（图4－9）两类。便携式投影机一般体积较小，重量在2.5kg～4 kg之间，可以用笔记本电脑包携带，便于移动办公和学术交流活动。如主要用于会议室等固定场所的，则多用普通型，吊装后长期使用。

选购投影机时应注意的主要技术指标有亮度、对比度、分辨率、均匀度等。其中，亮度是保证显示内容清晰的重要因素之一，与使用场所的面积及其光线、幕布的大小等因素有关。下表可作为参考：

使用面积（m²）	幕布大小（英寸）	使用场所	亮度选择（ANSL）
>50	60～72	小场所	800～1 200
60～100	50～100	小会议室	1 500～2 000
120～200	120～150	中会议室、阶梯教室	2 000～3 000
<300	>200	大会议室、礼堂	>3 000

投影机要远离热源、水或潮湿之处。使用过程不可随意关闭电源。用完后，应先冷却投影机再关闭电源。不使用时，必须切断电源。

投影机工作时，受环境光线的影响较大，因此必须安排最佳的投影环境：安置窗帘遮挡室外光线；关闭屏幕上方或近处光源；局部范围照明，可使用聚光灯。

2. 投影机的日常维护与保养

（1）使用过程切忌频繁开关电源，也不要过长时间连续使用，以延长灯泡的使用寿命。不同投影机所用灯泡多半不能通用，购买前一定要问清楚其适用机型。

（2）注意防尘、定期除尘。经常清洗进风口处的滤尘网，定期请专业人员对机器内部进行除尘工作。定期保养除尘是延长投影机使用寿命最经济的方法。

（3）严格操作，专人管理。投影机有着高热源、高价值、高后期使用成本、怕灰尘、严操作的使用特点，因此日常最好实行专人管理，建立使用档案和相应的管理制度。

四、办公用品管理

涉外秘书对办公用品的管理直接影响工作效率，因此要保证办公物品适时、适量按需补给，并对办公用品进行科学、有效的管理。

概括来说，办公用品大体有下面几类：

一是纸簿类消耗品：打印复印纸、信纸、信封、笔记本、卷宗、标签纸等。

二是笔尺类消耗品：铅笔、签字笔、荧光笔、橡皮擦、修正液、夹子、胶水、胶带、打码机、日期章、尺子等。

三是装订类消耗品：大头针、回形针、图钉、订书钉、订书机、打孔机、剪刀、美工刀等。

四是办公设备耗材：如打印机墨盒、色带、计算机磁盘、空白光盘、电池等。

（一）办公用品的添置

涉外秘书应明确各类办公用品平时的消耗量及市场价格，根据实际用量和库存情况按组织有关的规定适时、适量地予以添置，以满足组织运营对消耗品的基本需求。

对于组织统一采购的办公用品，根据使用情况，及时领取备用。

如需购买办公用品，要选择信誉良好的供货商。首先要考虑质量和交货周期，能够提供优质产品的正规厂家，有质量问题的物品可以及时更换或退货，按要求准时交货，并有较好的售后服务，同时还要考虑其价格是否合理。

在收到供货的货品后，要检查货品的数量、质量等是否符合要求。按办公用品的管理程序，及时将添置的办公用品入库并放置好。

（二）办公用品的库存

办公用品应保持充足的库存，以保证组织的顺利运作和消除由库存短缺而引起的工作迟延，但又不能积压大量的存货，造成空间、经费的不必要浪费，因此必须建立库存记录。库存记录可以手工进行，也可以在计算机中使用库存控制软件包、电子表格或数据库等来完成，但无论使用什么方式，其内容大体上是一致的，主要有：

（1）项目。包括大小、颜色等，库存项目描述要准确。

（2）单位。如盒、包等。

（3）存放位置。如 A4，A 为柜子编号，4 为架板编号。

（4）最大库存量。某一用品应该存储的最大数量。可以综合费用、存储空间和保存期限等因素来确定最大库存量。

（5）最小库存量。某一用品应该存储的最小数量，这是为了防止其被全部消耗完而影响了组织的正常运营而设定的数值。当库存余额达到这个水平时，就必须及时补货。

（6）重新订购线。当某一用品的库存为最小库存量时，为了不影响工作，就必须及时补货以达到最大库存量。重新订购线即为补货的数量，它与日平均使用量、货品的运送时间长短有关，用公式表示是：

重新订购线 = 日平均使用量 × 运送时间 + 最小库存量

如某公司每天要用 A4 纸半包，运送时间需要 10 天，最小库存量是 10 包，那么重新订购线是：

$0.5 \times 10 + 10 = 15$

即当涉外秘书发现库存的 A4 纸只剩下 10 包时，便应及时或订购或领取 15 包备用。

（7）日期。记录所有用品的出入日期。

（8）接收。记录接收用品信息，如果是购买，可记录下发票号和供应商名字。

（9）消耗。清楚记录用品消耗的数量及去向。

（10）剩余量。每次用品的出入产生后应及时计算物品库存剩余量。剩余量代表库存物品的实际数量，可用于执行库存检查并及时补货。

库存记录卡可以是一样用品一张，也可以是一类用品归成一张，涉外秘书可视实际情况选用。制作时可参考下面表格：

库存记录卡

<table>
<tr><td colspan="5">存放位置：B3
项目：A4 复印纸
单位：包</td><td colspan="4">最大库存量：
最小库存量：
重新订购线：</td></tr>
<tr><td>日期</td><td colspan="4">接收</td><td colspan="4">消耗</td></tr>
<tr><td></td><td>接收数量</td><td>发票号</td><td>供应商</td><td>备注</td><td>消耗数量</td><td>用途</td><td>剩余量</td><td>备注</td></tr>
<tr><td></td><td></td><td></td><td></td><td></td><td></td><td></td><td></td><td></td></tr>
</table>

项目	存放位置	单位	最大库存量	最小库存量	重新订购线	接收日期	接收数量	消耗日期	消耗数量	剩余量	备注
铅笔											
胶水											

（三）办公用品的保管

办公用品进库后，必须予以妥善的保存和有序的摆放，以方便需要时的取用及预防物品损坏、浪费或失窃等。

库存保管中应采取的措施：

（1）储藏间或用品柜要上锁，保证安全。

（2）分门别类，贴上标签。

（3）新物品置于旧物品的下面或后面，先来的物品先取用。

（4）体积大、分量重的应放置在最下面，以减少从架子上取物时发生事故的危险。

（5）小的物品、常用的物品，应放在较大物品的前面，以便于看到和取用。
（6）储藏间要有良好的通风，房间保持干燥。
（7）储藏办公用品应有良好的照明。

思考与练习：

1. 办公环境管理的原则是什么？
2. 办公区域的管理内容有哪些？
3. 如何做好复印机、打印机、传真机的日常维护和保养？
4. 如何选用投影机？怎样做好投影机的日常维护和保养？
5. 在实习过程中进行如下技能的训练：

（1）给传真机装好传真纸并传真一份文件。
（2）按原稿的大小或放大、缩小分别复印一份资料。
（3）起草一份办公室复印机、打印机、传真机使用的管理制度。
（4）对实习单位的办公用品使用情况进行调查，并为其使用量最多的5种办公用品设定重新订购线。

6. 案例分析

海尔的“6S”管理模式

——整理（SEIRI）

◎ 将有用的和无用的物品分开
◎ 将无用的物品清理走，将有用的物品留下
——整顿（SEITON）
◎ 有用的留下后，依规定摆放整齐
◎ 定位、归位、标识，保证使用方便
——清扫（SEISO）
◎ 打扫、去脏、去乱等保持清洁的过程
◎ 对过程要有具体明确的频次及规范要求（如每天清理设备2次）
——清洁（SEIKETSU）
◎ 清扫的必然结果，要有明确的标准，使环境保持干净亮丽，一尘不染。如“漆见本色、铁见光”等
◎ 维护成果，根绝一切污染源、质量污点和安全隐患
——素养（SHITSUKE）
◎ 每位员工养成良好习惯，自觉进行整理、整顿、清扫、清洁的工作
◎ 变成每个岗位的“两书一表”，并能日清日高
——安全（SAFETY）
◎ 人、机、料、法、环均处于安全状态和环境下
◎ 有消灭一切安全事故隐患的机制
请结合以上案例，谈谈你对办公室环境管理的看法。

第五章

办公室日常事务管理

【学习重点】

- 接打电话的技巧
- 收发传真
- 邮件的收寄
- 编制工作时间表
- 安排约见
- 名片的管理

办公室日常事务是涉外秘书实务的一个重要内容，它的特点是出现频率高、事务头绪杂、工作规范严格、技能要求多样。秘书高效地做好办公室日常事务管理工作，可以有效地为上司提供切实有用的精力辅助。

一、电话事务

现代社会，电话已成为人们处理日常事务的重要工具，尤其是秘书部门的工作，上传下达、内外沟通、左右联系……很多都需要电话来进行。礼貌、准确、高效地接打电话是秘书的一项重要业务技能，秘书通过电话所展现出来的电话形象，对于营造一个具有和谐人际关系的工作环境，树立组织的良好形象，提高组织的美誉度，都有着直接的影响。因此，对于每一位秘书来说，要胜任自己的工作，就要不断提高和强化处理电话业务的能力。

（一）树立良好的电话形象

电话虽不是面对面的交谈，但也会给人留下深刻的印象。电话会影响到整个组织的形象。因此，涉外秘书在使用电话时要注意树立良好的电话形象。

1. 带着微笑通话

通话时，尽管彼此看不到对方的表情，但却可以“听”出来，因为脸部的表情会影响发音，带着微笑说出来的话，听起来更加柔和、动听，会让人产生温馨、愉悦感，它传达出来的信息是“我很高兴接到您的电话”，因此，让对方“听”到你的微笑，是树立良好电话形象的一个重要因素。美国贝尔电话公司对接线生的职业要求就是“带着微笑接听电话”。

2. 保持正确的姿势

通话过程双方虽然没有谋面，但也可以通过声音“看”到彼此的姿态，因为正确的姿势可以使人的声音听起来更加响亮集中，给人精神抖擞之感。边打电话边吃东西、玩耍物品、敲打键盘等不当的做法或躺靠在椅子上、翘二跷腿等错误的姿势，都会对声调产生影响，把你的不真诚、不专业和不专心给“出卖”了，因此，采用和保持正确的通话姿势很重要。这种姿势是：从侧面看，它成双L形——即脚和小腿形成一个L形，大腿及躯干形成一个L形。

3. 发挥声音的魅力

声音是电话过程的一个重要方面。秘书必须通过声音把真诚和热情传达给对方。首先要注意语调。语调明快、热情，会使人心情舒畅；语调冷淡生硬，则会使人不快。其次是发音。发音要注意正确、清晰，多音字和生僻字要加以解释说明。发音带有一定的方言色彩时，要防止一些音素、音节的混淆。再次是要控制好音量。通话过程音量太低，对方听不清楚，音量太高则不但对周围的人造成影响，也使对方有“震耳欲聋”之感，都是不合适的，比较恰当的做法是音量比平常稍高，发音源与话筒相距1~2厘米。最后是节奏。语速太慢使人觉得懒散乏味，太快则使人感觉忙乱紧张，或者听不清楚。适当的语速为每分钟120~160字，这种语速给人镇定、自信之感。

4. 学会倾听

研究表明，影响电话效果的首要细节是倾听（Listen），其次是表达（Express）、微笑（Smile）和有礼貌（Polite），因此，通话过程学会倾听是很重要的。可以通过“是啊”、“我明白”、“是这样的”之类的话给对方以积极的回应反馈，让对方感觉到你确实在听他说话，他是受重视的，这样可以取得更好的沟通效果。

5. 礼貌使用电话

公务电话一般不要在节假日及用餐等休息时间打，在公共场所尤其是需要安静的场所或要求关闭手机的地方，一定要自觉或按规定把手机调成振动状态或关机。参加谈判、会客或出席重要仪式活动或会议时，一般也要求关掉手机，这是对交往对象的尊重。

如果上司要打电话找对方的上司，作为秘书的你不宜直接找对方上司，而应先打电话给对方上司的秘书，等对方的上司出来通话时再把话筒交给自己的上司。

通话过程态度要温和亲切，多用礼貌用语，如“谢谢”、“打搅了”、“很抱歉”、“麻烦您了”、“对不起”等，要避免张口“喂，喂，喂”之类的不礼貌用语。即使有时必须拒绝对方不可能的要求，措辞也要委婉些，而不要太过强硬。如“不行”应改为“恐怕很难”，使语气缓和下来。

学会辨析声音也是秘书的专业技巧，如果对方不止一次通话，而秘书能辨析出对方的声音并及时称呼对方，会使人有受到尊重的温暖感觉。

知识链接

在电话中，我能让对方感到真诚可信是因为我用一颗热忱的心来讲话，而不是在电话中滥吹，让人听了不知所云，或者是在电话中有事没事地说上一大堆，影响了朋友们的时间，反而失去了朋友的尊重。

——戴尔·卡耐基

（资料来源：众行管理资讯研发中心编著：《办公室事务管理》，广东：广东经济出版社版，第132页）

（二）拨打电话技巧

打电话，要“打”出成效来，这是对秘书的基本要求，为此，就应该了解拨打电话的有关技巧。

1. 通话准备

通话前的准备，主要包括如下几个方面：

（1）情绪准备。电话是机械的，虽然它只能传声，不能传情，但“言为心声”，通话可以反映出人的修养。所以拿起话筒时，就要保持愉快的心情，以确保声音的甜美、柔和。当不顺心的时候，尽量不要打电话，以免怒气通过话筒传达给对方；非打不可时，一定要控制好自己的情绪，千万不能表现出不耐烦的态度，更不能迁怒于对方。

（2）内容准备。拨号前，应把内容要点记下来，或者打好腹稿，以便在电话中讲清楚，避免遗漏。内容准备通常包括六个方面，英语中简称“5W1H”，即：

Who……………… 谁（何人）

When……………… 什么时候（何时）

Where………………什么地方（何地）

What…………………什么事情（何事）

Why………………… 为什么（何因）

How………………… 如何做（方法）

手头还应准备好通话时所需要的文件、资料，并且预想通话情况，对对方可能提出的问题作好回答的准备，如果有几件事情同时要说，要考虑其先后顺序。

（3）工具准备。应准备的工具主要包括最新电话号码簿、自编的常用电话号码表、国内外城市直拨电话区号（代码）、世界各地时差表以及记录用的笔、纸（或电话记录单）等，以便节约时间，提高效率。

（4）拨号准备。拨号之前一定要查清楚预打电话的号码以及预找之人，不能先摘机再查对，否则便是对电话资源的无效占用。考虑对方时间，尽可能在对方方便的时候打电话。往国外打电话，还要注意时差。

2. 正确拨号

摘机后要立即拨号。拨号时精神要集中，以免拨错。要耐心等待线路接通，至少要让电话铃响6次以上，确认对方没人应答才挂机。掌握内地及港、澳、台、国际长途直拨电话的打法：

国内按下列顺序拨两组数字：地区号+对方电话号码。

国际长途的拨号顺序是：国际识别码+国家区号+城市区号+对方电话号码。

3. 自我介绍

自我介绍是通话的基本礼节。电话接通后，如果对方未自报家门，则首先应用亲切的语调向对方问好并确认对方是否自己要找的对象："您好！请问是××公司吗?"在得到对方确认后，便应先作自我介绍（包括介绍自己的工作单位和自己），如"您好，我是××公司秘书×××"。

如果对方已自报家门，便可直接进行自我介绍并"直入主题"，如"您好，我是××公司秘书×××，麻烦您请×××先生（或小姐）听电话"。

如果接电话的正是你要找的人，便应亲切地称呼对方："您好，×小姐（或×先生），我是××公司的秘书×××。"

如果找不到要找的人，千万不要"咔嚓"一声挂断电话，而应表示一下谢意或给对方留言。若想进一步了解对方的话，可说"对不起，请问该怎样称呼您"或说"对不起，请问您贵姓"等。

如不慎拨错了电话，别忘记表示歉意。

有专家认为，商场上的智慧就在于能否在30秒钟内引起他人的注意。

4. 清楚陈述

简明扼要、准确清楚地陈述预先准备好的电话内容，特别重要和容易弄错的地方可以重复，如双方约定的时间、地点，谈妥的产品数量、种类，认同及分歧的地方，确定的解决方案等，以确认对方已明白无误地听清、记住。

如果线路出现故障，电话中途被切断，要马上重拨一次并说"不知什么原因，电话被切断了，真是很抱歉"之类的话。

通话过程如有紧急事项非马上处理不可，须向对方道歉，处理完毕接着通话时，应再次致歉；如果处理的时间较长，可与对方另约时间通话。

对于涉外秘书来说，还应熟练地掌握相关语种的礼貌用语。

5. 道别挂机

通话结束，要使用如"谢谢"、"再见"、"请多多关照"之类的礼貌告别用语，然后轻轻挂机。挂机时应先把耳机一头朝下，按住叉簧，切断通话，再放下话筒一方。挂机后，要确保电话确实挂断，否则来电无法呼入，计费仍在延续，甚至无意间还有可能造成泄密。

（三）接听电话技巧

1. 记录准备

秘书一定要养成随时准备记录的职业习惯。俗话说，"好记性不如烂笔头"，据调查，即使是人们用心去记住的事，经过9小时后，遗忘率高达70%，更何况，有人称秘书为"管家"，"柴米油盐酱醋茶"，大小事情一起来，因此，不要过于相信自己的记性，应在电话旁边准备好"电话记录表"（或记事本）和笔等，电话铃一响，就要左手摘机，右手马上准备记录。

2. 礼貌应答

一般情况下，秘书应在电话铃响过两声后立即摘机接听，如果因故在电话铃响过三四声后才接，应马上道歉："对不起，让您久等了。"

接电话时，先问好，再作自我介绍（包括介绍自己的单位和自己），这是国际惯用的电话礼节。目前，我国很多单位也都是采用这一模式："您好！××××（单位名称），请问有什么可以帮到您的吗?”

涉外秘书接听外部来电时，应主动报出自己的单位名称、姓名及职务，如“您好！这里是××××（单位名称），我是××××的秘书×××。请问有什么可以帮到您的吗?”

如果是前台秘书（或接待员），只报出单位名称，如“上午好，这里是天地公司。请问有什么可以帮到您的?”

如果是接听部门或单位内线电话，可只报自己的姓名，如“您好！财务部啊，我是李兰”或“您好！我是李兰”。

要注意的是，自我介绍时不能称呼自己的职位，如“您好！我是李秘书”。

3. 确认身份

如果对方也作了自我介绍，则可正式通话。否则，秘书就应礼貌地了解对方的身份：“请问您是……”、“请问您的尊姓大名”或“有什么需要我帮忙的吗”，切忌单刀直入地问“你是谁”、“你找谁”或“你要干什么”之类的话。

如果一接电话就能辨认出对方，便可直接称呼对方，“啊，×先生（小姐），您好”，这会给对方留下特别亲切的印象。

明确双方身份，是信息沟通顺利进行的前提。

如要传呼电话，则应明白告诉对方：“请稍等一下，我这就去请×××来接电话。”如果对方要找的人刚好不在，应彬彬有礼地告知对方并商议有关转告事宜，例如：“×先生（小姐）刚好不在，方便让我转告他吗?”千万不能鲁莽地说上一句“他不在”就挂上电话。

4. 认真听记

通话时，秘书应用心倾听，准确领会对方意图，认真作好记录。表5－1是一电话记录表示例：

表5－1　××××电话记录表

时间：____ 年__月__日 __ 时__ 分 来电话人：__ 先生（女士、小姐） 单位： 电话号码： 电话内容： 处理结果：   接电话人：

通话过程可适当插用一些短语或其他的反应方式，如“好的”、“我们会尽快处理的”等表示自己在认真倾听。

重要的内容，应主动予以复述，以得到主叫方的确认。不明白、不清楚的地方，应不厌其烦地请主叫方重复或解释，保证信息的准确性。需要与对方确认的信息主要有电话号码、姓名（如果是外文，要把字母逐一拼写出来）、时间、地点、航班车次、旅店、数字等易出错的细节。

如果某个问题必须放下话筒作进一步的查问才能回答对方，则应向对方说明需要等待的时间。如果对方愿意等待，那么再次拿起话筒时要先向对方表示歉意。当然，让对方等待的时间不宜过长。

如果通话时又有另一个电话打进来，应礼貌地向对方说明并请对方稍候。如果第二个电话是本地的，可问明对方的电话号码，简单说明情况并告诉对方迟些再复电，然后再接第一个电话。如果第二个电话是长途电话，或者是须马上处理的电话，则应区分轻重缓急，及时处理，这时可向第一位通话人说明，请求对方稍等或先挂断，然后再接第二个电话。不管是哪一种情况，当新接起第一个电话时，都要向对方致歉并感谢对方的等候。同时要特别注意，放下电话时，应把话筒正放，不能侧放或反放，避免无意的谈话通过非正放的话筒被听到。

如果确信对方在电话中所谈的内容无法解决时，不要生硬地拒绝对方，而应热情地给予对方一些力所能及的帮助，如帮助对方把电话转到可以解决问题的分机或告知对方应找人员的电话号码及姓名等。这样做，虽然增加了工作负担，但可给人留下良好的印象。

带有秘密性质的电话留言，要注意保管好留言记录。

5. 结束通话

结束通话的礼节要求与拨打电话相类似，同时还要注意：一般应让主叫方先放下电话，如果对方是长辈或领导，更应如此。如果对方也在礼貌地等候，可以客气地说："还有事吗？我可以放下电话了吗？"一般来说，通话结束后，应遵循"谁打出电话谁先挂断"的原则。

如果内容已讲完，对方仍喋喋不休地讲些无关紧要的事，不能生硬地打断对方，而应找适当的借口礼貌地结束电话，比如说"我已经都记下了，请放心吧"或"我手头还有急事要处理，我们下次再谈吧"。

（四）特殊电话处理技巧

秘书每天都会接到许多电话，或联系业务，或推销产品，或借贷募捐……有来自外界的，也可能是内部打来的；有来自认识的人，也可能是陌生人打来的；有公开的，也可能是匿名的……面对繁多的电话，秘书必须迅速地进行甄别、过滤、分流，作出判断，或马上处理，或延后安排；或由自己答复，或交有关部门或有关人员处理，或请上司出面……而这必须讲究技巧，否则会使工作陷于被动之中。

1. 接听上级、熟人、重要客户电话

接听上级、熟人、重要客户来电，原则上要马上转接给上司。如果上司不在，应认真记录。必要时还需对全部或部分受话内容进行核对，确保准确无误。通话完毕，要及时把有关内容转告上司。

2. 接听下属电话

下属打来的电话，不管是集体还是个人，大都是请示工作或联系事情的，一般都要上司作出指示。如上司不在，秘书要说明处理的办法，如“我马上联系王总，请示后再给您答复”或“大约×天内给予答复”，而不能说“知道了”就挂电话或含糊其辞搪塞对方。

3. 接听直接找上司的电话

接到直接找上司的电话时，切记要先了解对方的单位、姓名、身份等，然后根据以下具体情况再作进一步的处理。

（1）上司正在开会或会客。一般情况下，上司正在开会或会客时，是不便接电话的，尤其是在开重要的会议或接待重要的客人时更是如此。这时如果电话非得上司亲自处理不可，但不是很紧急的，秘书可以诚恳地告诉对方：“×经理正在开会（或会客），预计×点钟结束，请您到时再打电话来，好吗？”如果对方确有急事或是非常重要的客人，非马上找到上司本人不可，便可以说些富有弹性的话或使用“善意的谎言”，如“×经理刚好走开了，请您稍等一下，我马上去找找看”。然后把对方的单位、姓名、身份、事由等简单写在便条上，通过便条向上司请示处理办法。如上司不接电话，便可恳切地告诉对方：“实在对不起，让您久等了，这会儿找不到×经理。见到他以后，我马上转告他，好吗？”总之，秘书要见机行事，灵活处理。

（2）上司不想接的电话。由于某些原因，有时上司会有一些不愿意接听的电话。这时，秘书就应一口回绝：“×经理出去办事，今天不回来了。您有什么事可以让我转告他吗？”如果对方仍固执纠缠下去，也应礼貌地拒绝：“对不起，我还有急事要办。我见到他，会转告他的，好吗？”

（3）上司正在通话。上司正在处理一个电话，刚好又一个电话进来时，秘书可以说：“×先生，真不凑巧，×经理正在接电话，请问您有什么急事吗？”（或“请您稍候再打可以吗？”）如果确实需要上司即刻接听或有急事需要马上向上司请示或汇报，可把事情写在便条上放在上司面前，而不要直接口述或对上司耳语。

（4）上司不在。上司不在办公室而刚好有电话找他，有时可以告诉对方上司不在的原因，例如说：“×经理身体不适，去看医生了（或×经理出差去了）。您有什么事可以让我转告他吗？”但如果未明上司不在的原因或不能直言相告时，千万不能说“×经理还没来上班”或“×经理不在”之类的话，而应说：“×经理现在不在办公室，您有什么事吗？方便留言的话，我可以转告他。”

4. 接听推销电话

有时，秘书在办公室会接到一些推销商品的电话，而且推销商是三番五次打来，好像不达目的不罢休。对付这种人，秘书的态度一定要明确，说话不要过于婉转，而应柔中带刚，礼貌地拒绝对方，比如可说“我正忙着呢，有空再给您回电话吧”或“谢谢您多次打来电话，只可惜我们已选定了办公用品的供应商，有机会我们再合作”。

5. 接听打错的电话

接到打错的电话时，秘书不能只说“打错了”便“咔嚓”一声挂断电话，而应不失礼貌地说：“您打错了，我这里是……”这也是宣传组织的一个好时机。

6. 接到投诉电话

投诉电话往往会伴随着比较冲动的感情和激愤的言辞，这时，秘书不能针尖对麦芒，而应心平气和、冷静耐心地听，等对方发完火后，再诚恳地向其解释原因或提出建议，如

"您购买的产品出现了问题，可以直接找我们的维修中心维修，地址是××××，电话号码是××××"或"我会把您反映的情况及时向上司汇报，一有结果，我将马上通知您"，或把电话直接转至有关的业务部门等，以此来显示出秘书的教养和风度。

对于企业的秘书来说，这样的电话会更加频繁，更需要耐心。

7. 接听匿名电话

有时，打电话的人既不愿报上姓名，也不愿说明打电话的动机，只一个劲地要直接找上司，这时，秘书仍应保持彬彬有礼的态度，坚持不报姓名或不说明来意就不打扰上司的原则，可向对方说："很抱歉，先生，×经理此刻不在办公室。如果您不愿意告诉我您的尊姓大名和事情，那么请您最好写一封信来，注明'亲启'字样，我会尽快交到×经理手上的。"

接到匿名电话，要注意不要先明确表态，也不要听到风便是雨，到处乱说，而应向有关的负责人反映。

8. 接听告急电话

若接到告急电话，或反映情况，或请求帮助，或请示解决的办法，秘书应尽快弄清楚发生了什么事、在什么地方、什么人、严重程度等，然后沉着、冷静、细心、果断、迅速地予以处理。如情况紧急且又是自己职权范围外的，应马上请示汇报，并协助有关部门即刻处理。

（五）电话后续处理

1. 整理电话记录

为了尽可能完整地记录电话内容，接听电话时秘书可以根据自己的书写习惯作快速记录，但如果记录较为潦草，别忘记在处理完电话后，及时地把较为重要的或较为复杂的电话内容（不管是打出的还是接听的）整理并誊写一遍，以便于上司批示或立卷存档和日后查考。

2. 及时处理有关事务

秘书对于接听的电话内容，除紧急情况随时请示报告和及时处理解决外，一般应按其内容或项目进行分类归档。若秘书个人能解决的，要及时解决。需要向上司汇报或请示的，如果内容较多，可先作初步的整理汇总，必要时还可附上自己的处理意见，协助上司处理。需要有关部门解决的，或及时转交、移交，或协调有关的部门解决。对重要的事项还要跟踪了解并把有关的情况反馈给上司。

知识链接

电话用语"脱口秀"

对不起，我能耽误一下您的时间吗？

不知您现在是否方便？

我之所以冒昧地给您打这一个电话，是因为……

谢谢您打电话来。

如果您有什么问题请随时给我来电。

我能为您做点什么？

对不起，我正要去参加一个会议，5 分钟之内必须到达，您能简短一些吗？

我的另一个电话响了，请你稍等片刻。

我正在接别人的电话，过一会儿我给您打过去好吗？

对不起，我的办公室还有人等着，我会尽量在短时间内解决，然后给您打电话，好吗？

您稍等一会儿，让我帮您查找一下有关的资料好吗？

让你久等，真是抱歉。

我现在没看这方面的资料，但我很乐意去找，我明天会给您打电话的。

（资料来源：众行管理资讯研发中心编著：《办公室事务管理》，广东经济出版社 2003 年版，第 128 ~ 130 页）

（六）常用电话服务功能

自从贝尔发明世界上第一部电话以来，随着科学技术的飞速发展，“电话家族”的功能也不断增多，而与秘书通信实务关系密切的常用服务功能主要有：

1. 无须拨号的“热线服务”

秘书在工作过程中肯定有一些需要经常拨打的电话，那么，只要把“热线”对象的电话号码登记一次，以后每次通话，只要摘机，就会自动接通预先设定的“热线”对象，省去烦人的拨号程序。

“热线”对象可根据需要随时改变。设置了“热线电话”的电话机同时也可以发挥普通电话机的功能。方法是摘机后 5 秒钟内必须拨号，否则自动接通“热线”。

2. 减少拨号的“缩位拨号”

拨打国际、国内长途电话是涉外秘书的家常便饭，长途电话尤其是国际长途电话，长达十多位号码，遇到紧急情况，容易出错，影响工作。涉外秘书可利用“缩位拨号”来解决这个烦恼。可以把常用的冗长的电话号码登记定位在相关键位代码上（一般可登记 20 个电话号码），以后直接拨打相应的代码便可联系对方，这既方便记忆，又节约拨号时间，更重要的是可以避免出错。

3. 第三方可插入的“呼叫等待”

作为组织枢纽的秘书，上传下达、沟通左右、联系内外，电话经常会处于“忙碌”状态，即使心急火燎，也只能望“机”兴叹。这时，便可利用“呼叫等待”来排忧解难。设置“呼叫等待”后，双方通话过程，第三方可随时“恣意闯入”，在得到提示后，通话人可以根据需要作出不同的处理：或拒绝第三方的介入；或保留原来通话，暂时改与第三方通话，与第三方通话完毕后再恢复原来的通话；或分别同原通话方和第三方交替通话，以中介人的角色为双方转送信息，以避免一些他们直接通话可能造成的尴尬或不便。

4. 跟踪追击的“转移呼叫”

外出办事又恐漏接电话、电话占线、无人接听。“转移呼叫”使人不必为此而发愁。“转移呼叫”就是事先设定一个电话号码，所有来电都会自动转到设定的电话上（包括移动电话），这样人走到哪里，电话就会随时跟踪追击到哪里，各种来电都可以得到及时处理。转移呼叫又可分为无条件转移、遇忙转移和无应答转移三种。

5. 不必重拨的“遇忙回叫”

面对“忙”得不可开交的电话，对方又没有“呼叫等待”功能的服务，有时为了拨通一个重要或紧急的电话，秘书不得不暂时放下手中的工作，坐在电话机前面反复拨号，这严重影响了工作效率。这时，“遇忙回叫”就可帮上忙。设置“遇忙回叫”之后，如果对方占线，秘书仍可以放心地去做其他事情。对方线路一有空，电话便会自动接通并振铃通知。

6. 暂不受话的“免打扰服务”

有时，有些工作的进行希望不受到任何影响，包括来自电话的影响，这时，“免打扰服务”可以助人实现这一目的。在启用这项功能期间，电话不受理任何呼入，但可照常呼出。使用完毕及时取消设置，电话恢复受理呼入状态。

7. 帮助提醒的“叫醒服务”

也叫闹钟服务，这一功能实际上就是让电话起到闹钟的作用。秘书工作头绪多，时间性强，为了防止遗忘，可充分利用这一功能。到设定的预定时间，电话会自动振铃，提醒人及时办理计划中的事。

8. 可以异地同时“碰头”的“三方通话”

“呼叫转移”的中间传话，固然可以避免一些直接通话可能造成的尴尬或不便，但“传话”过程中有时也难免有些不必要的失误。因此，需要三方同时“碰头”或直接对话时可采用这一功能。

9. 不限地点的“会议电话”

从某种意义上说，“会议电话”是“三方通话”功能的进一步扩展。会议电话不受电话区域的限制，每个电话用户都可任意利用有关的会议电话设备召集各地的电话用户举行电话会议。参加电话会议的用户还可以通过免提扬声电话机或其他的扩音设备，扩大参加会议的实际人数。会议电话能大幅度节省开会的时间和费用，是一种较为经济的会议方式。

10. 具有现场感的“可视式电话”

这是一项新开发的业务，它把电话通信和电视图像通信合二为一，使通话方不但能听到彼此的声音，而且能看到彼此之间连续活动的图像，还可以用来传递文件、图片以及其他动态图像。目前，很多组织都利用这一业务召开电视电话会议，由于它能进行现场演示，所以可以使人有身临其境之感，这既大大提高了会议效率，又节省了会议经费。但这项业务需要很宽的传输频带，对通信线路有着较高的要求，尽管如此，随着现代光纤通信技术的发展，它仍展现出广阔的应用前景。

11. 限制盗打的“呼出加锁”

偷接线路盗打电话时有发生，“公（家电）话私（人）用”也在所难免，如何禁止这类不良现象？“呼出加锁”便可解除这一后顾之忧。在电话机上对禁止打出的电话设置密码，即“加锁”，如需拨打，则需先“解锁”，即输入密码。这样便可防止电话被盗打。

12. 一目了然的“来电显示”

为了在第一时间把握电话来源或在外出回来后了解此间来过什么电话，可使用“来电显示”功能，使用这一功能，可以在第一时间了解来电情况，以便及时作出妥善的处理。

13. 自我保护的“去电保密”

这一功能又叫“限制主叫号码显示”。从某一程度上来说，这是一项跟“来电显示”

刚好相反的功能，使用这一功能后，打电话时主叫方的电话号码没有显示出来，而是处于隐蔽保密状态。

14. 可以异时通话的“录音式电话”

这种功能克服了普通电话机只能同时通话的缺点，可实现异时通话。在无人的情况下，只要事先在磁带上录入自动回答程式，并调整和装好磁带，将录音电话键置于自动应答位置，当有电话打进来的时候，电话录音就开始工作。首先是对方听到事先录入的声音，然后便听到蜂鸣声，提醒录音开始，录完后自动停机。

二、收发传真

传真也是一种通信技术，它是利用电话网或其他相应的网络，对各种图文原稿进行远程传送。它使用的终端设备是传真机。传真机集电话、扫描、记录等功能为一体，既可以当电话机使用，也有着自动收发各种文字文件和图片文件（包括签名、印章等）的功能，对传送手工制作的图表和签名尤其有优势，运用越来越广泛。因此，收发传真也是涉外秘书通信业务的一项重要内容。

（一）发送传真

1. 拟写文稿

发出传真，除了一些有原来格式的文件，如发票、照片、公文等外，一般需临时拟写传真文稿，传真业务比较多的组织，可制作专门的传真文件表，使用时只填上相关内容则可。表 5 – 2 为某单位传真文件：

表 5 – 2　×××（单位名称）传真文件

××传字〔2005〕××号

收件人		传真号码		电话号码	
收件单位					
发送人		传真号码		电话号码	
发送单位					
地址				邮编	
发送日期	年　月　日　时　分			归档号	
文件名称				总页数	
传真内容					

上表中的编号，可参照公文发文字号的编写方法，即“机关代字 + 年份 + 流水号”，也可采用其他方法。书写“传真内容”应简明扼要，书写时字迹应清楚端正，并且使用深色墨水。如果打印，字号不要小于 4 号。如果传真内容过多，可另纸书写或打印，但必须加以说明，并且使用 A4 纸。

2. 登记

传真管理，要建立收发登记制度。秘书可制作专门的传真收发登记本进行登记。传真发送登记表的制作可参照表 5 – 3。

表 5-3　××××传真发送登记表

编号	发送时间	发送人	文件名称	收件单位及传真号码	收件人	密级	急度	承办人	归档号	备注

3. 设置

如果传真机和电话机使用同一条线路，必须将传真机功能键切换至“传真”（Fax）的位置，根据发送要求调整分辨率、色彩、色调、对比度等。如发送需定时，则要设置好预定的时间。

4. 传送

将原稿按规定页数字面朝下放在引导板上，拨通对方电话，根据对方的信号提示，按下启动键（Start），放下话筒，传真机开始工作，显示屏显示“OK”，说明传送完毕，对方已正常接收。

5. 归档

如果原稿是一般的信函或图表，未采用上述传真件格式，则取出后应标上传真时间、收件人姓名和单位名称等，妥善保管。重要的文件应立即归档。

（二）接收传真

1. 登记

接收传真有人工和自动两种方法，当传真机处于自动接收状态时，在自动接收并输出传真件后，再自动恢复到待机状态。

如果一条电话线上连接电话机和传真机两个终端，而且电话比较忙碌，可采用人工接收的方法。方法是接到发送方的电话后，放下话筒，按下启动键（Start）便可以了。传真接收管理和发送一样，也要建立登记制度。传真发送登记表的制作可参照表 5-4。

表 5-4　××××传真接收登记表

序号	收文时间	收件人	文件名称	发文单位及传真号码	急度	密级	接文人	领取人	归档号	备注

涉外秘书要注意，由于不同地区存在时差，因此，下班前不要忘记把传真机设置为自动接收状态，第二天上班时及时检查有无传真文件，以免耽误工作。

2. 处理

秘书收到传真后，属于自己职责范围之内的应尽快处理；如果是他人的传真，应尽快通知收件人，并请领取人领取时签字，尤其是有急度和密级要求的传真，更要认真对待，确保传真能得到快速高效的处理。

重要的需长久保存的传真件，秘书应将传真件先行复印再作处理，因为传真纸是热敏纸，字迹不能长久保留，因而不能直接存档。

三、邮件处理

邮件是组织开展工作的一个重要手段，当然，邮件处理也就是秘书一项重要的日常工作。邮件主要包括两大类，一类是传统的通过邮政系统传递的信函、报刊、包裹等，另一类是电子邮件。随着办公自动化程度的不断提高，电子邮件的应用越来越广泛。

（一）邮件的收受

一般来说，除了电子邮件和快递邮件可以随时传送外，大部分的邮件每天都会在大致固定的时间到达，因为邮件中可能会有重要的、紧急的信息，因此，当有邮件到来时，除特殊情况外，秘书都应停下手中的工作，及时对邮件进行处理。

1. 签收

在邮件到来后，涉外秘书应按照投递单上开列的项目和数量进行认真的清点、核对，确保无误后，在投递单上签名，表示文案已经收到。签收的目的在于明确文案交接双方的责任，确保收文数量的准确和文案的安全。清点邮件时要注意以下三个方面：实收邮件与投递清单上的件数是否相符；邮件上的收件单位或收件人是否有误；邮件包装和封口是否牢固、严密，有无破损。如发现邮件份数不对或有错投、散包或被拆等现象，应或者拒绝签收，或者指引正确的收件单位或个人，或者退回原发文单位等，应根据实际情况予以及时妥善的处理。签名时应签写真实全名并注明收件时间，如果是急件还应注明具体的时、分。

2. 分类

面对众多的邮件，秘书必须按照轻重缓急的原则予以办理，以保证要件、急件能得到优先处理，为此，就必须对邮件先行进行分类。邮件分类的方法有多种，秘书可根据实际的情况选择不同的方法，也可以多种方法结合使用。涉外秘书常用的比较简单的方法见图5－1：

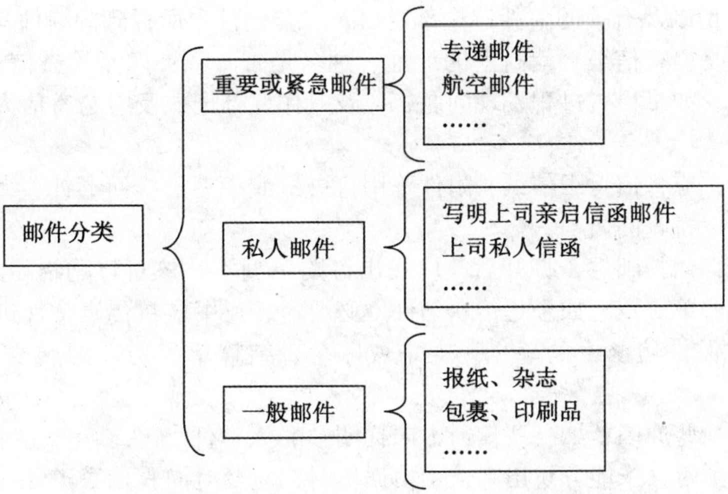

图5－1 邮件分类

(1) 重要或紧急邮件。邮件封皮上有"机要"(Confidential Mail)、"急件"(Urgent Mail)、"快递"(Expressed Mail)、"保价"(Insured Mail)、"挂号"(Registered Mail)等标记或其他带回执(Cortified Mail)邮件或落款是重要人物、重要单位的,属重要邮件。

(2) 私人邮件。封皮上标有"亲启"、"私人"、"保密"等字样的邮件,秘书不能拆封,应及时转交给上司。

(3) 一般邮件。包括报刊、广告、小册子等,这类邮件可以在处理完重要或紧急邮件、私人邮件后再作处理。

邮件分类后,要及时对邮件进行分发等方面的处理。邮件分类时,如果是重要邮件,应先制印好登记表,让收件人收到邮件后在上面签字,以备查考。表5-5为邮件分发登记表示例:

表5-5　××××邮件分发登记表

序号	发件时间	收件时间	邮件名称	来件人及单位名称	收件人	签名	备注

如果是急件,收件时间应详细注明小时和分钟。

3. 拆封

邮件分好类后,秘书便应尽快对属于自己处理的邮件予以拆封。

拆封公务邮件,要求用剪刀、拆信器等工具,不能用手撕,以避免不小心破坏邮件上的一些重要信息,同时也可以保持邮件封皮(如信封)的美观。

一般来说,公务信件要从信封右侧开拆,开拆时,应先将其竖起轻弹数下,保证函件内的所有物件落到底部,再轻轻裁开顶部或用开启器开启。拆封时要保持地址、邮编和邮戳等的完整性。

打开信件后,秘书应对信件进行检查,检查的内容主要有四个方面:一是检查是否把信封内的物件(信纸及有关的附件)全部取出;二是信件中所提到的附件与信封内所附附件是否相符;三是检查信纸、信封上的地址、姓名是否一致;四是检查信文是否有缺页、字迹不清等现象,如果检查过程发现问题,应及时作好标记或及时与寄信人取得联系,予以确认。

检查完毕后,应将信封跟信纸、附件等用订书机或小夹子、回形针、大头针等合适工具订合在一起,以备查阅。

如果是组织订购的邮件,打开后,应找出订购单副本,核对订购物品的品种、规格、数量等是否与订购单一致。如果是传真信件,必要时,秘书应将传真信件进行复印后再作处理。挂号信、保价信函中的单据、支票或账单、结算单等应及时转交给财会或有关部门。

有时,由于一些原因,如有些信封上未标明"私人信件"、"亲启"、"保密"等字样,而秘书对邮件分类时又未能分辨出来,不慎误拆时,应及时向收信人道歉并予以说明。如果不方便直接见到收信人,应在信封外另加一个组织信封,并在上面注明"对不起,误拆”之类的字样，并签上自己的名字。

4. 阅办

在得到上司授权后，秘书应及时对信函进行阅读处理。如果来信所涉及的内容属于自己的工作范围，便应根据来信人的要求及时予以办理。需交给上司处理或听取其指示的信函，可将信函中的重点内容圈点出来，或就来函中涉及的有关资料予以查对，或在需要说明解释的地方加注，比如催促发货的信，可在信纸眉首或左右的空白处，注明“我方已于×日发货”或简单解释未发货的原因，标注时要用彩色荧光笔，这样当信函需复印时便不会留下痕迹。如果不便在信函上写字或内容较多，可采用自动粘贴之类的移动小纸条，以方便上司阅读处理。上司授权处理的事宜，则可先行拟好回信，请上司过目、签字，这样可以提高工作效率。

有的组织或上司反对秘书在来函上加注，这时，秘书便应按上司的要求来做。

5. 登记

秘书在拆启邮件及阅函过程，应对与组织有关的重要邮件进行登记，这样既方便对重要邮件的去向、来函办理情况等的掌握和跟踪，也能保证重要信函的安全归档。登记表可根据实际情况自行设计，表5-6是一邮件登记表示例。

表5-6　××邮件登记表

年　月　日

序号	收件时间	邮件名称	来件人及单位名称	邮件内容或主题	承办人	办理期限	备注

有的“三资”企业，除了做好登记表外，还要求在收到的公务邮件的左上角或右上角盖上或写明邮件收到的具体时间，因为有时对于一些信函来说，其成文时间与发出时间可能会有较大的间隔。

如果邮件来往不多，秘书处理邮件时，拆封、阅信和登记几个环节往往是交叉在一起进行的。

6. 呈送

对于需呈送上司处理的邮件，秘书还应按照轻重缓急原则再作细分，保证重要信函得到优先处理。细分信函的方法主要有两个：一是可将信函分成U（Urgent，需马上处理）、W（Wait，需研究或查找相关资料后再作处理）、F（Forward，可以交由其他人处理）、R（Reference Only，仅供参阅，不需回复）四类，并将需先行处理的或重要的放在最上面。二是可将信件分为急件、要件和普通函件三类，分别归入规格相同但颜色各异的专用文件夹（FOLDER）内，然后再呈送上司。当然，秘书也可根据工作特点采用其他的分类方法。

如果一份邮件要供多个领导传阅，秘书可以根据实际情况在呈送的邮件上附上“邮件转送单”（如表5-7）和“传阅顺序单”（如表5-8）。

表 5－7　邮件转送单

日期：　　年　月　日　时　分
致：
发自：
供您参阅，阅后请交回给我 供您参阅，阅后不必交回 阅后请安排时间并通知我就此邮件作有关讨论 阅后请答复这封邮件（答复件副本存档） 阅后请给我提供答复这封邮件的资料 阅后请注明您的意见
意见：
备注：

表 5－8　邮件传阅顺序单

自　年　月　日　时　分至　年　月　日　时　分 （请按数字顺序传阅，阅后请签名、填写阅读日期并连同传阅顺序单直接传给下一个人，最后请交还给秘书王兰）				
顺序	阅读人员	签名	简单意见	日期
1	×××女士			
2	×××先生			
3	×××小姐			
备注				

阅读顺序基本上按职位高低排列。另外，秘书在呈送信函时，也可视情况将自己已处理的信函及处理结果汇总附上。

（二）邮件的寄发

1. 核对

邮件交寄前要认真地进行检查核对。检查核对的内容主要有：

（1）检查信笺。公务函件，尤其是商务函件，一般都应使用抬头带有组织中英文名称或标志、地址、电话号码、传真号码等信息的信笺。

（2）核对信文内容。检查信件内容在表达、格式、标点符号等方面是否准确无误。

（3）核对附件。如果邮件有附件，应认真检查核对，防止遗漏，确保附件的准确和齐全。

2. 签发

除紧急信件外，应把拟好的需上司过目签字的邮件集中在一起，请上司签字。

3. 复印存档

重要邮件应复印存档。

4. 打印信封

信封的书写格式，中文和英文不同，秘书应根据收件人来确定采用中文格式还是英文格式。如果需标注特殊的邮寄标记，如 Confidential Mail（机要邮件）、Personal Mail（私人邮件）等，可以打在信封的左下侧（也有的是打印在邮票的左下侧），用英文时应全部使用大写字母。另外，邮寄标记还应同时打印在信纸上，只是用英语时既可以全部使用大写字母，也可以首写字母用大写，其他字母用小写。

另外还要注意的是，信封上收信人姓名后面应加上称呼，否则显得非常没有礼貌。称呼一般可用泛尊称“先生”、“女士”等，也可用职务或职称“经理”、“老师”等，但不能用专有称呼“爸爸”、“妈妈”等，因为信封上的名字，从某种意义上来说，是给邮递员看的。

5. 核对名址

在交寄邮件之前，秘书必须认真核对收件人的姓名和地址等，确保邮件投递的准确。

6. 装封登记

邮件装封时要注意：

（1）方便收件人拆阅。折叠信笺时不要让其过大或过小，以免给收件人打开制造麻烦，装封时要令其与信封的封口之处留有 1 厘米左右的距离。而且应将信笺推至信封的顶端，这样拆阅书信时，因为早已“留有余地”，信笺便不易被“伤筋动骨”，影响阅读。

（2）按序折叠。多页信纸应按顺序折叠成一叠，不能单页折叠。若有附件，附件应与信件正文分开，把附件叠好放在正文的最后一叠中，这样收件人取信时，附件也会一同取出。

（3）折叠要整齐美观。折叠时一般都是信笺由下而上顺折，这样可以使收信人准确地判断出信笺的上端，为收件人带来方便，也以此表示对收件人的尊重。同时要注意根据所使用信封的大小，信笺可不折叠，也可折叠。折叠时通常采用的是二折法、三折法或四折法。

①不折叠：重要的文件或纸张较多的文件可采用这种方法，如 A4 纸规格大小的，可不折叠直接装入大信封。

②二折法：信笺对折，将底边折到距顶边 0.5 厘米处。如图 5 – 2 所示。

③三折法：先把底边向上折不到 1/3，再往上折至距顶边 0.5 厘米处。如图 5 – 3 所示。寄往欧美国家的信笺，多采用这种叠法。

④四折法：先将信笺按二折法折叠，然后将信笺的左侧向右折至距右侧边 0.5 厘米处。如图 5 – 4 所示。

图 5－2　二折法

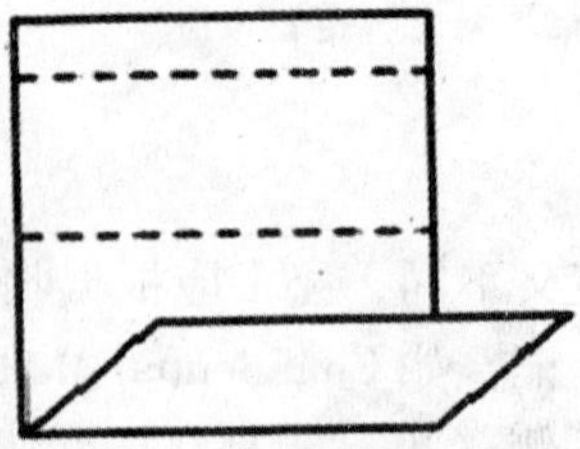

图 5－3　三折法

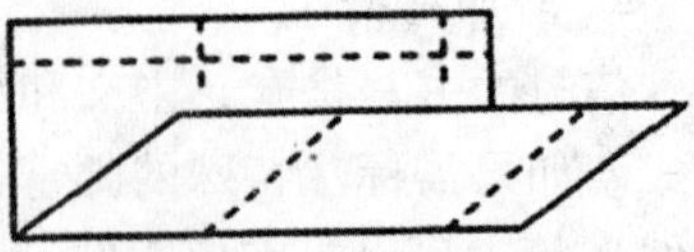

图 5－4　四折法

知识链接

信笺除了采用二折法、三折法、四折法外，有时为了表达某种特定的意义，也可采用其他的折法：

（1）以低示己法——先将信笺三等分纵向折叠，然后再将其横折，并令其两端一高一低，表示谦恭之意。

（2）外露姓名法——折叠时有意将收信人姓名外露，这样可使收信人产生亲切感。

（3）公函折信法——这种方法多用于公务通信。先将信笺纵向对折，然后在折线处再往里卷折 1 ~2 厘米宽，最后再将其横向对折。

（4）随意折叠法——这种方法多用于日常通信。将信笺先横向对折两次，然后再将其纵向折叠到可以装入信封之中的长度。

重要邮件交寄前要登记，以便工作的落实跟踪。表 5－9 为一邮件发出登记表示例。

表 5－9　邮件发出登记表

序号	邮件名称	寄出时间	收件人及单位名称	邮件内容或主题	回信时间	回信人	备注

（三）上司外出时的邮件处理

上司外出时，秘书更应加强对邮件的处理力度，要特别注意下面几个环节：

（1）先行请示。在上司外出之前，秘书应主动向其请示在此期间邮件的处理方法。如是授权于其他人，还是每天由其亲自作“遥控指挥”等。

（2）妥善处理。在上司出差期间，除非上司有所交代，否则秘书应把需上司亲自处理的邮件保存下来，可能的话可与对方联系，告诉对方因上司出差，可能要等到何时才能得到答复。如果是要转寄或委托其他人代转邮件时，应把原件留下存档，转寄复印件（未拆封的私人信件或保密信函除外）。上司授权处理的邮件，如果回信，秘书应在信中向对方说明情况，签名时写上自己的职位，发出前复印一份，在上司回来时交与上司过目。如果是回电或面谈，也应注明时间和谈话的主要内容。

（3）分类处理。如果邮件比较多，秘书应对积压邮件作分类处理，分类方法可以根据实际情况而定，如可分成“待签邮件”、“待处理邮件”、“需阅读邮件”（这类邮件可能秘书已作过处理，只是提请上司过目）、“一般阅读材料”（如相关的广告或出版物等）；除了分类外，也可制作邮件摘要表，表 5 - 10 是摘要表示例。

表 5 - 10　邮件摘要表

序号	收件时间	邮件名称	来件人及单位名称	邮件内容或主题	办理结果	办理时间	分类
1	×月×日	信函	××××××	询问商谈合作协议时间	安排×月×日	×月×日	代签
2	×月×日	××	××××××	×××××××××××	××××××	×月×日	××

通过秘书细致的工作，上司便能够在回来后很快对工作有比较全面的了解和妥善的处理，这样可以保证信息链条的连续。

（四）电子邮件的处理

电子邮件（Electronic Mail，简称 E-mail）是建立在计算机网络上的一种通信形式。随着办公室自动化和网络的进一步发展，电子邮件的使用也越来越广泛。

1. 电子邮件的格式

电子邮件有一定的格式，按照目前世界上广泛应用的国际互联网络 Internet 的电子邮件格式，它由信头、信体和签名区三部分组成。

信头包括发件人、收件人、主题、日期（计算机自动输入）和附件，有的还有抄送（人）和密送（人）。如果文件太长，可以用附件的形式，以免影响发邮件的效果（如速度）。主题是接受者了解邮件的第一信息，要提纲挈领，一目了然。

信体即邮件正文，其书写格式与常规纸质信件相同。需要指出的是，如果是复信，可简明扼要地摘录必要的来信原文，如“您于×月×日发来的关于……的邮已收到”，并说明附件内容，不宜只说“邮件收到”。同时，邮件正文要求简洁流畅，如果太长，可以用附件的形式附加并在邮件中说明。

签名区内应签上写信人的姓名、身份和年月日。

2. 发送电子邮件须知

（1）发送电子邮件时，如果收件人不止一人，而且有级别差异，要按照从高到低的顺序排列。

（2）一般来说，发送邮件时都应给邮件加上主题。

（3）收件人即主送（TO）、抄送（CC）、密送（BCC），它们之间是有区别的。主送是邮件正文的执行者或负责人。抄送是需要知会邮件正文但不负主要责任的相关人员。密送，顾名思义，就是秘密发送，发件人给密送者秘密发送邮件，主送和抄送都看不到这个密送者，但密送者能看到主送和抄送。

（4）发送电子邮件时，如果不希望邮件被转发、打印或拷贝，可以设置“防止拷贝”。

3. 查收电子邮件

（1）秘书应养成上班即打开邮箱查收邮件的好习惯，并及时过滤、删除无用文件或垃圾文件。

（2）对有用的文件加以分类处理，如需要上司审阅的文件应存入相应的文件夹；需要上司批复的文件应打印出来送给上司；以上司名义回复的邮件需从上司邮箱发出，否则应在邮件中说明邮件内容为上司授意。

（3）对重要文件要及时备份保存。

4. 电子邮件的安全管理

目前，电子邮件是造成网络安全威胁的一个主要渠道。常用的安全传递电子邮件的技术包括完美保密（PGP）技术和安全多用途因特网邮件扩展（S/MIME）技术。

（1）完美保密（PGP）技术。

使用支持PGP插件（PGPplug-ins）的邮件应用程序，是一种比较快捷和简单的加密邮件通信方法。对于不支持PGP插件的邮件应用程序，可以使用PGPtray工具来对邮件进行加密和签名。操作步骤如下：

第一，与往常一样编辑邮件。

第二，选择PGPtray工具中的Current Window → Encrypt & Sign命令，对邮件消息进行加密和签名。

第三，选择接收者的公钥进行加密邮件消息。邮件窗口将显示加密后的邮件内容，然后发送加密的邮件。

（2）多用途因特网邮件扩展（S/MIME）技术。

安全MIME（多用途因特网邮件扩展）是IETF指定的有关电子邮件的安全规范。虽然互联网上许多安全电子邮件软件都采用PGP技术，但是，S/MIME主要是针对Internet或企业网。而PGP是个人独立开发的，用户可以免费得到。

目前，S/MIME被认为是商业环境下首选的安全电子邮件协议。已有多种支持S/MIME协议的产品，如微软的Outlook Express，Lotus Domino/Notes，Novell Group Wise及Netscape Communicator.

Outlook Express包含一些工具，有助于防止欺骗行为、增强电子邮件的非公开性并防止对计算机进行未授权的访问，使用户能够更安全地发送和接收邮件，并控制可能携带有害内容的电子邮件。

首先是安全区域。安全区域为用户的计算机和隐私提供了高级保护功能，Outlook Express允许用户选择存放邮件的区域——Internet区域或受限站点区域。用户可设置每个安全区域的安全级为高、中、低或自定义。更改Outlook Express的安全区域设置时，可选择“工具”→“选项”命令，在弹出的“选项”对话框中单击“安全”选项卡。

其次是数字标识。数字标识（也叫证书）提供了一种在Internet上验证身份的方式，它允许给电子邮件签名，还允许发送加密邮件。数字标识可从发证机构获得。发证机构是一个负责发布数字标识的组织，并不断地验证数字标识是否仍然有效。Verisign公司是第一个商业发证机构，是Microsoft首选的数字标识提供商。通过Verisign的特殊指定，Microsoft Internet Explorer用户可获得一个个人数字标识。当用户发送安全电子邮件时，个人数字标识可以对用户的身份进行有效证明。数字标识可以通过以下几个步骤来获得和设置：

第一，在Outlook Express中，选择“工具”→“账号”命令。

第二，在弹出的“Internet账号”对话框中，选择“邮件”选项卡中用于发送安全邮件的邮件账号，然后单击“属性”按钮。

第三，在打开的对话框中选择“安全”选项卡。若用户没有数字标识，可单击“获取数字标识”进行申请。若用户已经有数字标识，选中“从以下地点发送安全邮件时使用数字标识”复选框，然后单击“数字标识”按钮。

第四，选择与该账号有关的数字证书（计算机只显示与该账号相对应的电子邮箱的数字证书）。如果想查看证书，请单击“查看证书”按钮，将会看到详细的证书信息。

第五，单击“确定”，设置完毕。用户可使用安全电子邮件功能了。

最后是数字签名。在发送签名邮件之前必须首先在 Outlook Express 中设置数字标识，使电子邮件账号对应相应的数字证书。方法是：

第一，单击“新邮件”按钮，撰写新邮件。

第二，选择“工具”→“数字签名”命令，在信的右上角将会出现一个签名的标记。

第三，编辑好邮件内容后单击“发送”按钮，发送数字签名，邮件完成。

当收件人收到并打开有数字签名的邮件时，将看到“数字签名邮件”的提示信息，单击“继续”按钮后，才可阅读该邮件的内容。若邮件在传输过程中被他人篡改或发信人的数字证书有问题，页面将出现“安全警告”提示。

知识链接

英国皇家邮政新开办了一项高度安全的电子通信业务，该业务可使商家避免网上资金划拨的风险，并可传送高度机密的信息。这项前景被看好的新业务就是 Viacode 业务，它是英国邮政在全国范围内提供的第一个商业化的高度安全的信息加密和解密服务。接受者首先必须经过严格的身份检查证明，然后作数字化签名，这样才能接受一个特定的个人化数字信息。在这一业务的帮助下，处在任何地方的计算机用户都有把握保证发出的信息不会被预期的接受者之外的任何人收到。而对接受者来讲，这份信息就是一个名副其实的电子邮件。这种安全技术还可用于对网址访问的限制。到目前为止，Viacode 业务是英国邮政第一次提供的没有和传统的信件掺和在一起的、依靠邮政信誉取信于客户并得以完善的电子通信服务。据专家预测，Viacode 业务将成为各行业之间，包括银行、其他金融公司、法律机构、卫生机构及政府部门进行交易的重要手段。当然这个计划也为个人提供该项业务。

（资料来源：胡鸿杰、申琰、张莉敏编著：《办公室管理》，中国人民大学出版社 2001 年版，第 197 页）

四、办公室时间管理

所谓办公室时间管理，是指在耗费同样时间的情况下，为提高工作时间的利用率和有效性而进行的一系列控制。这种控制是应用现代科学技术的管理方法，对时间消耗进行计划、实施、检查、总结、评价和反馈等，从而科学地安排和使用时间，避免被时间所支配。

时间管理是现代企业提高管理水平的一个重要方面，涉外秘书为了更好地协助上司，做好辅助管理工作，必须学会一些行之有效的时间管理方法，而且不但要管理好自己的时间，还要协助上司合理有效地利用时间。

（一）承办周期制度

承办周期制度就是限制办理某项业务的时间，如表 5－11 所示：

表 5－11　工作承办周期制度

工作行为	工作承办周期
回复信件	收到信件的 2 个工作日内完成，急件即到即办
回复电子邮件	收到后的 1 个工作日内完成
投诉处理	2 个工作日之内回复
办理××证件	10 个工作日内完成
……	……

这是很多涉外企业包括目前国内很多企事业单位都在实行的一种制度，是一种避免工作拖沓的比较有效的管理手段。涉外秘书应协助上司合理地、有针对性地不断完善这一制度。

（二）"四象限法"

有的也称之为 ABCD 法则。这是美国管理学家柯维提出的一个时间管理技巧。把工作按照重要和紧急两个维度进行划分，用四个象限来表示，然后列出工作的先后次序。如图 5－5所示：

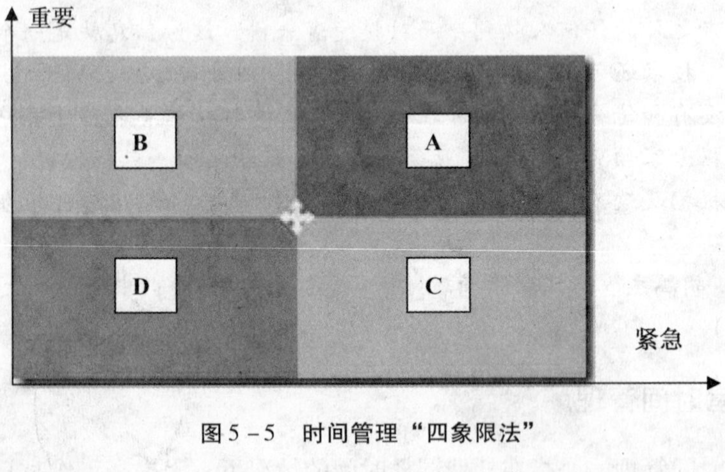

图 5－5　时间管理"四象限法"

四个象限表示的分别是：

A：重要且紧急之事（如财务危机、人事危机等），必须在最短、最快的时间内完成；

B：重要但并不很紧急之事（如人员培训、制定有关的防范措施等），需要用心计划做好。这类事情的效益是中长期的。柯维时间管理理论的重点是提倡把主要的精力和时间投放在这类工作上。

C：紧急但不重要之事（如电话铃响、不速之客到来等），尽快解决，但不要占用太多时间，甚至有时可以不做。

D：不重要也不紧急之事（如推销产品、客套闲聊等），尽量不去做，或者授权别人去做，或者先放一边，如果确实需要做，一定要严格限定时间。

实际上，在一定程度上来说，时间是可以控制的，只要加以合理安排，工作效率也就能得到提高。

知识链接

“日事日毕，日清日高”

海尔人在长期探索中形成了其独具特色的“OEC”企业管理模式。

“OEC”是英语 Overall Every Control and Clear 的缩写。“O”即 Overall（全方位），“E”即 Everyone（每人），Everyday（每天），Everything（每件事），“C”即 Control（控制），Clear（清理）。全句的意思是每天对每人、每件事进行全方位的控制和清理，从而达到“日事日毕，日清日高”的目的。也就是说，今天的事情必须今天完成，今天完成的事情必须比昨天有质的提高，明天的目标必须比今天更高才行。

（三）制订工作计划

这也是提高工作效率、有效完成工作任务的一个重要而简单的方法。制订工作计划可以通过编制时间表的形式来完成。秘书可以根据实际情况和需要统筹编制年度、季度、月、周和日工作计划表，以有效地分配和管理时间，这也是涉外秘书的日常事务性工作之一，尤其是周计划表和日程表的编制。秘书不但要编制自己的工作时间表，而且要配合和协助上司编制好其工作时间表。

1. 编制工作时间表

时间表是管理时间的一种手段，它清晰地记载和标明某一时间段中已经明确的工作任务，提醒使用人按照既定的进程行动，从而达到有效地管理时间、完成工作任务的目的。表 5－12、表 5－13 分别为周计划表和日程表示例。

表 5－12　××总经理周计划（××××年×月×日～×日）

时间	预定事项	时间	地点	相关人员	备注
星期一 ×月×日	传达总部销售会议精神	下午 14：30	大会议室	销售部全体人员	
星期二 ×月×日	看牙医	下午			先预约

（续上表）

时间	预定事项	时间	地点	相关人员	备注
星期三 ×月×日	拜会××公司	上午10：00		研发部经理	
星期四 ×月×日	××产品研发会议	下午14：30	小会议室	研发部全体人员	
星期五 ×月×日	面试×位应聘者	上午10：00	小会议室		

表5－13　××总经理工作日程表（××××年×月×日）

时间	事项	地点	相关人员	备注
9：05～9：15	听取秘书汇报请示工作	办公室		
9：20～9：50	审阅文件	办公室		电子文件在桌面“审阅文件”文件夹内
10：00～11：30	会见××公司王明总经理	接待室	研发部、销售部经理	有关资料在黄色文件夹内
12：00～13：30	设宴款待×总一行	××宾馆××厅	同上	
14：00～15：00	销售部会议	小会议室	销售部全体人员	下季度销售计划在红色文件夹内
15：30～16：30	面试应聘者	小会议室	人力部、研发部经理	应聘者资料在蓝色文件夹内
16：40～17：00	面试小组讨论	小会议室	同上	

秘书应该根据日程表的安排，协助或提醒上司执行日程计划。相对应地，秘书还应该有一份自己的工作日程表，并在上面清楚标出自己当日应完成的工作。表5－14是与上面的上司日程表相对应的秘书工作日程表。

表5－14　工作日程表（××××年×月×日）

时间	事项	地点	相关人员	备注
8：30～9：10	收邮件和传真件、整理办公室	办公室		
9：05～9：15	汇报请示工作	办公室		携带已列出的汇报请示工作要点

（续上表）

时间	事项	地点	相关人员	备注
9：20～9：50	安排已请示的工作，安排接待室，分发邮件，预订×总出差机票	办公室		
10：00～11：30	×总会见天地公司王总经理	接待室	研发部、销售部经理	有关资料在黄色文件夹内，接待服务工作及作记录
10：35～11：50	打电话到太阳公司确定×总拜会时间，通知财务部明天上午会议	办公室		
12：00～13：30	×总设宴款待王总一行	××宾馆××厅房	同上	参加宴请，回来安排602室
14：00～15：00	销售部会议	602室	销售部全体人员	下季度销售计划在红色文件夹内，作会议记录
15：05～15：25	通知研发部明天下午会议，回复××的投诉	办公室		
15：30～16：30	面试应聘者	602室	人力部、研发部经理	应聘者资料在蓝色文件夹内，作会议记录
16：40～17：00	面试小组讨论	602室	同上	作会议记录

秘书应该根据上司的要求，在每天下午下班前夕或早上上司上班的时候向其交上第二天或当天的日程安排表，同时也可以借此向上司核对日程安排是否有遗漏，以便及时补上。

2. 编制时间表注意事项

（1）清楚上司的工作和活动信息，提前编制好时间表。如果是日程表，最好在当天早上与上司再次予以确认和补充。

（2）遵循轻重缓急的原则，按照时间顺序将任务排列清晰。

（3）时间表最好归纳在一页上，以便于查阅。

（4）安排的活动之间要留有一定的时间空隙作为机动。

（5）活动一旦临时有变更，应同时更改上司及自己的时间表，并及时通知有关各方。

（6）一般情况下，周一和出差前后一个工作日不要安排过多的事务。

（7）秘书应确保上司日志信息的保密，只给上司及上司授权的人查阅。

（四）充分利用管理时间的工具

涉外秘书常用的管理时间的辅助手段主要有下面几种。

1. 工作记录本

秘书工作琐碎、繁杂，准备一个工作记录本，随时带在身边，随时记录要办的事情，如上司的指示、时间安排的变更等。即使记忆力很出色，也要养成使用记录本的习惯，这是安排日程表的基础，也是避免事情遗漏的最简单的办法。

2. 手工工作日志

工作日程表有时也称为工作日志，填写工作日志是秘书每天都必须完成的工作。工作日志有手工填写日志和电子日志两类。

手工填写的工作日志一般要准备两本：一本为自己的，一本供领导用。电子工作日志比手工填写日志用起来更加方便，可以迅速修改和更新日志内容，且不留痕迹。

3. 电子时间管理工具

通讯技术的发展，为办公管理提供了极大的便利。Windows 系统的 Outlook 邮件系统，WorkLog，Milogs 等都是目前被普遍采用的工作日志管理软件，秘书可以根据自己的工作需要选择采用。

Timecard、TeamOffice、Rescuetime、Propelr、Interval、Tick 等也都是各有特色的在线时间管理工具，有些还提供了时间管理跟踪、分析等内容，有助于提高工作效率。

（五）约见安排

约见指上司在事先约定的时间、地点与人会面洽谈业务或会商工作。在“三资”企业中，这种交际形式是非常频繁的。

在现代社会，先约定再见面，这是讲究社交礼仪，注重工作效率的表现。约见有主动约见和被动约见之分。就约见的有关事宜，主动先与对方联络，以得到对方的认可，这种约见称为主动约见。反之，如果是对方就约见的有关事宜与准备约见的对象取得联络并得到认可，这种约见则称为被动约见。

约见有的是上司自己约定的，有的是上司指示秘书安排的；有的是主动约见，有的是被动约见，但不管哪种情况，一旦确定下来，秘书就应将其写进日程表中，并适时提醒或告知上司。

约见可以采用电话、信函、电子邮件、拜访等方式，其中使用最多的是电话方式。不管采用哪种方式，有些要领秘书是一定要把握的。

1. 安排约见的原则

（1）取得上司同意并配合其工作时间表。涉外秘书在安排约见时，不能自作主张，有约则见，而应先征求上司的意见，在上司同意的情况下再配合其工作时间表进行安排。

（2）按照轻重缓急原则予以安排。礼貌性的或应酬性的约见可以延后或不见，保证重要的、紧急的约见得到及时妥善的处理。同时，有可能或必要的话，可以将业务相近的约见尽量安排在一起。

（3）具体而准确地传达约见事宜。传达约见事宜时，一定要准确，包括双方见面人员、职务、事项、场所、方法方式和时间等，时间要具体到哪天哪个时段。

（4）安排要松紧有度。一般情况下，节假日、上司出差前后、周一上午和周五下午不宜安排约见。安排多个约见时不要前后紧密衔接，要留出一定的弹性时间，以便应付不时之需。

2. 安排约见的要领

（1）迅速处理临时变更的约见。约见一经确定下来，一般不要轻易变更。如果非变更不可，一定要尽快通知对方，诚挚地向对方致歉并作适当的解释。同时也别忘了通知己方的有关人员。

（2）双方保持联络。这是涉外秘书必须注意的一个细节，这对于防范意外因素，如天气、交通事故等对约见的影响非常重要。另外，对于重要的约见或未完全确定具体的约见时间和地点的，为慎重起见，在约见的前一天或当天早晨双方秘书也可以再行确认，以确保约见的如期进行。

（3）在约见的前一天或当天，涉外秘书要提醒上司，并把需要的资料等交给上司和做好其他相关的准备工作，如场地、车辆的安排等。

（4）如果对方提出的约见日期上司已有所安排，可礼貌地向对方解释，并在征得上司同意后，提出另外的约见时间供对方考虑。

五、名片管理

随着人们交往的日益频繁，名片的使用日趋广泛。名片使用简便、灵活，日渐成为现代人交往的重要联络工具，上司的交际方方面面，在很多情况下都需要名片，因此，管理名片也是涉外秘书的一项任务。

（一）国外名片分类

国外有些地方，将名片分为社交名片（Social Visiting Cards）、非正式名片（Informals）和商业名片（Business Cards）三类使用。

1. 社交名片（Social Visiting Cards）

在商业往来中，社交名片主要用作礼物送人，使用时一般要有配套信封，社交名片要用黑色文字打印，而且定制时要同时订购一些配套使用的信封。将名片放在信封里，作为附件和鲜花或其他礼物一起送人。不过，社交名片的使用越来越少。非正式名片的使用越来越广泛。

2. 非正式名片（Informals）

非正式名片的设计可以有个性化的特色，按照使用者的个人喜好而定，而且使用时可以在上面写上简单的话语。它一般是放在邮件中邮寄。

3. 商业名片（Business Cards）

经理人员要会见客户或做业务访问时一般都使用商业名片。商业名片上一般都有经理人员代表的公司名称、个人姓名、头衔及部门名称、地址和电话号码、传真号码等。

在正式场合，一般不在礼物中夹送商业名片，即使礼物是送给客户的，除非礼物是送给一家新的商家。不然的话，你的送礼行为就会被看作是一种社交行为，而它需要的是一张社交名片。

不过，随着各种活动的不断渗透，现在各种名片的使用界限已越来越宽松。一些总裁和大公司的董事会主席所使用的名片格式，既不像社交名片，也不像商业名片，而是介于这两者之间，如名片上既有公司名称也有自己的个人名称。同时，在对名片的内容元素的设计上也追求个性化，如突出个人名字，然后在名片的正面或反面写上简短留言。有的甚至使用非正式名片。

（二）名片的印刷

国内印刷的名片大小一般为9 cm×5.5 cm。多数为横式，也可为竖式。私用名片的内容和格式自由灵活。公用名片的格式大体是：名片中央印姓名，姓名后面或下面印职务或技术头衔，左上角印上供职组织名称（一般应为全称），有的还可以加组织的徽记，下方印上相关的内容，如地址、邮编、电话号码、传真号码、电子邮箱等。图5－6是一中文名片示例。

组织
徽记

××××× 经济发展公司

×××　总经理

地址：×××××工业区广场×楼×室　　电话：（××××）×××××××××
邮政编码：××××××　　传真：（××××）×××××××××
电子邮箱：×××××××××

图5－6　中文名片示例

如果对外交往比较多，为了工作的需要，名片可以一面印中文，一面印外文，如上例的背面如图5－7名片示例。

组织
徽记

×××××ECONOMIC DEVELOPMENT COMPANY

×××
General　Manager

Add：×××××××××××　　Tel：（××××）×××××××××
Zip code：××××××　　Fax：（××××）×××××××××
E-mail：×××××××××

图5－7　外文名片示例

为上司印制名片时，其样式设计可以考虑与组织使用的信笺纸、信封的设计保持一致的风格，这样有利于组织整体形象的形成。

印制名片一般不套色，如确有需要，一般亦不超过三种颜色，底片可用白色，也可用其他浅颜色，但要注意大方得体。不管是采用颜色底片，还是套色，或者两者兼而用之，都千万不要搞得花里胡哨。

名片应使用规范汉字印制，如果是与港、澳、台胞及华侨交往，也可选用繁体字。

（三）名片的管理

一张小小的名片，代表着一个人、一个组织或一个客户。为了工作的方便，涉外秘书必须经常做好名片的管理工作，除了要及时整理好自己的名片外，在征得上司同意的情况下，还要及时并经常协助或为上司整理好名片。

1. 涉外秘书保存名片范围

涉外秘书在日常工作中要注意，只要是与组织业务或办公室业务可能会有联系的人员的名片都应当予以保存。主要包括：

（1）工作业务联系方面的，如上级部门及公司员工的名片、客户的名片、咨询公司名片、法律事务所名片等。

（2）日常工作方面的，如订票公司名片、旅行社名片、报刊订阅联系人名片、上司喜欢的餐饮公司名片、市内星级酒店名片、物流公司及快递公司名片、出租车司机名片等。

（3）办公用品方面的，如办公设备及其售后服务中心名片、办公用品公司名片等。

2. 名片的分类

整理名片时可以把名片分类存放，分类的方法一般有两种：

（1）以个人姓名分类，即按名片姓氏笔画的顺序排列。

（2）以单位名称分类，即按照单位名称的笔画分类。

涉外秘书也可根据实际的情况采用其他的分类办法，原则是名片易存、易找。

3. 整理名片注意事项

（1）要把暂时没有联系的旧名片另作处理。

（2）如果接到某人更改其地址、电话号码或单位名称的名片，应马上去掉旧名片，换上新名片。

知识链接

名片管理 ABC 三部曲

名片管理 ABC 三部曲是台湾人脉管理达人沈宝仁（阿宝哥）整理出来的一套人脉管理方法。所谓 ABC 三部曲是：

A 计划：黄金 24 小时给对方致问候信，先给对方一个深刻的印象。在见面拜访或交换名片后的 24 小时之内给交往对象发送一封问候信或感谢函，在这封信中要展现自己的用“心”和创“新”，即在信件中要写上对方的尊称和在发出电子邮件的同时，同步发出短消息。

B 计划：每月一次在你所有交换名片的朋友面前曝光。即每月发送一封邮件，表达我们的关心，分享我们的专业，建立信任感。

C 计划：就是建立 Blog（博客）累积个人品牌，累积自己的经历与记录，缩短陌生朋友对我们建立信任感的时间。

这套方法简单实用，只要持续坚持下来一定会产生良好的效果，正如阿宝哥自己总结的那样："找到自己的定位，建立自己的品牌，打开自己的人脉通路，不放弃任何一个机会，让所有有缘结缘的人，都能成为你的贵人。"

（资料来源：http：//blog. vsharing. com/journeyman，引用时有删减）

思考与练习：

1. 涉外秘书怎样接打电话才能表现出职业水准？
2. 涉外秘书应怎样做好收发传真工作？
3. 涉外秘书应如何正确收发邮件？
4. 结合自己学习活动的情况，编制一份周计划表和日程表。
5. 针对组织中存在的"公（家电）话私（人）用"现象，你觉得可以采取什么有效的措施来加以遏制？请制订具体的方案。
6. 安排约见的原则和要领主要有哪些？
7. 涉外秘书要如何管理好名片？
8. 案例分析：

因为要赶科长下午开会要的一份材料，一上班，秘书王兰就马不停蹄地坐到放在办公室角落里的电脑跟前，专心致志地准备起材料来了。一会，电话响了，王兰三步并作两步走到了放在靠近门口的一张办公桌上的电话旁边接电话："喂，找谁？""找李科长啊，他还没来上班呢。""什么原因？我不知道啊，你待会再打来吧。"话音刚落，李科长就进来了，问她下午开会的资料是否已准备好，回答完她又快步回到电脑前坐了下来。刚坐下来，张科长拿了一份材料要王兰帮他复印，王兰利索地走到复印机旁，很快就印好了。在键盘上敲了没几下，杨科长来请王兰帮他找一份文件资料，王兰又起身走到文件柜前找资料，可发现光线太暗，看不清楚，又走到门口开灯，再回来找资料。可"好景不长"，好不容易才安静了不到20分钟，电话又响了，电话是找王主任的，但那时王主任刚好走开，对方要求留言，王兰又跑回自己的办公桌旁，在抽屉里翻找可以用来记录的纸笔。记录完毕，王兰将其放到了临窗的王主任的桌面上，然后又回到电脑面前。突然，"沙沙"一阵响声，王兰一抬头，"夏天孩子脸，说变就变"，好像天要下雷阵雨的样子，眼看自己刚刚放在王主任桌面上的电话留言被风吹到窗台上了，王兰赶紧过来"抢救"，可一着急，不知道被什么绊了一脚，"砰"的一声，她和风扇一起摔了个大跟斗，原来，前两天办公室的空调坏了，还没修，因为天气热，有人用插板连接电插座，在电脑旁边放了台风扇，王兰就是被电线绊倒的。真是既倒霉又无奈，一上班就像陀螺一样在办公室里转个不停，并且最终"转"倒了。

其实，王兰完全不用这么"转"，当然更不用"转"倒。前提是她必须对办公室的事务管理工作及办公室的布置重新进行检讨和梳理。

问题：

（1）秘书的日常办公事务有哪些特点？

（2）王兰的"转"倒说明了什么？

（3）秘书对琐碎的具体事务应有一个怎样的心态？

第六章
接待事务管理

【学习重点】

- 接待基本要领
- 接待基本礼节要领
- 日常一般性接待
- 团体接待

接待来宾是涉外秘书的一项经常性工作。接待工作的好坏，不但直接体现秘书个人的素质、能力，更反映出一个组织的工作作风和外在形象，所谓“见其礼而知其政”。因此，涉外秘书必须重视和切实做好接待工作。

一、接待基本要领

（一）热情有礼

“有朋自远方来，不亦乐乎”，对于涉外秘书来说，对于来宾，不管其身份的高低、年龄的大小，也不管他是来自国内还是国外，是团体还是个人，之前有约还是无约，他是业务员还是投诉的……都应不卑不亢，按照有关的规定和要求，给以温和亲切、热情有礼的平等接待，以表现出自己的素质和修养，也让来宾对企业留下良好的第一印象。

（二）做好接待准备

对于企业来说，接待是经常性的，因此，涉外秘书必须随时做好接待准备工作，随时准备接待。

1. 妥善安排好接待人员

除一些一般的日常性无约接待外，涉外秘书在接到接待任务、经请示上司后，要妥善安排好相关的接待人员，包括主陪人、其他的陪同人及相关的后勤人员。

一般来说，要安排与来宾身份相当的人员作主陪人，其他陪同人员可以根据约见的性质、来宾的人数安排，注意业务对口、人数适当。另外，还要根据实际需要组织调配好专业、记录、翻译、礼仪、导游、驾驶、勤杂等各类接待工作人员，对有关的人员进行礼仪、接待知识等方面的培训，避免在接待过程中出现一些不必要的失误。如果是有约接待，涉外秘书应适时提醒上司。

2. 精心做好相关接待工作

对于一些重要的接待，相关的准备工作一定要精心安排，争取做到服务到位。如接待形式、接送车辆、住宿及宴请安排、安全保健、参观游览、新闻报道等。

3. 准备好相关的接待物品

接待室应随时准备好相关的接待物品，如茶水饮料、茶具茶叶、供客人消遣时间用的报刊资料等。特殊的接待，如业务性质的接待、重要来宾接待等，根据接待的需要，还须做好更多的物品准备工作，如资料、设备、文具等。

4. 保持接待环境的整洁有序

接待区域，如前台、办公室中设置的接待专区、会客室等都要随时保持干净整洁、空气清新，因此，接待完客人后，就要随手做好有关的后续整理工作，如及时将有关的资料收起、凌乱的报刊归位、茶壶茶杯擦洗干净……一旦再有客人到来，才不会手忙脚乱。当然，如果是预先定好的接待，则必须提前打开接待区域的窗户、空调，以便透气、换气等。重要的接待，需要的话还须提前布置接待室，如摆放鲜花等。

（三）妥善接待

尽管面对不同的来访者，接待过程的要求、礼仪等各有所异，但有一些基本的要领是一致的，涉外秘书必须加以了解并予以遵循。

1. 做好接待记录

为了更好地掌握接待工作情况，不断总结经验教训，提高接待事务管理质量，涉外秘书应对每天的来访情况进行记录。表6－1是一接待登记表示例。

表6－1　接待登记表

序号	接待时间	来宾姓名	来宾单位（电话）	来访目的	处理结果	接访者	备注

2. 学会记住来宾姓名

姓名是一个人的标志，人们出于自尊的需要，总希望别人记住它。美国成人教育家戴尔·卡耐基说：要使人喜欢的一个原则是“记住一个人的名字”，因为“一般人对他自己的名字感兴趣，比世上其他所有的名字放在一起还多。记住他的姓名并容易地呼出，你即已对他有了巧妙而有效的恭维。但忘记了或记错了，你即置你自己于极不利的地位”。的确，当双方认识并相隔一段时间后，对方能亲热地称呼你一声或叫出你的名字，相信你一定会很高兴。因此，记住别人的姓名是一种礼貌，也是一种感情投资，这有助于人际关系的建立，有时会给工作带来意想不到的效果。

学会记住别人姓名的方法很多，最基本的有以下几点：

（1）多次重复这个人的姓名。初次认识的人，介绍之后可以立刻重复其姓名，称呼对方，交谈中也可以通过称呼的方法尽可能地重复对方姓名，以加深印象。

（2）在对方的名片背面记下初次见面的时间、对方的特征等，不时加以回顾，以便于再见面时记忆和称呼。

（3）运用谐音记忆名字。如梁晓声——“靓小生”。

（4）强行记忆。接待前，把参加活动的人员的姓名、职务、相片等有可能将人和名勾连起来的资料强行突击，“消化”记忆，这样做虽然有点“临时抱佛脚”，不一定有很好的效果，但总比半天还叫不出人或张冠李戴强些。

知识链接

美国一家电器公司的董事长请公司的代理商和经销商吃饭。私下里他让秘书按座位把每位来宾的名字依次记下。这样董事长在饭桌上与每位老板交谈时就能随口叫出他们的名字，这使每个人都惊讶不已，生意也顺利地谈成了。

国外有一句谚语：“A guest's name is music to his ears.”（客人听到别人称呼他的姓名，就如同听到音乐一般美妙。）

（资料来源：http：//wuxizazhi. cnki. net/Article/MISY201104022. html）

3. 必要时帮助上司中止会客

秘书应留心上司接待来宾的情况，有时上司需要秘书帮助他及时结束接待工作，如在下一个活动，尤其是重要活动的时间已经临近时，秘书需及时提醒上司，尤其是面对已谈完正事仍喋喋不休的来宾。但要注意，处理这样的事情，秘书宜事先与上司有所约定或达成某种默契，按照上司的意图采取行动。一旦确认上司需要这方面的帮助，不妨试试下面的办法：

（1）在纸条上写上下一个接待的时间和来宾的名字或夹上来宾的名片，直接进入接待室，交给上司。

（2）直接进入接待室，通知上司下一个来宾已到：“对不起，打扰了！×经理，您10点约见的客人来了，我能告诉他您很快就可以见他了吗？”但注意不要涉及来宾是谁。

（3）用内线电话通知上司，特别是上司不宜自己出面催促来宾时，可以重复多次打电话，但电话交谈时注意只需上司在来宾面前回答“是”或“否”则可，而不必说出自己的意见。

（4）进入接待室请示上司，即将进行的下一个接待是否安排在接待室以外的场所进行，但不要说出其他具体的地方和来宾，如可说：“×经理，您10点约见的客人是否安排在别的地方进行？”

总之，涉外秘书应该明白，在什么样的状况之下应该给予上司什么方式的帮助才能有效地中止接待，成为上司名副其实的助手。

二、接待基本礼节要领

接待过程中有一些重要的礼貌礼节，如握手、介绍、交换名片、引导来宾等，涉外秘书必须知晓并遵守。

（一）握手

不管是新朋还是老友，见面握手是很常见的一种礼节，也是世界通用礼节。握手的礼仪要求主要有：

（1）起身站立并且摘下帽子和手套，伸出右手（左手可自然下垂），手掌垂直，适当用力紧握对方右手，稍微摇动两三下即可放手。不要长时间握着手谈话，也不宜大幅度地上下抖动，切忌掌心向下，这是表示自己高人一等的“肢体语言”，显得傲慢无礼。握完手后不宜马上搓手和擦手。

（2）注视对方，微笑致意或问好。如图6-1。

图6-1　握手的正确姿势

（图片来源：http：//image. baidu. com/i？ ct = 201326592&cl = 2&lm = -1&nc = 1&tn = baiduimage&fr = &pv = &word = % CE% D5% CA% D6% C0% F1% D2% C7&istype = 2&z = 0&fm = rs3#pn = 77）

（3）握手顺序应遵循“尊者为先”的原则，即身份高者、长辈、女士先伸手，身份低者、晚辈、男士再伸手相应。在接待来宾时，主人应先伸手；但客人告辞时，主人则以客人先伸手为礼。

（4）男士与女士握手不宜时间过长、力度过大。在多人同时握手时，可以按顺时针方向握手，但不宜左右跳跃握手，也不可交叉握手。不可跨着门槛握手。如果手脏、手凉或者手上有水、汗，不方便与人握手时，应主动向对方说明。

（二）介绍

介绍作为使陌生的双方相识的必不可少的一个礼节，在涉外秘书工作中是屡见不鲜的。介绍分自我介绍和介绍他人两种。

1. 自我介绍

当涉外秘书面对陌生客人时，必须先作自我介绍，让对方认识自己。自我介绍应包括自己的姓名和职务，要简明扼要，如：“您好！我是王总的秘书李明。很高兴见到您！”必要时，可以再握手和递名片。

2. 介绍他人

在接待或其他一些工作场合，当陌生的双方有互相认识的必要或意愿时，涉外秘书便充当“第三者”，介绍陌生的双方认识。在介绍他人认识时，应注意：

（1）介绍的姿态。

介绍时应先打招呼“请允许我来介绍一下”，然后五指并拢、手心向上、手掌指向被介绍的一方，脸带微笑、目光朝向另一方，“这位是××公司总经理×××先生”或“这位是×××先生，××公司总经理”。如图6－2。

图6－2　介绍的正确姿势

（图片来源：http：//image. baidu. com/i？ ct = 201326592&cl = 2&lm = －1&nc = 1&tn = baiduimage&fr = &pv = &word = % BD% E9% C9% DC% C0% F1% D2% C7% CD% BC% C6% AC&istype = 2&z = 0&fm = rs8）

介绍完毕后，被介绍双方微笑点头或握手致意，问好。介绍时，千万不能用一个手指指点。

（2）介绍的顺序。

为他人介绍认识时，要讲究顺序，一般的原则是“尊者居后”，即“尊者有优先认识对方的权利”。具体来说，就是要先把晚辈、下级、主人、男士先介绍给长辈、上级、客人、女士，以此表示对后者的尊重。

需要指出的是，在公务场合，一般以身份、地位为首选因素；而在社交场合，则会考虑女士优先原则；而在商界，客户永远是最重要的，因此在介绍时往往被视为“上级”。

如果是把一个人介绍给一个群体，这时介绍的顺序是应把个人介绍给集体。

（三）交换名片

交换名片是现代社会人们初次见面作自我介绍时常用的交往手段。交换名片时，一般是来宾或地位较低的人或晚辈先行递出。递接时，双方上身稍微前倾以示尊敬，用双手的拇指和食指递接，如图6－3所示。欧美人比较随意，有时有人会用右手单手递送名片。

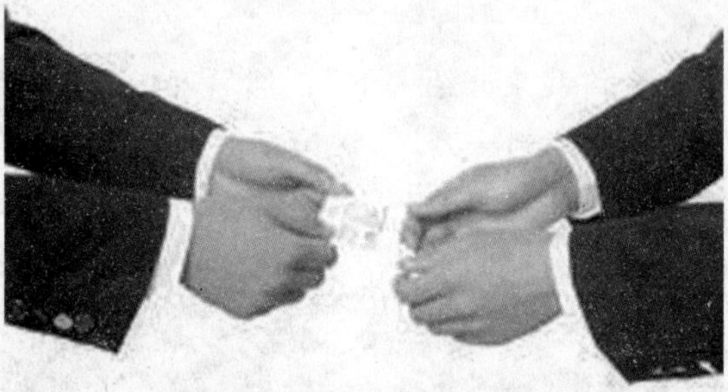

图6－3　交换名片的正确姿势

（图片来源：http：//image. baidu. com/i？tn = baiduimage&ct = 201326592&lm = －1&cl =2&nc = 1&word = % E5% 90% 8D% E7% 89% 87% E4% BA% A4% E6% 8D% A2&ie = utf －8# pn =0）

（四）引导来宾

涉外秘书引导来宾时，应遵循“以右为尊”的国际惯例，并注意以下事项：

1. 引路

如果来宾手提皮箱之类的物件，应主动提出帮助；若对方拒绝，则不必勉强。

给来宾引路时，涉外秘书应配合来宾的步调，走在来宾左前方稍前处，应与来宾进行适当的寒暄、交谈。转弯或上楼梯时，应稍停并指示方向，礼貌地用手示意且说：“请这边走”（This way，please）或“请上楼”（Upstairs，please）。乘电梯时，应先告知来宾“在×楼”，并按住电梯开关，让来宾先入先出。

2. 引领入座

到达接待场所后，涉外秘书应向来宾说明“就在这里”，或先行敲门，或直接为来宾推、拉门，面对来宾，请来宾先入内。

进入接待场所后，如果是初次来访的来宾，而上司也早已在等候，涉外秘书应为上司和来宾作介绍。然后，涉外秘书要将来宾引领入座。

座次的安排，一般是采用“面门定位”法，即“面门为上，背门为下”；面对大门，是“远门为上，近门为下”；与门等距离，则是“以右为上，以左为下”。如图6－4所示：

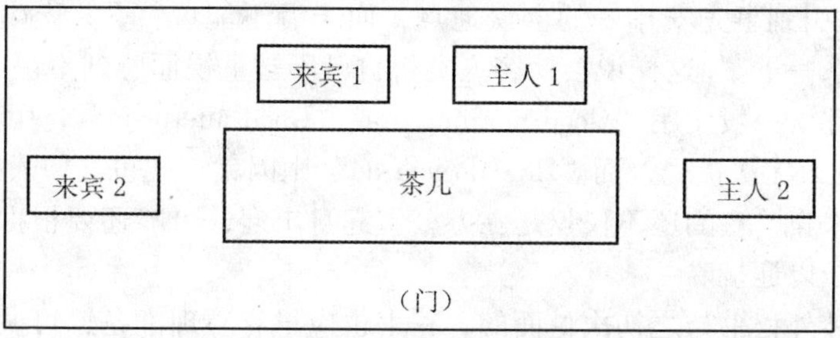

图 6－4　接待室座次图

3. 敬茶

引领来宾入座后，涉外秘书应为来宾敬茶。斟茶时要注意不要斟得太满，我国有“茶七酒八”的讲究，即大概斟到七八分满则可，且要注意所有茶杯的茶应茶色均匀。

端茶要用双手，且不要触及杯口。杯把不要正对来宾，一般以斜 45 度朝向来宾，方便来宾取用。上茶的顺序为先客后主。

在上司和来宾会谈时，涉外秘书应不时为他们添加茶水饮料。如果接待室的门关着，进去时别忘敲门，并诚恳地轻轻说声“对不起，打扰了”之类的礼貌用语。如果是圈坐，应由身后右侧上茶加水。

4. 适时告退

一般情况下，在上司和来宾入座后，秘书要端上茶水、饮料，如果不需做记录，便应适时告退。退出时不宜背对来宾，应以正面倒走方式退出，并再次目扫一下接待室里所有的人（看看他们是否还有事要办），然后轻轻关门出去。

接待过程除了这些基本的事务和礼仪要领外，在不同的接待中还要注意一些差异，下面再作介绍。

三、日常一般性接待

对于涉外秘书来说，日常一般性接待是经常性的。处理日常一般性接待，无须制订很周详的接待计划，只需有礼有序地接待便可。

日常一般性接待有有约接待和无约接待之分。

（一）有约接待

约见对象就约见的有关事宜预先有了约定，秘书接待依约而来的来宾，称为有约接待。在有约接待中，秘书一定要做好充分的准备，使接待有礼有序地进行。

1. 事先准备

一般来说，对预先约好的客人，要做好相应的准备，如适时提醒上司，做好接待室的清洁工作和布置以及相关的其他准备工作。如果有必要，还要跟对方予以确认，保证约见按计划顺利进行。

2. 热情待客

“出迎三步，身送七步”，这是迎来送往的基本礼节。对依约前来的客人，涉外秘书应立即停下手头工作，礼貌而热情地起身出迎招呼客人：“×先生，您好！我们经理正在等您呢!”并将客人引到事先安排好的会谈地点，而千万不能说：“×先生，你来了，请等等，我与经理联系一下。”这样说会使客人觉得自己不被重视而感到不快。

对外宾，招呼语一般使用“Good morning”或“Good afternoon”，用“Hello”显得随便些，“Hi”更使人无法接受，而“How do you do”则因太正式也会使人感到不大自然。

对于重要的来宾，有的还不仅仅是在办公室起身出迎，可能还要根据实际情况到大门口或交通场所等予以迎接。

即使来宾是涉外秘书与之初次见面的，秘书也应早有心理准备，可诚恳地招呼并作自我介绍：“您是×先生吧?（或“您是××公司的×先生吧?”）我是经理秘书×××。”

如果来宾不止一人，秘书也没必要作无谓的猜测，只要微笑招呼：“你们好!”一般情况下，这时来宾都会作自我介绍。等他们介绍完了以后，秘书再作自我介绍。当然，在自我介绍时，别忘了称呼对方：“×先生，×先生，×先生，你们好！我是经理秘书×××，经理正在等你们呢。”

如果来宾比约定的时间来得早一些，上司因工作关系，不能马上接待，这时，秘书应请来宾稍作等候，并奉上茶水及消遣性读物。

如果秘书事先并不知道来宾是依约而来的，那么可客气地询问：“×先生，事先约好时间了吗?”得到肯定回答后，应马上向来宾表示歉意：“实在是对不起，失礼了!”，而不能说“我不知道这个约见的，你是跟谁约的”等不礼貌言语，随后即及时地灵活处理。为了避免出现这种尴尬局面，秘书应每天定时与上司核定约见日程表。

如果来宾进入办公室时，秘书正在接打电话，这时，秘书也应起身先以目光或手势向来宾示意，然后迅速结束电话，妥善招待好来宾。

3. 妥善处理

若来宾依约前来，而上司还在与前一位宾客会谈，这时，秘书可礼貌地先招呼来宾稍作等候，然后马上用便条写下客人的姓名以及“可能要等多久”等文字交与上司，等候指示。进会客室时，不要忘了先敲门，并向上司和来宾致歉：“对不起，打扰了。”出来后应先向来宾说“久等了”等表示歉意的话，然后再转达上司的意思。如需来宾再等一些时间，可与来宾交谈或送些报纸杂志等给来宾消磨时间。

若来宾依约前来，上司却因急事临时外出或非外出不可而又来不及通知来宾，这是主人的失礼，秘书应代表上司对来宾诚恳地说明情况，表示歉意，请求谅解，并及时采取措施予以补救。如告诉对方上司预定回来的大概时间，如果来宾留下来等待上司，可给来宾送上消遣性读物。如果来宾有交谈的意向，涉外秘书应与其作简单的交谈；如果来宾要先回去，则要与其商讨另外约定时间事宜；或者在取得来宾和上司同意后，将其介绍给其他有关的部门或领导。当然，如果上司在外出时已作了交代，那么就要按照上司的指示办理。

（二）无约接待

接待事先没有约定而临时来访的客人，即为无约接待。对于临时来访的来宾，上司不可能“有访必见”，但也不能“一个不见”，这时，涉外秘书就必须学会有效地甄别、过滤不速之客，婉拒上司不愿意会见的来宾，有理有节地为上司挡驾，但又不错过上司希望见到的来宾或耽误一些重要紧急事情的处理。

1. 了解来宾的身份及来意

上司的日常工作大都是按计划进行的，不速之客的到来可能会使既定计划受到干扰，因此，为了保证上司工作的正常、顺利进行，涉外秘书必须礼貌、委婉地了解来宾的身份及来意，以便作出恰当的接待安排。

2. 分流

涉外秘书在了解了来宾的身份和意图后，应及时对来宾作出恰当的分流处理。

确实应该由上司亲自接待的重要来宾（如上司熟悉的上级、客户、亲属、朋友等）或有重要、紧急事务者，涉外秘书应立即通知上司，按上司的指示处理。

应该由上司接待，但事情不是非常紧急，而上司暂时没有时间接待的，秘书可以诚恳地与来宾协商另外的会见时间。

无需上司出面接待的来宾，涉外秘书不应该态度漠然地予以拒绝，而应热情地把他们介绍到其他有关的部门。

如果上司刚好独自在办公室，而这时有来宾来访，涉外秘书也不宜贸然把来宾径直带到上司办公室，而应先问清来宾意图，请示上司后再按上司的意愿处理。

对于上门的推销员，秘书可介绍其直接与采购部门联系，或者让其留下名片和产品说明书，告诉他会转告上司，需要的话会与其联系。不能动辄就带其见上司。

对于不受欢迎的来客，如胡搅蛮缠者、多次前来索取赞助者等，也要以礼相待。涉外秘书可委婉而坚决地打发他们离开，也可根据来宾的意图，请有关部门作必要的解释。对于个别无理取闹者，必要时，在得到上司同意的情况下，可与有关部门取得联系，争取他们的帮助，以避免无理取闹者破坏性行为的出现或事态的扩大。

3. 婉拒来宾

对于不愿表明来意的来宾，可使用“善意的谎言”，先表明不清楚上司去向，然后说：“请您稍等一下，我去找找，看×经理在不在。”接着想办法尽快请示上司，要是上司不准备会见来宾，秘书应明确婉拒来宾：“实在抱歉，×经理今天出差去了。”若对方一再坚持非见不可，可以更坚决一点地为上司挡驾，或者再请示上司。但是，“出差”、“不在办公室”之类的借口不能常用，这些已是众所周知的“公开托辞”，有时，在向对方说出“不”之前，不妨诚恳地向对方说出大致的原因，不会使对方有受冷遇之感，如可直说“对不起，先生，恐怕今天很难如愿，×经理今天的日程已排满”或“对不起，先生，没有预约，我恐怕没法给您安排”。如果对方还是纠缠不休，可以说“对不起，我真的是无能为力啊”。

4. 礼貌相送

尽管来宾是不速之客，涉外秘书仍然应以礼相送，即使来宾仍有不服甚至余怒，也应如此，因为这样既可以平息他们的情绪，也显示了自己的修养，对组织良好形象的树立也有很大的帮助。当然，这里说的“送”是目送还是送到大门口、电梯口或车站等，则根据具体的实际情况酌情处理。

（三）帮上司接待来宾

有时，由于上司外出或其他的原因，涉外秘书被授权代表上司接待来宾，这时，秘书接待工作的质量及其效果对上司的工作将产生直接的影响，因此，涉外秘书必须认真对待。

1. 清楚明确授权范围

何事可以作出承诺，何事能自主解决，何事必须向上司请示，何事需经由其他部门处理……对于自己被授予的权力范围，涉外秘书必须清楚，只有明确自己的权力范围，在工作中才既不会“画地为牢”，也不会“越俎代庖”。

2. 妥善处理来宾事情

接待来访过程中，涉外秘书应认真倾听，详细记录，准确理解来宾来意，按上司的授意及职责范围及时妥善地予以处理。要特别注意，处理问题时，对来宾的要求，秘书不应随意推诿，也不要擅自作出某些承诺。

3. 及时向上司汇报

接待完毕后，涉外秘书应及时把接待情况及结果详细记录下来，并尽快向上司汇报，这样有利于工作的有效衔接和开展。

四、团体接待

团体来访一般来宾比较多，规格比较高，事情比较重要，来访期也更长一些，如果来宾是外宾，接待工作更是关系到我国在国际交往中的声誉，因此，团体接待比日常一般性接待工作要复杂得多，对组织形象的影响也更大。团体接待，尤其是重要的团体接待，往往需要多个部门的协作与配合，或者是由有关的主管领导协同有关人员组成一个专门的临时接待机构来完成，而涉外秘书在其中会发挥重要的作用，因此，必须熟悉接待过程的有关环节及要领。

（一）接待准备

准备工作是整个接待工作中的一个重要环节，也是做好接待工作的关键。因此，接到接待任务后，涉外秘书应马上认真地投入接待准备工作。一般说来，接待准备工作包括以下基本要素。

除了前面在接待要领中提到的人员准备、一般的工作准备、物品准备和环境准备外，团体接待的准备工作还要注意：

1. 信息资料准备

团体接待要准备的信息资料主要有：

（1）来宾概况。

如来宾的国别、地区、所代表的组织机构及其概况、职务、级别、性别、民族、宗教信仰、生活习俗、身体状况以及人数、来意、来访性质、逗留时间、抵离日期、交通工具，还有过去来访的情况等。

如果需要还需请对方提供国歌乐谱、国旗样板及制作说明等。有时还要准备好外宾国家的一些音乐和中国的一些经典乐曲，以便宴会和晚会时使用。

如果是商务活动，则要注意搜集对方的资信情况（主要指客商的法人身份、资信条件、经营能力、经营方式、客商所在公司在市场上所处地位等方面的情况）。

（2）接待材料。

如汇报介绍性材料、专业技术性材料（像产品说明书等）和合作成果性材料（像合同协议书、会谈纪要等），还有礼仪宣传性材料（像欢迎词、祝酒词）等。

（3）活动材料。

如日程安排、旅游参观点的材料介绍，如果是外宾，所有的材料应有中外文对照。

2. 接待计划准备

俗话说："凡事预则立，不预则废。"一般来说，团体接待，尤其是重要的团体接待，都应当事先制订好接待计划，报有关的领导或部门审批。接待计划一经批准，便应成为接待的重要依据。有的接待计划，特别是外宾接待计划还应予以保密。接待计划大体应包括如下内容：

（1）来宾基本情况。

首先是来宾来访的主要目的和基本要求等；其次是来宾的国籍、姓名、职务、人数、成员组成、前来的路线与交通工具、抵离的具体时间等。对于一些来宾，如外宾等，有可能还要了解他们的生活习惯、饮食爱好和禁忌等。

（2）接待方案。

主要包括接待规格及接待形式。

接待规格的高低，往往根据接待的目的、性质、方针以及来宾的身份、地位、影响、宾主双方的关系等因素来综合确定。它体现出接待方对来宾的重视程度和欢迎程度。通常情况下，接待基本上是遵循对等接待的原则。但对重要来宾，可采用高规格接待，如企业对初次来访的重要客商。偶尔出于特殊的原因，可采用低规格接待，但要特别慎重。接待规格往往通过迎送、宴请、陪同、食宿等方面来体现。

接待规格确定后，就要根据规格安排接待形式。如迎送、住宿、宴请、参观、游览等环节进行的形式及参加人员、注意事项等。有些接待形式的具体安排，须与对方联络协商并得到有关部门的批准。

（3）接待日程。

接待日程的安排要周全、合理，要尊重来宾的意愿，并且在时间安排上既要紧凑，又要有弹性。

下面是一则"××××参观团在××的活动日程"安排：

3 月 10 日—13 日，接待××××参观团活动日程安排初拟如下：

3 月 10 日（星期×）

10：50　来宾乘××航班抵×，接机，入住××大厦。

12：00　省政府宴请来宾。地点：××大厦。

3 月 11 日（星期×）

08：00　早餐（××大厦）。

09：00　前往××公司参观。

10：00　离开××公司往××经济开发区。

10：30　前往××有限公司参观。

11：00　离开××有限公司，返回××大厦。

12：00　午餐。

14：00　游览××公园。

16：00　参观×××。

18：00　晚餐（××大厦）。

20：00　××夜游。

3 月 12 日（星期×）

07：30　早餐（××大厦）。

08：30　前往××市参观××洗衣机厂。

12：00　午餐（××市××酒店）。

14：20　前往××市××镇参观。

17：30　晚餐（××市政府宴请）。

19：00　下榻××市××酒店。

3 月 13 日（星期×）

08：00　早餐（××市××酒店）。

09：00　参观××市××工业区。

10：30　参观××市××基地。

11：30　离开××基地。

12：00　回××市××酒店并用午餐。

14：30　离开××市回××，途经并参观××××博览中心。

17：30　回××大厦用晚餐。

3 月 14 日（星期×）

08：00　早餐（××大厦）。早餐后自由活动（或作机动用）。

12：00　午餐（××大厦）。

15：30　前往××火车站。

16：00　乘××次列车离×。

接待活动比较多的组织可把接待计划的主要内容打印成表格，接待时予以填写则可。表 6－2 为接待表示例：

表 6－2　××××公司接待表

<table>
<tr><td>来宾单位</td><td colspan="2"></td><td>来宾人数</td><td></td><td colspan="2">参观日期</td><td></td></tr>
<tr><td>姓名</td><td>国别</td><td>性别</td><td>职务</td><td>姓名</td><td>国别</td><td>性别</td><td>职务</td></tr>
<tr><td></td><td></td><td></td><td></td><td></td><td></td><td></td><td></td></tr>
<tr><td></td><td></td><td></td><td></td><td></td><td></td><td></td><td></td></tr>
<tr><td>来宾参观
事由及要求</td><td colspan="7"></td></tr>
<tr><td colspan="3">有无摄像及其他新闻要求</td><td colspan="5"></td></tr>
<tr><td>接待部门</td><td colspan="2"></td><td>主要接待人</td><td></td><td colspan="2">陪同人</td><td></td></tr>
<tr><td>饮食安排</td><td colspan="2"></td><td>住宿安排</td><td></td><td colspan="2">接车司机
及车辆</td><td></td></tr>
<tr><td>接待日程安排</td><td colspan="7"></td></tr>
<tr><td>接待负责人</td><td colspan="2"></td><td>备注</td><td colspan="4"></td></tr>
</table>

有的接待日程安排还应具体标示出每项接待活动的时间、名称（如接站、陪车等）、主陪人、地点等，不能疏漏。

（4）接待责任。

指各项接待活动的责任部门或人员的具体职责。落实接待责任时可以将有关事宜进行分解，实行专人或项目负责制，如大型接待可设报到组、票务组等，确保各项接待活动的顺利进行。

（5）接待经费。

接待计划中应该对接待经费的来源和支出作具体的说明。

（6）其他事宜。

如翻译服务、新闻报道、礼品赠送、安全警卫、医疗卫生、代购车船机票等。

（二）迎送

迎来送往，是接待工作的一个重要礼节。

迎送领导人的身份应与来宾身份相当、专业对口。迎送人员应提前到达迎送地点，让来宾等待主人是不礼貌的。如果与来宾是初次见面，涉外秘书可事先准备好接站牌，写上“欢迎××公司××先生一行”之类醒目的文字。

重要的访问应当举行一定的迎送仪式，迎送仪式可以在交通场所或特定的地方进行，如我国国事访问的欢迎仪式一般都在人民大会堂东门外广场举行。如需献花，应提前准备好整洁的鲜花。如果是涉外接待，一般以红色花系或紫色花系为佳，宜选择代表“友谊、喜悦、欢迎”花语的花材。忌用菊花、杜鹃花、石竹花等黄色花卉，而且要注意外宾所在国家有关花的禁忌风俗。

来宾到达后，应热情地上前打招呼、问候，表示欢迎。如果宾主是初次见面，这时双方应互相介绍，握手致意，并伴以“欢迎您”之类的礼貌用语。

陪车贯穿于整个接待活动的始终。陪车时要注意座位次序。以普通的五座小轿车为例，有专职司机时，通常是“前下后上，客右主左”，来宾和主人坐在后排，且让来宾坐在主人的右侧，秘书或翻译坐在前排；如果上司兼任司机，则第一主宾应坐在前排司机副座上。如图 6 – 5 所示：

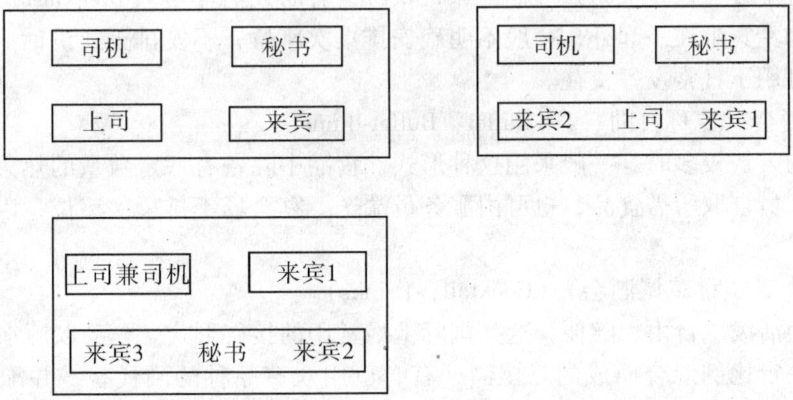

图 6 – 5　陪车座次图

陪车时，司机应该“后上（车）先下（车）”，即上车时先为来宾和上司打开车门，自己再上车；停车时则应先下车，为上司和来宾打开车门，地位最高的来宾最后下车。秘书为上司和来宾打开车门时，还要注意用手挡住车门框上沿；来往于车的左右侧时，应从车尾绕行。

在接待过程的每一项接待活动中，主人都应先于来宾到达活动地点，等待来宾。在重要的会见、会谈等活动中，主人应在门口迎候来宾。

接到来宾，送他们到住地之后，不宜掉头就走，应向来宾扼要介绍本地的一些概况，如餐厅的位置、服务台等，但也不能喋喋不休或逗留太久，因为来宾旅途劳累，不能影响他们休息。

送别时，一般的来宾可送至楼梯口或电梯旁，握别后，目送客人下楼或乘电梯离去。重要的来宾，则应将其送到大厅门口或办公楼外，目送其坐车离去。

送别重要来宾时，一般来说，主要的迎候人员仍应参加。送行人员可前往来宾住宿处陪同来宾出发，也可直接到交通场所恭候送客，必要时还可举行专门的送别仪式。临行前，送行人员应按一定的顺序与来宾一一握手话别，可说“欢迎您再来”、“祝您一路平安”等送别语，并应等飞机、轮船、火车等开动之后，向来宾挥手致意，直到飞机等在视野里消失之后方可离开。有一点需要特别指出的是，送别握手时，主人不宜先伸手，应等客人先伸手再响应。

（三）宴请

宴请是交往中最常见的交际方式之一，配合不同的工作性质和内容，接待时宴请可采用不同的形式。

1. 宴请种类

通常，宴请的种类主要有：

（1）正式宴会（Formal Banquet，Dinner）。

宴请规格较高的来宾时，便举行正式宴会。正式宴会对宴会地点、菜肴酒水、桌次席位、服务人员的服务水平和仪态等都有十分严格的要求。正式宴会上一般都有正式致辞。

（2）非正式宴会，即便宴（Informal Banquet）。

常见的有午宴（Luncheon）、晚宴（Supper），有时还有早宴（Breakfast），形式简便，除安排主人和主宾坐在一起外，一般不明确安排桌次座位，不安排正式讲话，气氛比较随和、亲切，可用于日常友好交往。

（3）冷餐会（也称自助餐）（Buffet，Buffet-dinner）。

当出席的人数较多时，一般采用这种形式。食品中除备有一定数量的热菜外，多数为冷食。进餐人员自取所需食品，也可由服务员端送。宴会场不排桌次座位，以方便进餐人员交谈。

（4）酒会（也称鸡尾酒会）（Cocktail，Drinks）。

形式更为活泼、自由、随便，这是国际上最常用的接待形式。食品以酒水（最常用的是多种酒按一定比例混合而成的鸡尾酒，有时也用众多品种的酒代替，并配以果汁）为主，略备一些小吃、菜点，如三明治、香肠等。酒会时间可长可短，一般在请柬上注明整个活动的延续时间，在宴会过程的任何时候，客人可随意走动、交谈，也可以随时出席和退席，来去自由。

（5）茶会（Tea Party）。

这是一种更简便的招待形式。一般在客厅、会议室等地方举行。通常不排席位，但为便于交谈，常有意识地安排主宾和主人坐在一起。招待品以茶为主（外国人习惯用红茶），有时也用咖啡，同时略备一些点心和地方风味小吃。

（6）工作餐会（Working）。

按用餐时间分为工作早餐会（Working-breakfast）、工作午餐会（Working-lunch）和工作晚餐会（Working-dinner）。这种非正式的宴请形式在现代国际交往中经常被采用（有时甚至根据实际情况，由参加者各自付费），尤其是在日程安排不开的情况下更常用，因为采用这种形式，可以利用进餐的时间，边吃边谈问题。

目前，无论在国际还是国内，礼宾招待宴请工作越来越注重实际效率和效果，形式越来越简化。

2. 请柬

宴请活动及有关事宜一经确定下来，除工作餐外，一般都要发请柬。

请柬又称请帖或邀请书。它是为邀请对方参加本组织或本人举办的重要活动时而发出的简短通知书。请柬除了用于宴请活动外，也可用于其他的重要活动。请柬有的可以从商店直接选购，有的可按一定的格式预先印制好，用时只需填上相关内容即可。但有时为了表示郑重和敬意，要另拟请柬，而且要亲笔书写，而不用打字机打印。

如果要求回复，可在下方注明“恭候佳复”等字样或在发出请柬的同时附上回条，请对方在一定时间内予以回复。

请柬应注意写清楚宴会形式、举行时间及地点、主人单位等，并且要反复核对，保证绝对准确。请柬措词要典雅、得体，同时要掌握好送发时间，一般在宴请前的10天左右发出，太早或太迟都是不适宜的。中文请柬的格式及行文见例文1、例文2。

例文1

请柬

谨定于公历____年____月____日（星期×）____午____时在______________

举行酒会。

敬请

光临

请答复

电话：××××××××

×××

（主人姓名或单位）

××××年×月×日

例文 2

请柬 ____先生： 为______，谨定于____ 年____ 月__日（星期×）午____时，假座 酒店（____________ 路____ 号），举行______________________________________。 恭候 光临 ×××敬约 恭候佳复　　　　　　　　　　　　年　月　日

有时请柬还附上回条同时寄送，以便获知对方的答复，方便及早做好安排，如例文 3。

例文 3

回条 收到请柬，请填写下列内容，并于×月×日前将本回条寄回给本公司总经理秘书×××。谢谢！ 能否出席：　　能　　否 出席人姓名：　　　　职务： 回信地址：××路××号××室，邮编：××××××。 联系人：××× 联系电话：××××××××

外文请柬的格式及行文，与中文有些差异，国际通行的请柬书写格式一般是“一行字一条信息”，如例文 4。

例文 4

On the occasion of the ××××××××
The General Manager of the ×××× Company
Mr. Li Ping
Requests the pleasure of the compary of
Mr. Worldly
At a Cocktail
On Wednesday 4th , December 2005from 18.00 ~ 20.00 hrs.
At Ballroom, the China Hotel, Guangzhou
Dress: Nationa Costume　　　　Regrets only
Or Lounge Suit　　　　Tel: ××××××××

上面例子中，“Regrets only”表示“如不出席请赐电告”。如果收到这样的请柬，不能出席而又不电告主人，是不礼貌的。如果是“RSVP”字样，意思是“能否出席，请回电赐告”之意。

涉外秘书收到邀请上司的请柬时，要进行登记，并马上报告上司，询问是否接受邀请，并代为回复。如果上司赴约，应将时间记录在日程表上，以便到时提醒上司准时赴约。

如果请柬是以个人名义发来的，回复时可用个人名义；而回复公事名义的邀请则要用带抬头的公司便笺。

3. 安排桌次席位

需要安排桌次、席位的宴请，涉外秘书应提前做好或协调好有关的工作。

(1) 桌次。

即桌位的高低次序。桌位标示出各桌就座人员的身份。排桌次一般遵循“中心为上，远门为上，近主为上，以右为上”的原则，即数桌围成众星捧月形时，以中间一桌为主桌；离门越远，桌次越高；越靠近主桌，桌次越高；与主桌等距离时，以面向正门的方向为准，右侧桌次相对于左侧高。如图 6-6、图 6-7、图 6-8 所示：

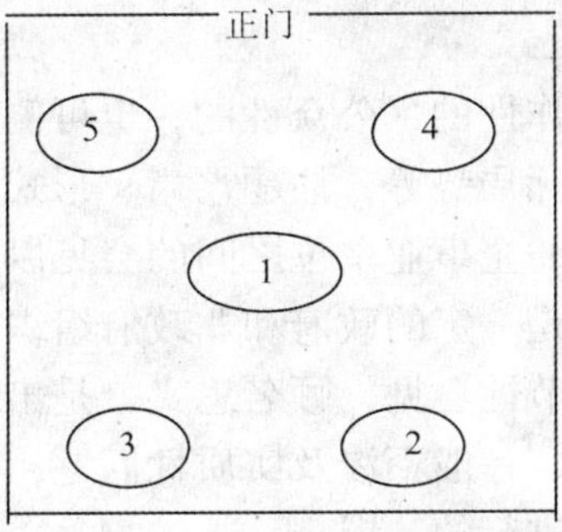

图6-6　宴会桌次安排1

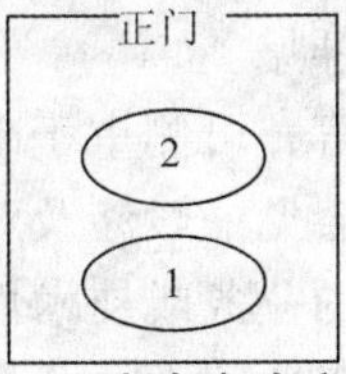

图6-7　宴会桌次安排2

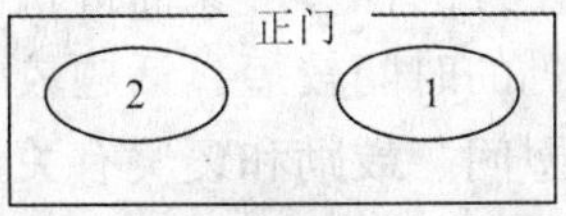

图6-8　宴会桌次安排3

（2）席位。

即同一桌中的座次高低。席位安排原则与桌次大体相似。如图 6－9、图 6－10、图 6－11、图 6－12 所示。此外，正式宴请时，每个桌上都应放置桌次牌和座位卡。

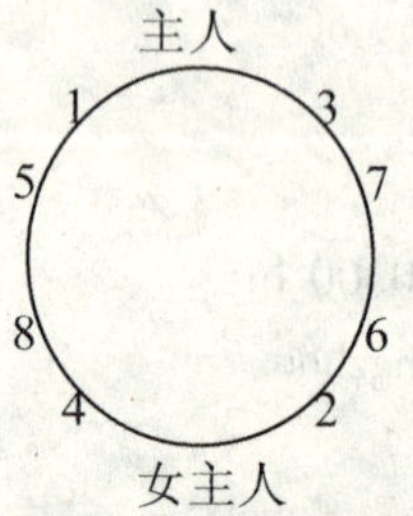

图6–9　席位安排1

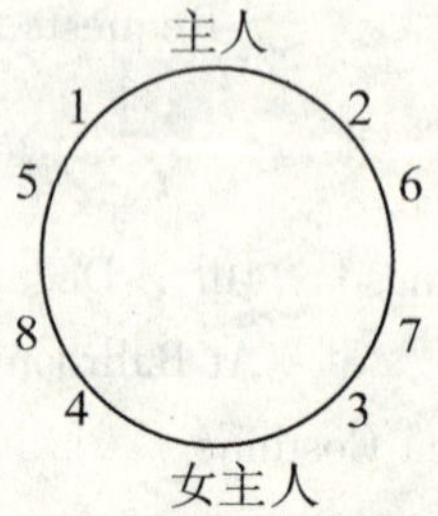

图6–10　席位安排2

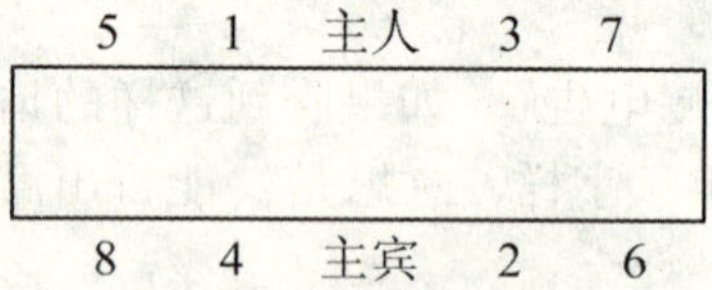

图6–11　席位安排3

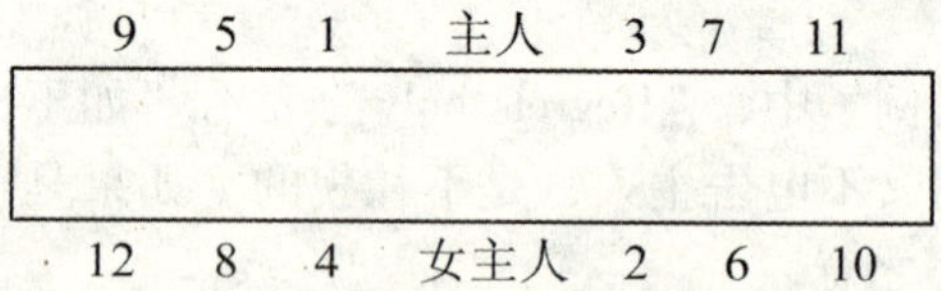

图6–12　席位安排4

（四）会见、会谈

会见、会谈也是接待工作中的重要环节。会见跟接待紧密相连，可以是接待的目的，也可以是实现接待目的的一种手段。而会谈则是合作者达成具体协议的一种主要对话形式。

1. 会见的含义

会见是指双方或多方代表见面会晤，就共同关心的问题交换意见，有时也称为会晤。

在国内，会见有时也称为接见，指各级领导人会见下属人员，如领导人会见某一会议的代表或先进人物代表。一般来说，接见可由主方或身份高的一方主动安排，也可根据客方或身份低的一方的请求来安排。

在国际交往活动中，会见有接见和拜会之分。一般来说，身份较高者会见身份较低者或主人会见客人，称为接见，如国家领导人或级别高的官员出面会见级别低的来访者；反之，则称为拜会或拜见。

会见就内容而言，可侧重于政治性的、工作性的、公众性的，也可侧重于礼节性的或慰问性的。政治性会见一般涉及双边关系、国际局势等，话题严肃，形式较为正规；工作性会见多涉及具体的业务或技术性事务，我国的企事业单位之间的会见以及企事业单位的涉外会见，大都属于这一类；公众性会见主要是一定的政府和非政府组织为加强与公众的联系，树立组织良好的社会形象而进行的；礼节性会见，顾名思义，是出于礼貌而举行的会见，礼节性会见的时间较短，话题较为广泛，一般不涉及实质性问题；慰问性会见气氛比较热烈，是为慰问、鼓励和褒奖有关人员而进行的。

2. 会谈的含义

会谈是指双方或多方就某些重大问题进行深入接触，交换意见。会谈的内容很广，既可以是政治、经济、外交、军事、文化等重大问题，也可以是具体的业务性、事务性或技术性问题，如在地方和基层组织之间进行的贸易洽谈、技术文化交流或探讨友好城市之间的合作等。

3. 会见和会谈的联系和区别

会见和会谈既有联系，也有区别，它们是相辅相成的。

友好的会见往往为正式的深入会谈或定下了基调，或创造了条件；会见中彼此达成的原则性共识，通常还要通过具体而细致的会谈加以系统化、条文化，使之成为以后彼此合作的依据。

如果说，会见、会谈和谈判是合作者之间对话的不同方式或阶段的话，那么，会见往往是“最初阶段”，而谈判则是最正式的方式和“最后阶段”。

会见和会谈的区别，主要体现在三个方面：首先是对身份要求不同。会见中，各方代表的身份可以高低不同；但会谈时各方代表的身份或规格除特殊情况外，一般都要求相当。其次是目的不同。会见的目的较会谈更为广泛，也不要求一定要达成书面协议；但会谈的目的一般要求通过深入接触，达成共识并最终形成书面协议。再次是约束力不同。会见达成的共识往往是口头性的，因而难以产生严格的约束力；但会谈达成的书面协议只要符合法规法律，就具有严格的约束力，并受到法律的保护。

4. 涉外秘书在会见、会谈中的主要工作

为了使会见、会谈能顺利进行，涉外秘书应切实做好有关的工作。

（1）联络通知。

如果上司有会见某一方的意向时，涉外秘书应按照上司的指示，及时通过电话、传真、面谈等形式联络对方，把要求会见的人的姓名、本方出面会见的人员、会见的目的等通知对方并尽快取得对方的回复，在可能的情况下，进一步与对方商定时间、地点等具体事宜。如果是对方要求会见，则涉外秘书在接到对方的通知后要及时向上司报告并根据上司的意见与对方联系。

（2）相关准备工作。

会见事宜一旦决定下来，涉外秘书便应马上着手做好有关的准备工作，如有关资料的准备、场地准备或赴外地举行会见时的出差准备等，特别要作好会见、会谈的座位安排工作。

作为会见、会谈主方的涉外秘书，在会见、会谈前要根据会见的性质、人数等作好会客厅的布置。如果会见双方身份相当，为了使会见显得更庄重一些，可在宾主就座的两侧放置两国双方国旗，可以是落地旗架悬挂，也可以用小旗架放置在主人和主宾之间的茶几上。如果双方身份高低不同，则不挂国旗或只挂主方国旗。会谈一般都要求悬挂或放置双方国旗。

会客厅布置的重点是座位的安排。不同的座位形状、不同的座次，往往有着不同的含义。安排座位时，可以是宾主穿插而坐，也可以是宾主各坐一边，我国习惯于后一种方式。会见、会谈时，一般是遵循“右上左下”的原则，即把客方安排在主方的右侧，其他人员按礼宾次序顺序就座。图 6－13、6－14、6－15、6－16、6－17、6－18、6－19 是会见时几种主要的座位安排图。

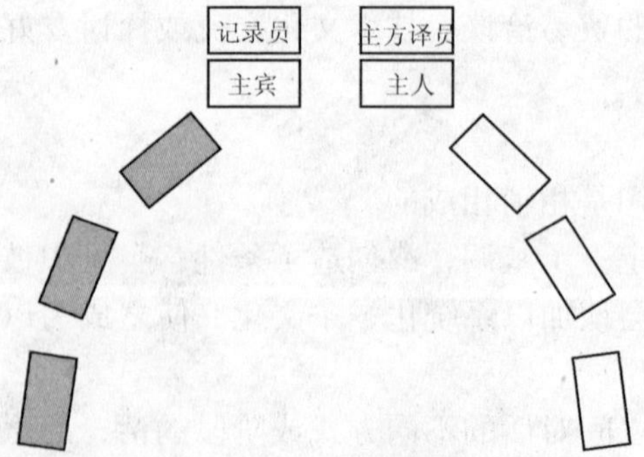

图 6－13　会见座位安排 1

（弧形。其中，白、灰色分别为主、客方。如果客方派翻译，则在记录员的右侧加位。）

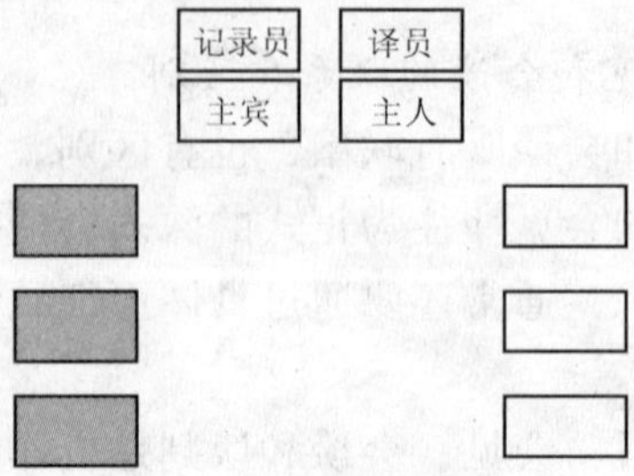

图 6－14　会见座位安排 2

（马蹄形。其中，白、灰色分别为主、客方。）

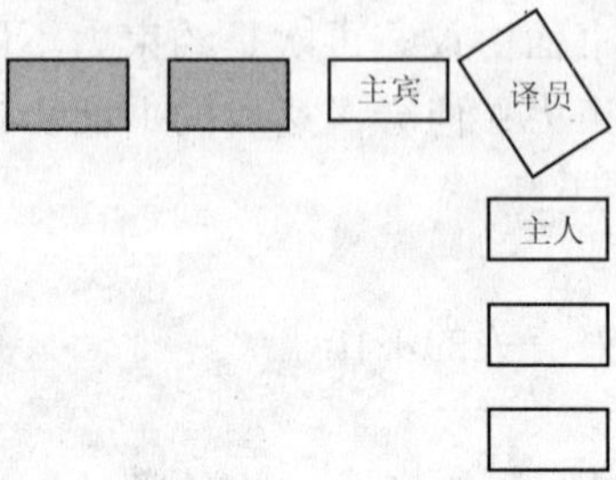

图 6－15　会见座位安排 3

（直角形。白、灰色分别为主、客方。）

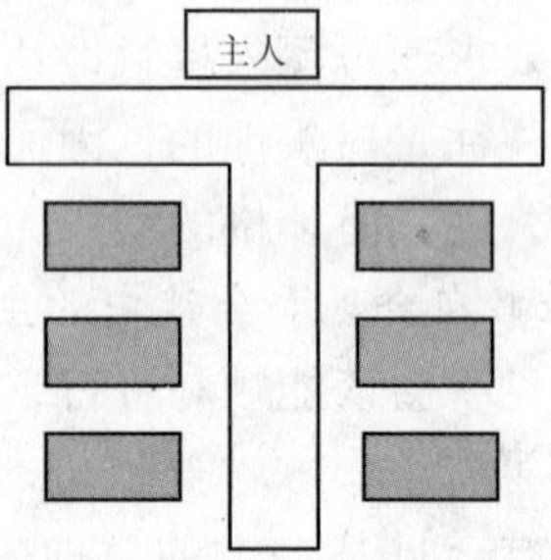

图 6－16　会见座位安排 4

（T 字形。灰色为客方。这种形式主要适合于公关性会见。）

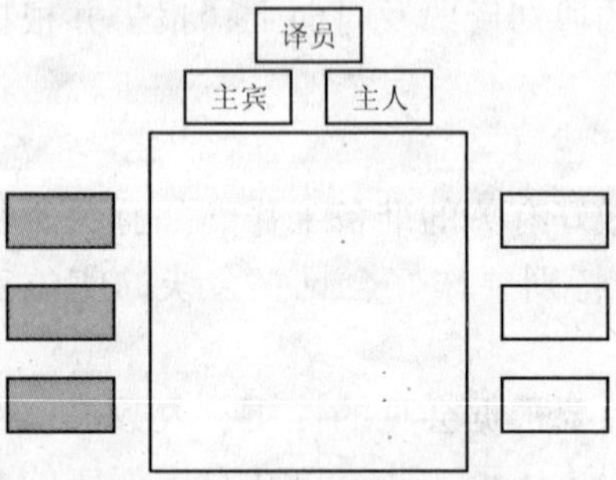

图 6－17　会见座位安排 5

（长方形。白、灰色分别为主、客方。）

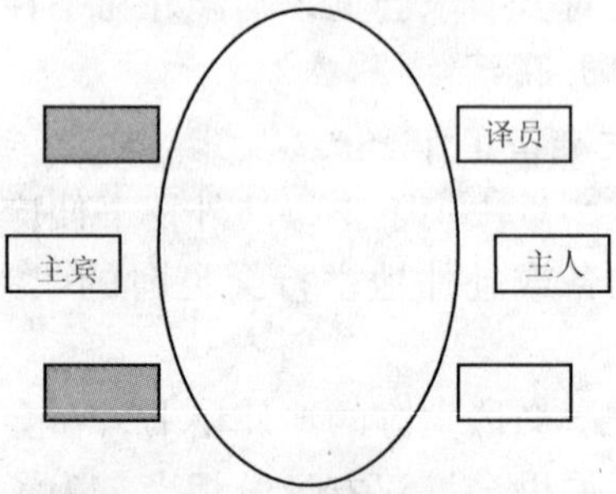

图 6－18　会见座位安排 6

（椭圆形。白、灰色分别为主、客方。）

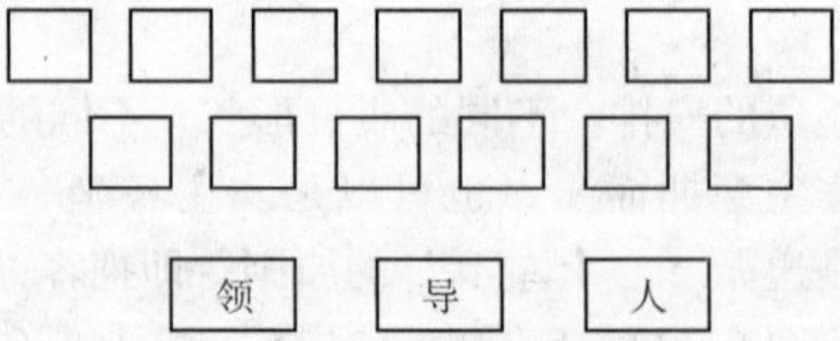

图 6－19　会见座位安排 7

（上下形。多用于慰问性会见）

会见可用桌子，也可不用，多数情况下，不用桌子，只用沙发。但会谈除小范围的会谈不用桌子，只用沙发外，一般都有桌子。

双边会谈大多采用长方形桌子，宾主相对而坐，以门为准，面向正门为上座，安排给客人就座，背对正门的为下座，一般由主人就座。主人与主宾居中而坐，译员各居其右（但有的国家则安排译员坐在后面，一般是尊重主人安排），其他人员按礼宾顺序分坐于左右两侧，如图 6 - 20 所示。如会谈桌一端面向正门，则以入门的方向为准，按“右上左下”入座，如图 6 - 21 所示。

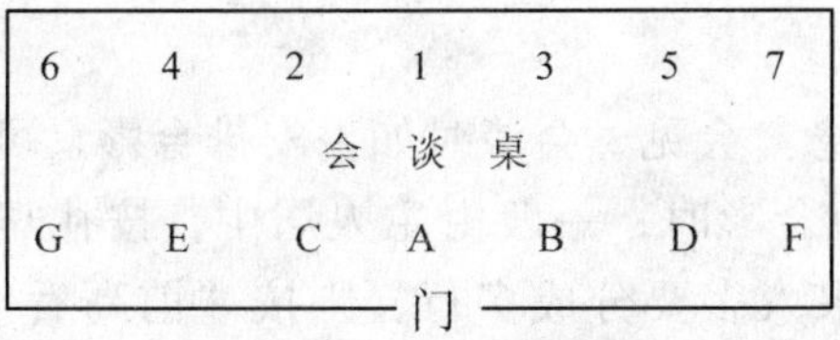

图 6 - 20　会谈座位安排 1

（1 ~ 7 为客方，A ~ G 为主方）

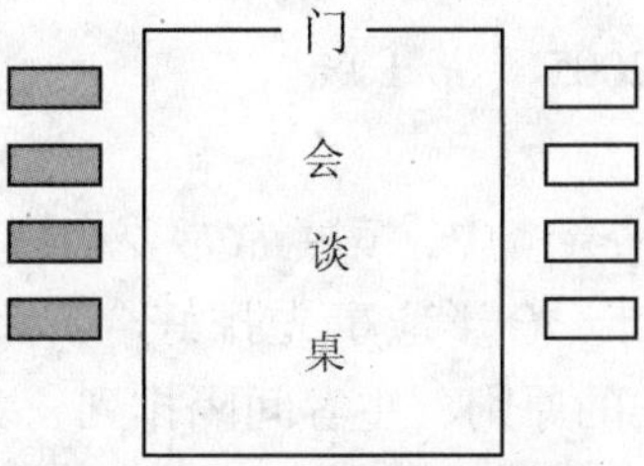

图 6 - 21　会谈座位安排 2

（灰色为客方，白色为主方）

多边会谈可采用椭圆或圆形桌，座位摆成圆形、方形或 T 形等，如图 6 - 22、6 - 23 所示。

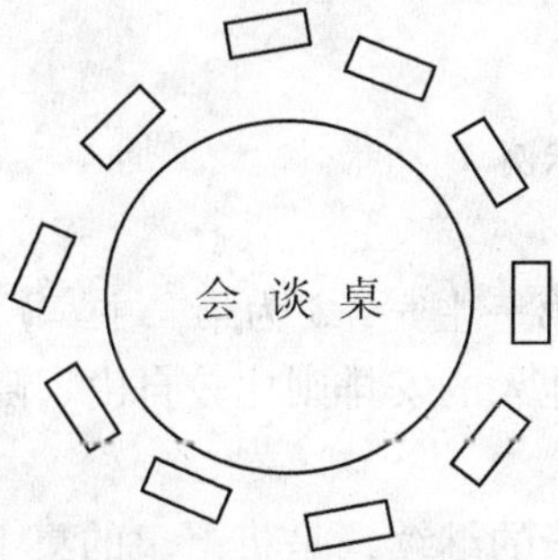

图 6 - 22　会谈座位安排 3

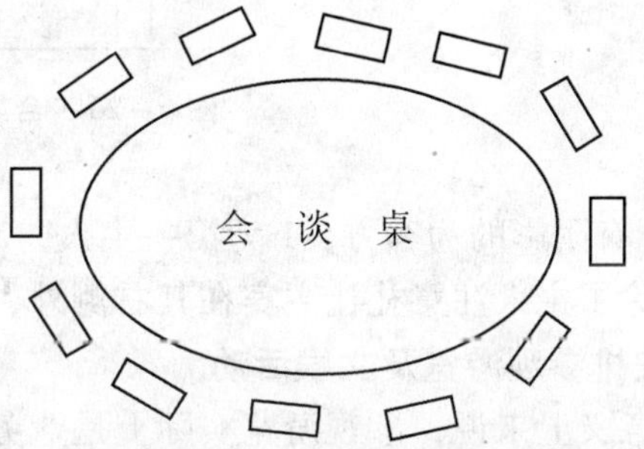

图 6 - 23　会谈座位安排 4

知识链接

1988 年，阿拉伯国家和以色列在苏联、美国和西班牙的调解下，在西班牙首都马德里举行举世瞩目的会谈。

当时的美、苏两国总统和西班牙首相参加了会谈，因此这次会谈被称为是“2+1”会谈。为了体现“2+1”的特点，阿拉伯、以色列组织人员煞费苦心，将会谈桌座位格局设计成 T 字形。

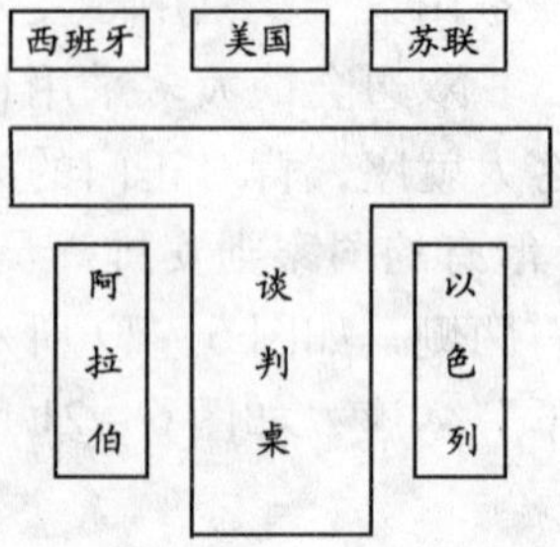

（资料来源：向国敏著：《现代秘书实务》，首都经济贸易大学出版社 2005 年第 1 版）

在会见、会谈中，宾主常常要合影留念。会见、会谈时如果安排合影，可在宾主见面握手之后进行。合影应事先排好合影图。合影时，一般由主人居中，按礼宾次序，按照“以右为上”的原则，主客间隔排列，如果人多要分成多行，则按“前高后低”，即前排高于后排的原则进行排列，可能情况下两端一般由主方人员把边，如图 6－24。

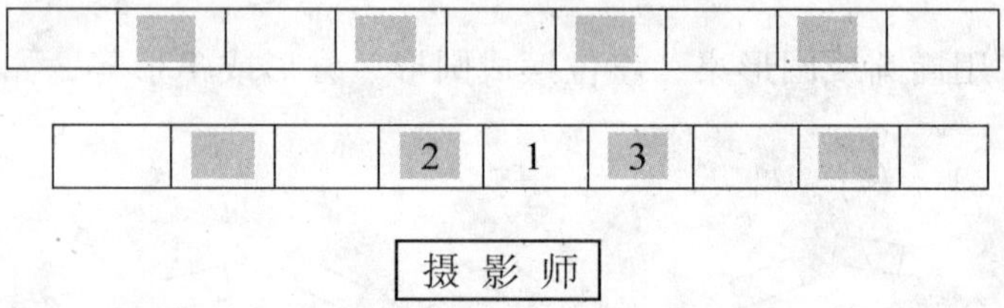

图 6－24　合影图示例

（其中，有阴影的为客方，1 为第一主人，2 为第一主宾，3 为第二主宾）

有时，除了主人注意礼让主宾在其右侧外，其他人的安排则比较自由、随意。

（五）安排参观游览及文娱活动

从某种意义上来说，参观游览实际上是业务会谈的继续，是将严肃的桌上会谈转移到游览参观这种更为轻松的环境和气氛中去进行。在游览参观过程中，主、客双方不但可以随时继续进行洽谈，而且可以进一步加深理解、沟通感情，为今后双方的愉快合作打下基础。

安排参观游览时，要注意根据来宾来访的性质、目的和要求，结合实际情况，选择好参观游览点，尤其是对于那些带着考察任务或者有合作意向的来宾，更要认真对待。在参观游览过程中，可以酌情赠送有意义的纪念品，也可以选景摄影留念。

来宾游览参观时，通常由身份相当的人员陪同，如果是参观游览名胜古迹、当地风光，陪同人员应熟悉古迹或风光的特色、历史沿革及相关典故。

在来宾逗留期间，可以安排适当的文娱活动，如观看文艺演出、组织舞会等。安排活动时，既要从实际可能出发，又要尊重来宾的意愿。有可能的话可以安排一些具有民族特色的节目，同时要注意避免因政治内容或宗教信仰、风俗习惯等问题而引起一些不必要的误会或不快。

（六）其他事宜

团体接待规模较大、时间较长，在来宾逗留期间，涉外秘书一定要一丝不苟地做好相关的后勤工作，如来宾的食宿、交通、安全、保健等，都要一一到位，而且要不厌其烦，善始善终。

接待工作结束以后，要认真做好接待总结、报销等后续工作。重要的来宾接待工作，还要把接待记录进行整理归档。

如果来宾是外宾，接待工作的好坏更是直接关系到国家的利益和声誉，因此，特别要注意如下原则：

1. 平等友好，文明礼貌

无论外宾是来自哪个国家和地区，都应平等对待，不卑不亢，文明礼貌，热情友好。

2. 慎言慎行，内外有别

接待外宾时，一定要慎言慎行，注意内外有别。既要提高警惕，也不能风声鹤唳，严格执行有关的保密规定，不得在接待中泄露国家和所在组织的秘密。

3. 遵纪守法，不谋私利

在接待外宾的过程中，一定要遵守有关的法规制度，不得背着组织与外宾私自交往，收受礼品，更不能利用职权营私牟利，做出有损国格、人格的事。

思考与练习：

1. 如何做好接待准备？
2. 必要时涉外秘书应如何帮助上司中止会客？
3. 接待的基本礼节要领有哪些？有哪些要注意的地方？
4. 涉外秘书应如何正确接待有约客人和不速之客？
5. 接待方案主要应包括哪些方面的内容？
6. 迎送过程应做好哪些工作？
7. 秘书应如何做好宴请工作？
8. 秘书应如何安排好会见、会谈工作？
9. 根据下面的情景，学生扮演不同角色，进行演示练习。注意整个过程的礼节。

某公司杨经理的秘书小青按杨经理的指示，与主管（主管与刘总等2人是第一次见面）一起到机场迎接前来进行第二轮谈判的某公司刘总以及他的助手。然后一起回公司，杨经理在公司贵宾室等候他们。

第七章

公务旅行管理

【学习重点】

- 制订旅行计划和旅程表
- 旅行前有关事务的处理
- 上司出差期间和回来后涉外秘书要做的工作
- 随从事务

面对开放的现代社会，任何性质的组织都得建立广泛的社会联系和人际关系，及时掌握对组织有用的信息和动态，为此，上司必须作各种各样的公务旅行，这些旅行有国内的，也有国外的；有商务性质的，也有社交性质的；有长达数月的，也有短至一两天的……不管是哪一种情况，涉外秘书都必须了解上司旅行的任务、地点和具体的时间等，结合组织的有关规章制度以及上司的个人习惯，予以合理的安排和有效的管理，为上司的公务旅行提供一流的优质服务，确保上司公务旅行顺利进行。

知识链接

旅行和旅游是有区别的。

按《辞海》的解释：

旅行是“暂时离家远去”。

旅游是指“人们观赏自然风景和人文景观的旅行游览活动”。

百度百科名片的解释是：

“旅”是旅行，外出，即为了实现某一目的而在空间上从甲地到乙地的行进过程；“游”是外出游览、观光、娱乐，即为达到这些目的所作的旅行。所以，旅行偏重于行，旅游不但有“行”，且有观光、娱乐含义。

因此，从某种意义上来说，旅行（Travel）强调的是“外出”这一行为本身，至于其目的可以是比较广泛的；而旅游（Tour）侧重强调的是外出行为的目的。

一、旅行前准备工作

为上司的旅行做好相应的准备，是旅行管理的第一个环节，也是很重要的一个环节，它关系到整个旅行行程的顺利与否。

上司出差，准备工作烦琐，为避免遗漏，涉外秘书应根据上司出差的目的、任务等，把应做的准备工作进行梳理，列成清单，也可以单列出其中的某一项，如旅行用品清单、携带资料清单等，按照清单所列逐一完成，对于长途及重要出差，更应如此。表 7 – 1 是一份旅行准备工作主要内容清单（确认准备好的项目在括号内打√），可供参考。

表 7 – 1　旅行准备工作一览表

工作分类	具体工作	备注
旅行资料	（　）1. 旅行计划（日程表、用品一览表等） （　）2. 目的地相关资料（如地图、旅馆预订确认书、旅馆结账时间、旅行指南、当地礼仪风俗等） （　）3. 介绍信 （　）4. 对方的向导信函（如邀请函等） （　）5. 日历表 （　）6. 世界各地时间表 （　）7. 身份证件（身份证、护照、签证、“黄皮书”等） ……	
业务资料	（　）1. 本组织概况（包括单位概况、产品介绍等纸质材料和声像材料） （　）2. 产品样品及资料 （　）3. 上司讲话稿 （　）4. 备忘录（联系地址、常用电话号码、传真号码等） （　）5. 业务文件（如谈判提纲、多次洽谈记录、协议、合同草案等） （　）6. 拜访单位概况 （　）7. 行业概况 （　）8. 市场行情 ……	

（续上表）

工作分类	具体工作	备注
有关事务	（　）1. 票务（预订机票、船票、车票） （　）2. 预订旅馆 （　）3. 准备差旅费（信用卡、外汇、支票、现金等） （　）4. 办理托运 （　）5. 联系翻译 （　）6. 联系体检 （　）7. 安排、落实接送 （　）8. 入、出境事务 （　）9. 工作预处理 ……	
办公用品	（　）1. 笔记本电脑 （　）2. U 盘、光盘等 （　）3. 录音笔/照相机/摄像机 （　）4. 文具用品（文件夹、笔、笔记本、回形针、橡皮筋、透明胶纸、剪刀等） （　）5. 单位信封及信笺 （　）6. 手机及充电器 （　）7. 名片 ……	电子产品注意带齐充电器、存储卡、电池等
个人物品	（　）1. 替换衣物 （　）2. 洗漱用品 （　）3. 备用/常用药品 ……	

下面就上述清单有关内容择要介绍。

（一）旅行计划

为了保证上司能在出差期间有限的时间里有条不紊地、高效地工作，涉外秘书必须先行为上司拟订一个合理的计划。制订计划时，有些工作必须先请示上司，如各项工作活动的具体时间安排、路线安排等。

一般来说，旅行计划应考虑如下几个方面的要素：

（1）地点。上司本次出差的目的地（包括中转地），旅行过程中开展工作、活动的地点以及食宿地点。

（2）时间。出差时间的长短、出发时间、到达目的地时间、工作活动的具体时间等。

（3）交通工具。

（4）旅行内容。即旅行的活动内容，如访问、洽谈、宴会、参观或参加某个仪式等。

（5）携带的资料、物品。根据差旅内容必须携带的资料、物品等。

（6）旅程表。如果旅行内容较多，可把上司抵达目的地（或在中转站）要做的工作安排制成表格，如表7－2所示：

表7－2　旅程表

日期	具体时间	交通工具	地点	事项	备注
4/2（星期×）	8：30～11：30	××航班	××	出发及到达	
	15：00～16：00		××	出席分公司业务报告会（需1号材料）	
	16：30～17：15	小车	××	从分公司前往××公司	分公司安排车
	17：30～		××	拜会××公司领导（礼物已准备） 晚餐（××饭店） 下榻于××酒店×房（已预先订妥）	××饭店电话： ×××××××× 酒店电话： ××××××××
4/3（星期×）	9：00～12：00		××	出席××分公司新技术产品发布会并发言（讲话稿为2号材料）、参观	
	12：00～13：00		××	××分公司午餐会（××宾馆）	
	15：00～16：00		××	会见××××公司经理	
	17：20～	××航班	××	返回	

如果出差内容比较简单，可以只拟定类似于上表的旅程表。

正式的旅行计划、旅程表制订出来后，应一式四份，一份存档，上司及其家属各执一份，涉外秘书执一份。

制订旅行计划或旅程表时要注意：

（1）明确并尊重上司的意图和要求，了解并遵守组织有关旅行的具体规定。

（2）旅程表应按时间顺序编排，条理应分明；时间安排不宜过紧或过松；要考虑上司的身体情况，避免上司劳累。

（3）对旅行过程所需要的各种资料，涉外秘书准备妥善以后，应用一定的方法，如用信封、橡皮筋或回形针等将其分门别类分好，必要时标上序号，以方便上司取用。

（4）如果上司是初次到某地旅行，在征得上司同意后，应留出一定时间为上司处理私务用。

（5）如果需要中转，应尽量减少衔接时间，以避免时间的浪费。

（6）多拟订几个预备的旅行计划方案供上司参考，选择最佳方案。

（7）国际旅行要考虑时差。国际上统一以英国格林尼治时间（Greenwich Mean Time 简称G. M. T.）为标准时间（STANDARD CLOCKTIME），这样两半球就分为东八区和西八区，东八区的时间比G. M. T. 早，西八区的时间比G. M. T. 晚。表7－3是世界主要城市时间对照表：

表 7-3　世界主要城市时间对照表

（本表以格林尼治标准时中午 12 时为基准，列出世界上一些主要城市同一天相应的当地时间）

地名	时间	地名	时间	地名	时间
旧金山	4:00	波恩	13:00	科伦坡	17:30
温哥华		布鲁塞尔		新德里	
墨西哥城	6:00	日内瓦		孟买	
危地马拉		维也纳		加尔各答	
芝加哥		马德里		达卡	18:00
渥太华	7:00	罗马		阿拉木图	
哈瓦那		斯德哥尔摩		仰光	18:30
巴拿马城		地拉那		曼谷	19:00
波哥大		华沙		金边	
利马		布拉格		河内	
华盛顿		布达佩斯		万象	
纽约		贝尔格莱德		乌兰巴托	
加拉加斯	7:30	布拉柴维尔		雅加达	19:30
圣地亚哥	8:00	索非亚	14:00	新加坡	
布宜诺斯艾利斯	9:00	布加勒斯特		吉隆坡	
里约热内卢		安卡拉		北京	20:00
雷克雅未克	11:00	开罗		上海	
格林尼治	12:00	大马士革		香港	
伦敦	12:00	卢萨卡		马尼拉	
里斯本		开普敦		伊尔库茨克	
卡萨布兰卡		贝鲁特		东京	21:00
科纳克里		赫尔辛基		平壤	
阿克拉		莫斯科	15:00	首尔	
巴马科		巴格达		堪培拉	22:00
达喀尔		内罗毕		悉尼	
阿尔及尔		达累斯萨拉姆		惠灵顿	24:00
巴黎	13:00	德黑兰	15:30		
柏林		卡拉奇	17:00		

（二）办理护照

如果是出国旅行，应先申请办理护照。

1. 护照的作用

护照（Passport）是各主权国家发给本国公民出入境及到国外旅行居留时证明其国籍和身份的证件。凡出国人员均必须持有护照。

对于出国人员来说，护照很重要。出国前的签证办理、购买国际航班机票或车、船票都要凭护照。在国外，有关当局检验时也须出示护照，住旅馆也要凭护照。任何国家都不允许没有护照的人进入其国境。各国对护照的检验都十分严格，不准许持过期、失效或伪造护照的人进入其国境。

2. 护照的种类

我国的护照，主要分为普通护照、外交护照和公务护照。另外，还有特区护照（分别有香港和澳门特别行政区护照）。

为顺应全球护照的电子化发展趋势，进一步提升我国普通护照的安全性和信誉度，我国已于2011年7月1日启用因公电子护照，2012年5月15日在全国启用电子普通护照，香港特别行政区于2007年2月5日启用电子护照和电子签证身份书，澳门特别行政区于2009年9月1日启用电子护照和电子旅行证。

外交护照和公务护照有效期最长不超过5年，普通护照有效期最长不超过10年，期满后换发新护照。香港和澳门特别行政区护照的有效期一般为10年。

3. 护照的办理

按照我国的规定，在国内，外交护照，由外交部签发；公务护照由外交部或外交部委托的各省、自治区、直辖市和设区的市人民政府外事部门签发；普通护照，则由公安部出入境管理机构或者公安部委托的县级以上地方人民政府公安机关出入境管理机构签发。

申请护照时，应按要求提交本人的居民身份证、户口簿、近期免冠照片以及申请事由的相关材料等。

其他国家的护照，有各自的规定，涉外秘书应结合上司的国籍，了解有关国家的相关规定，以更好地协助上司办理好有关的出入境手续。

4. 护照的报失和补办

护照必须妥善保管，不得污损、涂改，严防遗失。万一不慎遗失，应立即向发照机关挂失。若在国外，应同时通知所在国家的有关当局。如查找不到，应申请补办。

接受外籍人员工作的组织，如果外籍人员不慎丢失了护照，秘书应尽快协助其到公安局出入境管理处报失，出入境管理处核查后发给护照丢失人护照报失证明，凭证明到护照国驻我国使馆、领馆申请补发护照或有效证件，然后再持证件到出入境管理处办理相应的签证后方可出境。如在我国领不到新护照的，有关部门会发专供出境用的证件。

（三）办理签证

办好护照后，还应申请旅行国家和中途经停国家的签证。许多国家都明文规定，不准许患有某些疾病的外国人进入其国境，所以预备出国的人员，在办理签证前都必须到旅行国指定的国内的相关医疗机构做体格检查。如果上司出国旅行，涉外秘书必须帮助上司做好联系预约体检时间和领取体检表等工作。

1. 签证的作用和种类

签证（Visa）是各主权国家发给外国或本国公民出入国境或在本国经过、停留、居住的许可证明。签证制度是国家主权的象征，是一个国家对于其他国家的公民入境实施控制和管理的具体表现，以此达到维护国家安全及国内社会秩序的目的。

签证一般可签注在护照上，有的也签注在代替护照的其他旅行证件上，有的则颁发另纸签证。我国的签证一般签注在护照上。有的国家也已开始使用电子签证。

中国签证分为外交签证、礼遇签证、公务签证或普通签证。其中，普通签证分为八种，分别用汉语拼音字母表示：旅游签证（L 字签证）、访问签证（F 字签证）、学习签证（X 字签证）、工作签证（Z 字签证）、过境签证（G 字签证）、乘务签证（C 字签证）、记者签证（J 字签证）和定居签证（D 字签证）。

目前，世界上大多数国家的签证分为外交签证、公务（官员）签证和普通签证。

2. 签证期限

签证的期限限制比较严格，要注意有效期、停留期和有效次数及其区别，并予以遵守。

签证的有效期，是指从签证签发之日起到以后的一段时间内准许持有者入境的时间期限，超过这一期限，该签证就是无效签证。各国对签证的期限限制不等，有的发给 3 个月、有的则发给 1 个月有效的入境签证。

签证的停留期，是指持证人入境该国后准许停留的时间。如某国的入、出境签证有效期为 1 个月，停留期为 10 天，那么，持证人从签发日始 1 个月内无论哪一天都可以入、出该国国境，但是，从入境当日起，到出境当日止，持证人在该国最多只能停留 10 天。

签证的有效次数，是指该签证在有效期内可以使用的次数。一般分为一次有效签证、两次和多次有效签证等。两次有效签证，即在签证有效期内可以使用两次。多次有效签证，即在签证有效期内持护照人可以多次出、入其国境。签发何种签证、有效期限多长、有效次数多少，由签证机关根据入境申请者的具体情况决定。

3. 签证的办理

办好护照后，涉外秘书应提醒或协助上司办理签证。签证办理的主要途径有：

（1）由本人亲自持护照和有关申请签证的材料到旅行国驻我国大使馆或领事馆办理；

（2）涉外秘书可协助上司联系委托权威的、可靠的签证代办机构（如中国旅行社总社签证代办处）代办；

（3）委托旅行国的组织（如公司）直接到旅行国移民局申请签证。

办理的基本程序是：

（1）根据要求递交有效的护照及与申请事由相关的各种证件。有的国家会要求申请者提交由其指定的医疗机构出具的健康证明，因此，申请之前必须先了解并到旅行国指定的医疗机构进行体检。

（2）填写并递交签证申请表格。签证不同，表格也不同，多数要用外文填写，同时提供本人照片。

（3）旅行国驻该国使馆、领馆官员会见。有的国家规定，凡申请移民者必须面谈后才能决定；也有的国家规定，申请非移民签证也必须面谈。

（4）使馆、领馆将签证申请表格和必要的证明材料，呈报国内主管部门审查批准。

（5）旅行国主管部门进行必要的审核后，将审批意见通知使馆、领馆。如果同意，即发给签证。如果拒绝，也会通知申请者。

（6）缴纳签证费用。一般来说，递交签证申请的时候就要先缴纳费用，有个别国家是签证申请成功后才收取费用。也有些国家和地区的签证是免费的。

取得签证后，要注意检查签证内容。检查的重点是：签证种类是否符合申请目的；有效期和停留期是否清楚；签证持有人的姓名拼音是否正确；签证官员和签发机关是否签字盖章等。若发现有误，应立即提出并要求改正。

如果旅行地不止一个国家，应当在国内办妥有关的全部签证手续。

接受外籍工作人员的组织，涉外秘书也应协助有关的外籍人员办理签证手续。

（四）办理“黄皮书”

“黄皮书”即《国际预防接种证书》（*INTERNATIONAL CERTIFICATE OF VACCINATION*），是世界卫生组织为了保障人身健康、防止某些疾病传染、流行所要求的证明。因为它的封面通常是黄色的，所以惯称“黄皮书”。

世界卫生组织正式通过的《国际卫生准则》规定，入境者在进入接纳国国境前，要接种牛痘、霍乱、黄热病疫苗，以防止某些疾病的国际性流行。如果出、入、过境者没有“黄皮书”，国境卫生检疫人员有权拒绝其出入境，甚至采取强制检疫措施。当然，根据不同时期、不同地区和疫情的分布情况，各国对预防接种的要求也有所不同。一般来说，中国人去欧洲、亚洲、北美洲、大洋洲国家，有预防霍乱接种证明即可。而去非洲、拉丁美洲及个别亚洲国家，通常除了要有预防霍乱的接种证明外，还要求有黄热病的接种证明，因为非洲是黄热病、霍乱和疟疾流行地区，亚洲某些国家也是霍乱和疟疾的传染区。近年来，有的国家对出入境者还要做艾滋病检查。因此，预备出国人员在办理了有效护照、签证后，要到所在地的卫生检疫部门予以了解，按规定进行卫生检疫和预防接种，领取“黄皮书”。

我国的“黄皮书”由卫生部统一印制，各省市卫生检疫站负责签发和注射疫苗。初次出国者（包括自费出国留学人员等），应持单位介绍信前往办理。已有“黄皮书”但需复种者，可凭“黄皮书”复种。

也有一些国家同意免交“黄皮书”。涉外秘书应协助上司了解旅行国的要求，遵守有关的规定，保证旅行的顺利进行。

（五）票务

涉外秘书为上司安排旅行，要按有关的规定和要求，精心选择和设计方便、经济、合理的路线，并提前做好机（车、船）票的预订、检查工作。

如果旅行地的航（车、船）次比较多，涉外秘书应综合考虑各个方面的情况，挑选出比较合适的几个航（车、船）次供上司选择。

订票时要注意：

（1）确保飞机班次、日期、途经城市、到达城市等准确无误。

（2）姓名应与护照（身份证）上的拼写相同。

（3）为避免机位紧张时订不到座位，应尽可能提前将机位订好，并注意在航空公司的最后出票时限前购票。

（4）尽可能选择直达航班，否则在时间上一定要安排得宽裕些，尽量选择衔接时间在2～4小时之间的班机，将时间的浪费降至最低。

如果上司乘坐国际列车，涉外秘书则应携带出国人员的护照、签证、“黄皮书”等证件到中国国际旅行社按规定办理有关的订、购票手续。

如果准备坐船出国，涉外秘书可携带出国人员的护照、签证、“黄皮书”等证件到中国外轮代理公司所属分公司办理船票。

知识链接

在服务质量、安全正点方面做得较好的航空公司有中国民航（CA）、新加坡航空公司（SQ）、瑞航（SR）、日航（JL）、澳航（QF）、法航（AF）、泛美（PA）、环球（TW）、英航（BA）、德国汉莎航空公司（LH）、斯堪的纳维亚航空公司（SK）、意大利航空公司（AZ）、荷兰皇家航空公司（KL）、希腊奥林匹克航空公司（OA）、加拿大航空公司（AC）、泰国国际航空公司（TG）、西非航空公司（RK）、法国联合运输航空公司（UT）等。

以上航空公司由于资金雄厚，经营管理科学，可供周转的飞机较多，维修保养好，安全措施严格，驾驶员经验丰富，机组训练有素，服务热情周到，飞行正点准时，所以是秘书为上司选择航班的理想对象。

（资料来源：胡鸿杰、申琰、张莉敏编著：《办公室管理》1版，中国人民大学出版社2001年版，第363页）

（六）预订旅馆

为了使上司在旅行的有限时间里工作好、休息好，一般来说，在上司旅行前，涉外秘书得帮上司预订好旅馆。

1. 使用预订服务

预订旅馆，如果上司有所指定，一定要按照上司的指示予以办理。如果上司没有指定，涉外秘书可以通过上网和翻阅当地旅行指南、地图和旅行手册等方式，选择旅馆，并与之联系，了解旅馆的确切位置、与机场或火车站的距离以及收费标准、是否打折等信息，在征求上司的意见后适时予以预订。如果组织内部设有旅行部，也可以利用内部旅行部或者联系外面的旅行社按要求予以预订。

预订时，要提供住宿者的姓名、抵达时间、大概的离开时间、需要什么样的房间、对房间的特殊要求，如上网端口、会议室规模等。

2. 保证预订

为了使预订得到保证或确定，涉外秘书必须事先向旅馆方面强调申明，这样旅馆就会在第二天结账之前一直把房间留着；如果临时因特殊情况要取消预订，也要在结账之前采取打电话或其他方式通知旅馆，如果必要，还得索要一张取消单存档，否则当天晚上就得收费。预订旅馆时，要询问旅馆的结账时间，在上司旅行之前，把结账时间放在备忘录里。

如果预订是跟某个人直接联系，最好弄清楚其姓名和预订号码，以备进一步的联系。

如果上司对房间有特殊要求，比如有时为了开展工作的需要，上司会选择带有会客室的套房等，要根据其要求来预订。同时，预订时，尽量不要选择一楼或楼道最尽头的房间，尽可能选择靠近电梯或在大厅的中部，而且要选择有足够安全保障的旅馆。

如果为大中型会议预订房间，涉外秘书应直接与有能力安排接待会议的旅馆的有关负责人洽谈，这种旅馆可以帮助秘书处理很多琐事，为秘书节约大量的时间。

3. 确认预订

旅馆预订以后，涉外秘书要设法拿到确认预订的传真或其他书面形式的证明，并把确认证明附在上司随身携带的旅行计划后面。这是一项十分重要又很容易做到的事情。

（七）准备差旅费

按规定，公务旅行差旅费可预支。涉外秘书可按要求，为上司申请预支差旅费。如果是出国旅行，准备差旅费时要注意：

1. 准备外汇

外汇是指以外国货币为单位，在国际间结算中所使用的支付凭证。出国旅行一般均携带自由外汇，即在外汇市场上可以自由兑换的外汇，如美元、英镑、日元、德国马克等。外汇的支取或兑换需按有关规定到银行办理。如果使用的是当地货币，回国时若尚未用完，应尽可能换回自由外汇。

2. 办理支票和信用卡

一般来说，只要准备少量现钞就行，国家对随身携带现钞也有相关的规定。

根据国家外汇管理局和海关总署联合制定的《携带外币现钞出入境管理暂行办法》的规定，出境人员携带不超过等值5 000美元（含5 000美元）的外币现钞出境的，无须申领《携带外汇出境许可证》，海关予以放行；携带外币现钞金额在等值5 000美元以上至10 000美元（含10 000美元）的，应向外汇指定银行申领《携带外汇出境许可证》，海关凭加盖外汇指定银行印章的《携带汇出境许可证》验放；除特殊情况外，出境人员原则上不得携带超过等值10 000美元的外币现钞出境。

按照《中华人民共和国人民币管理条例》和《中华人民共和国国家货币出入境管理办法》的有关规定，中国公民出入境、外国人入出境，每人每次携带的人民币限额为20 000元。

如需用比较大额的外汇，可用旅行支票和信用卡，如万事达卡（Master Card）、维萨卡（Visa Card）、运通卡（American Express Card）、大莱卡（Diners Card）、JCB卡等。

3. 准备零钞

准备差旅费时，不要忘记带少量零钞，以备用于付小费等。

世界上很多国家都有付小费（Tips）的做法，有的称服务费（Service Charge），但各国各地的做法并不一样，收小费的数目差距也较大。到旅行国后可先向我国驻外使、领馆或有关人员了解有关的做法。有些国家的旅馆、饭店账单上列有10%～15%的服务费，则可以不付小费。某些国际机场的卫生间内有打扫卫生的服务员，旅客进去时可不付小费；但如果接受了其服务，如递给擦手毛巾等，则要付少量小费。

（八）入出境手续

任何国家都在机场、车站、码头等旅客入出境地点设有专门机构对入出境旅客的手续予以严格的检查，涉外秘书应根据实际情况协助上司顺利通过相关的检查。

1. 边防检查

各国边防机构的称呼不尽相同，有的称为移民局，有的称为警察局，我国称边防站。在国际机场标明“PASSPORT CONTROL”或“POLICE”字样的柜台或窗口，就是边防设立的护照检验处。

边防检查主要是入境和出境人员填写入出境登记卡，交验身份证、护照、签证等。护照、签证验毕加盖入出境验讫章。

2. 海关检查

海关对于禁带物品、免税物品、上税物品等都有明确规定，按照规定，海关人员有权根据国家的有关规定，对出入境人员及其携带物品进行检查，出入境人员不得拒绝。

海关检查手续，主要是如实填写海关申报表，然后将携带的全部行李连同申报表一起交到海关结关。海关人员根据申报表进行口头询问后，可免验放行，也有权要求申报者开箱检查。一般情况下，烟、酒、香水等物品按限额放行。文物、武器、当地货币、动植物等为禁带品，非经特许不得出入国境。

3. 安全检查

国际上为了有效地防止劫机等安全事故的发生，在国际机场都设置有安全检查。主要是检查旅行者是否带有武器、凶器、爆炸物、剧毒物等。检查方式一般是过安全门，用磁性探测仪、红外线透视设备等进行近身检查，必要时可进行搜身检查。

近年来，由于劫机事件时有发生，因此对登机旅客的安全检查措施越来越普遍，手续也日趋严格。

4. 检疫

即交验“黄皮书”。有些国家有时对来往某些国家、地区的旅客免验，但有时对某些流行病检查十分严格，视情况而定。

5. 乘机

有关手续办完后即可按规定乘机。需要注意的是，在抵达机场后，乘机前要先办理乘机手续，即将机票交给机场验票口查验，同时将随身托运的行李过磅，并将重量填到机票上，领取登机卡和行李卡。乘飞机应尽量轻装，按规定，手提物品不得超过5公斤。

知识链接

特别提醒：

如果上司经常出差，秘书应该做个“有心人”，在平时留意收集一些旅行资料，如交通图，时差表和飞机、火车时刻表以及一些介绍旅馆的小册子等，了解旅行社的资质，与资质好的旅行社保持联系或建立长期合作关系，建立自己的旅行、旅馆信息资料库，并不断加以充实，这是很重要的。

（九）办理托运

如果上司旅行需携带产品样品，尤其是大件的样品，涉外秘书一定要先行了解托运的手续和时间并及时办妥，保证产品样品在上司到达目的地之前能够运到，如果需要安装调试，更要留出足够的时间并联系好有关的人员。

如果是出国旅行，在上司临行前要了解清楚允许随身携带行李和托运的行李的重量限制，不同等级的机票允许携带和免费托运行李重量不同，涉外秘书应协助上司提前检查行李的重量，以免被动。

（十）工作的预处理

随着上司出差日期的迫近，涉外秘书还要注意对一些工作进行预处理。

（1）将上司出差期间的可能工作做个大概的预览，尤其是之前连续下来的工作，要向上司呈报或请示处理方法。

（2）请示上司在其出差期间有关业务和事务的开展方法。如是否委托代理人，信件如何处理等。

（3）在上司出差前一天，落实好送行工作。如有必要，动身当天，确认交通工具的运行情况等。

二、上司旅行期间涉外秘书的工作

上司出差期间，秘书仍应尽职尽责，把工作做好。

（一）工作处理

在上司动身后，尚未到达目的地之前，如果对方安排接站，应先电话通知对方上司出发的具体时间。估计上司已到达下榻处后，涉外秘书也应主动与上司取得联系，以便有紧急事宜时可向上司请示。

按照上司出差前的授权和指示开展工作，可准备一个“待阅文件”专用文件夹，按日期顺序保管好上司出差期间收到的文件和信件，如果收到需马上转交上司亲自处理的信件，应通过特快专递等方式邮寄过去，并在信封上写上“亲启”等字样；如果没有特别的交代，一般只寄复印件，并把原件收好；如果上司出差的地方收快件不方便，就应通过传真、电话、电子邮件等方式向上司汇报。

遇到超越职权范围的或紧急的、特殊的情况，非马上处理不可时，涉外秘书应立即与上司联系，请求上司指示或按上司出差前的交代，请示在公司领导解决。

如果有找上司的电话，要认真作好电话记录，把电话的时间和内容记录下来，根据实际情况给予妥善处理。

在上司出差之前，涉外秘书最好能与上司约定好每天在一个固定的时间通电话，向他汇报公司里的工作。

同时，涉外秘书应随时记录下上司出差时的一些主要事情及处理结果，以便上司回来后能了解工作的进展情况。

（二）工作梳理

秘书可利用上司出差时的“暂时空隙”，对工作进行梳理，处理和整理平时无暇顾及的一些事宜和文件。

三、上司旅行回来后涉外秘书的工作

上司旅行回来后，涉外秘书应做好有关的扫尾工作。

1. 接站

确认上司回来的时间，前往接站。如果上司问起旅行期间的工作，或者是需要在上司回来后马上处理的，可择要简单汇报，但要注意不要讲得太多，应先让上司休息为宜。

2. 汇报

上司回来上班后，按轻重缓急次序，扼要地向上司汇报他不在时发生的事情及处理结果。

3. 整理文件、资料

协助上司整理旅行带回来的文件、资料等，必要的话，可协助上司将旅行的经过和结果写成旅行报告书，交给有关部门。

4. 核算、报销差旅费

帮助上司核算旅行费用，按有关规定向财务部门报销。

5. 向受访对象致谢

需要的话，应按上司的指示，向上司旅行时给予其照顾的有关单位和人士去电或去函致谢，当然写信时不要忘了请上司在谢函上签字。

6. 检讨总结

找机会向上司了解其在旅行期间对旅行计划和安排有无感到不妥的地方，对旅行安排和管理进行检讨，为下次进一步改进和做好旅行管理工作积累经验，提供参考。

四、随从事务

随从事务也是涉外秘书的一项经常性工作。

所谓随从事务，是指秘书随同上司进行公务旅行，为上司外出开展公务活动所进行的综合性服务工作。

（一）随从事务的特点

1. 流动性

虽然涉外秘书的日常工作十分繁杂，但有相当的内容还是比较稳定并且是有章可循的。相比起来，随从事务显得流动不定。上司外出活动的时间、地点、环境和内容等不断地转移和变化，所以，为了掌握工作的主动性，涉外秘书应以前瞻性的眼光看待随从事务，加强对随从事务的预见性、计划性安排，周密地为上司的外出工作服务，使上司在旅行地也能有条不紊地、高效地开展工作。

2. 全面性

秘书随同上司一起旅行，不可能像在组织内部一样分工明确，各司其职。上司的生活和工作，都要随从秘书予以妥善解决，这就要求随从秘书必须是精明能干、细心勤勉的多面手。

3. 复杂性

随从事务的流动性和全面性，也使其显示出鲜明的复杂性，为上司的流动性工作提供全面的综合服务，这就意味着所要面对的方方面面的工作关系更加复杂，所以，随行秘书要有充分的思想准备，冷静、灵活地处理各种各样复杂的问题。

（二）随从事务工作要领

涉外秘书随同上司旅行，便组成了一个“临时办公室”，因此，应有计划、有步骤而又灵活地开展工作。

（1）当上司确定要秘书随同其作旅行后，涉外秘书就应为这一“临时办公室”的成立做好准备工作。本章开头对此已作了详细介绍，这里不再赘述。

（2）抵达宾馆或酒店后，涉外秘书要迅速了解酒店周围的交通、邮电、医院等情况，以备不时之需。

（3）在旅行阶段，要根据旅行计划（或日程安排）和上司的工作进程，灵活而有序地对旅行过程实施有效的管理，主动处理好日常事务性工作，如安排好食宿（安排住宿后，不要忘了把自己的房间号告诉上司和其他随行人员，以便保持联系），主动支付有关的公务开销（别忘了开具发票），及时协调好有关的工作等。如果要单独外出，应或先征得上司同意，或告知上司。

另外，在旅行期间，有的活动可能上司并不希望涉外秘书参加，这时，涉外秘书应适时加以回避。还要注意妥善保管好贵重物品，现金、信用卡、证件等应分开存放。

总之，在旅行期间，随行秘书对工作应更主动、更投入。

知识链接

秘书随从事务小贴士

1. 自己携带的东西要少而精，以便腾出手帮上司拿东西。

2. 准备一些口香糖之类的东西，以缓解飞机起飞和降落时的不适感。

3. 乘坐飞机或火车时，涉外秘书最好坐在上司的斜对面，并适当与领导“私聊”，很多秘书的经验之谈是让领导“尽情”地“痛陈革命家史”（讲他的“发迹史”），这时，秘书最好的方法是“聆听”并适时地加以赞赏。当然，若领导要聚精会神地工作就免了。

五、发挥旅行社的服务作用

为了更好地组织差旅活动，满足上司的差旅需要，涉外秘书在进行旅行管理中，要注意了解旅行社的服务，充分发挥旅行社的作用。

（一）旅行社的服务

不同旅行社提供的服务各不相同，一般来说，服务全面的旅行社一般有如下业务：

1. 提供信息

旅行市场的信息往往是处于动态的，随时都会更新，如航空公司目前或即将实行的优惠价、外币兑换率等，对此，旅行社能及时掌握并提供。

2. 满足特殊需求

有时，出于健康或安全等方面的考虑，旅行者对座位或行程过程的有关环节会有特殊的要求，这时，当涉外秘书无能为力时，旅行社往往就能起到排忧解难的作用。

有的旅行社还可以按照客户的要求安排旅行社驻外代表到目的地迎接客人、安排租车或者帮助客人解决其他问题。

3. 提醒服务

旅行社会告诉顾客在国内外不同国家、地区旅行时需要哪些证件，如护照、签证、身份证、警察局证明和健康证明等。

4. 节约旅行费用

旅行者出行时所需的食、住、行各个层面共同支撑着旅行社这个平台。为了得到顾客，旅行社跟一些航空交通公司、宾馆酒店等都有各种合作途径，以优惠的价格来招徕顾客。所以，在订票、预订宾馆等方面都是比较稳妥和便利的，涉外秘书应该加以充分利用，这样既可以节约旅行费用，也能够为自己腾出更多的时间优化其他的管理工作。

5. 制订旅行计划

目前，很多旅行社都会接受并进行这一业务。涉外秘书只需通过电话，把要出差的时间、地点、内容、人数、有无特殊要求等信息告知旅行社，旅行社就会为之量身打造一个旅行计划，提供交通、酒店预订、餐饮、会议、商务考察、访问等一站式的简单快捷而又高效的服务。

6. 安排有趣的观光或特色活动

由于旅行社对旅行地有关人文、自然信息的了解，因此能有效地在有限的时间里，帮旅行者安排旅行地有趣的观光游览或参加当地的特色活动，使旅行者对一地能达到“窥一斑而见全豹”的目的。

（二）如何选择旅行社

要充分利用旅行社的作用，把有限的时间和精力用到优化旅行的管理上。要使旅行管理更科学化，就一定要正确地选择旅行社，选择考虑的主要因素有：

（1）旅行社资质情况，如有无具备办理出国业务的项目和办理的质量，社会的信誉度等。

（2）了解、对比预订国内/国际机票、酒店等服务的价位，所谓“货比三家”。

（3）检查旅行社是否已交纳了旅游质量保证金，公章、发票是否齐全。

（4）检查旅行社是否有旅游保险。

选择可以信赖的旅行社，可以使利益得到应有的保障。涉外秘书最好能通过比较和筛选，寻找一个能保持联系和长期合作的旅行社，这样会更方便于工作的开展。

思考与练习：

1. 上司旅行期间涉外秘书要做好哪些工作？

2. 上司旅行回来后涉外秘书要做的工作主要有哪些？

3. 如果跟随上司旅行，涉外秘书应做好哪些工作？

4. 出国前要办好哪些主要的手续？

5. 若你的上司就有关业务事宜将赴美国，其行程的主要任务有：与美国××××商会××会长进行洽谈，到芝加哥××××旅游公司参观，拜会其老朋友×××和×××，行程5天（包括路途时间）。请你为上司编制一份旅行计划。

6. 6月份，以上司为领队的3人小组将赴澳洲昆士兰进行商务考察。请你帮他准备一些有关昆士兰的背景资料。

7. 案例分析一：

于东有幸被××公司录用为总经理秘书。刚上班没几天，恰逢林总经理要出差，主要是下面几件事情：一是6月3日至4日到广州参加一个电子产品展销会。6月6日到海南参加全国××电子行业发展论坛，会议为期一天。6月11日下午出席本公司的新产品推广会议。在广州展销会和海南论坛之间有一定的空隙，林总打算到公司驻广州办事处，了解他们下一步的工作打算，并到佛山探访他的一位老朋友、××电子公司的老总。林总让于东为其制订一份旅行计划。

很快，于东就把计划做好了，并交到了林总的手上。只见林总看着计划，越看眉头皱得越紧……

下面是于东做的计划：

林总旅行计划书

林总将于近期出差，具体安排如下：

6月3日　去广州

6月3日至4日　参加广州电子产品展销会

6月5日　到公司驻广州办事处了解工作，并到顺德探访他的老朋友。

6月6日　到海南参加全国××电子行业发展论坛

6月7日　在海南乘飞机回来

6月11日下午　出席公司新产品推介会

林总问于东："这叫计划书吗？"于东"丈二和尚摸不着头脑"："是啊。"

我们能帮困惑的于东解开这个谜吗？

问题讨论：

（1）于东草拟的公务旅行计划书存在什么问题？

（2）你能否帮助于东修改这份计划书，并另外草拟规范可行的公务旅行计划书？

8. 案例分析二：

A城红阳公司经理王建与B城裕业公司经理赵越就某重要合作项目拟进行洽谈，时间是8月8日下午13：00，地点是裕业公司。洽谈之前，由于工作较多，加之王建8月7日晚上还有个宴请，9日下午5点他又有另外一个安排，因此让秘书李兰帮他预订8日上午8点直飞B城的机票以及9日中午从B城回A城的航班。可第二天因为天气的原因，飞机误点，到达B城时已是下午3点多，再赶到裕业公司已是5点多，王建7点钟又有别的约见，赵越对此大为不悦，觉得是红阳公司没有诚意。

如果你是秘书李兰，你在安排这次旅行时，会如何通过有效的准备来避免出现这种被动的局面？

第八章 信息工作

【学习重点】

- 信息的收集
- 信息的加工
- 信息的传递
- 信息的存储
- 信息的利用和反馈
- 信息的安全保护和维护

信息是现代企业创造价值、增加财富的关键资源之一。因此，科学地管理信息，满足管理决策活动对信息的需求，为领导的决策和企业的活动提供高效、优质的信息支持，是涉外秘书的一项重要工作，也是涉外秘书信息管理工作的重要任务。

涉外秘书信息工作主要包括信息的收集、加工、存储和利用等。

一、信息的收集

信息的收集是指根据一定目的获取、汇集信息以供使用的过程。它是信息工作的基础和前提。

（一）信息收集的范围

“三资”企业的活动以及秘书在组织中的枢纽地位决定了信息收集的范围。

1. 秘书办公信息

不管是办公用品、设备的管理，接待管理，还是通讯联络、会议管理，外出旅行的管理等，秘书办公都必须依赖于一定的信息支持，因此，涉外秘书要留意并收集与其办公有关的信息，如有关的客户信息、交通最新信息、邮政通讯信息等，以提高工作效率，

知识链接

秘书办公常用网络信息资源

1. 办公事务信息资源

www. cn21. com. cn 网站提供办公事务使用的各种表格，如办公事务管理、财务管理、

文件管理、车辆管理、会议管理等。此外，还有其他的相关网址：

www. fairkong. com

www. sharebank. com. cn

www. lookcl. com

www. cn21. com. cn

www. lawyer365. net

www. wendang. com

2. 会议管理信息资源

互联网的会议资源也十分丰富，既有办会的知识，又有办会的方法，还提供会议的服务。下面是一些提供会议服务的公司的网站：

http：//www. sea-life. com. cn/main. htm

http：//www. hrclub. com. cn

http：//www. esanya. com/blog/more. asp？ name = kenny&id = 16

http：//winchoice. ebigchina. com/sdp/219043/2/main. html

3. 商务旅行信息资源

互联网为秘书的旅行管理事务提供了极大的便利，不仅可以利用互联网预订机票，而且能够在网上预订酒店、预约会晤或会议等。如果有需要，还可了解当地的气候和动态等各方面的信息。下面是一些可用的网站资源：

http：//www. cctv. com/travel/index. shtml

http：//www. ibtrip. com

http：//www. chinaculture. org

http：//www. longtour. com

http：//www. hwkc. com

http：//www. 1uptravel. com

http：//www. scenicpacific. co. nz

http：//www. cruiseshipstravel. com

http：//travel. yahoo. com

http：//www. pacifictourways. co. nz

4. 市场经贸信息资源

市场经贸信息则是上司决策的依据，秘书应随时提供上司需要的市场信息，而利用互联网获取信息则是最广泛和快捷的方式。下面是一些相关的网站资源：

http：//wmt. jl. gov. cn/dwmy/index. jsp

http：//www. jx. cn/foot/aboutus

http：//my. tdctrade. com

http：//www. 21food. cn/about/about. htm

http：//www. world-economy. net

http：//www. sw. net. cn/10/jr. htm

http：//www. china – 138. com

http：//www. hsm. com. cn

http：//www. chinahrd. net

http：//www. wuve. com

http：//www. china－qg. com

（资料来源：蔡超、杨锋主编：《现代秘书实务》，暨南大学出版社2006年版，引用时有所缩略）

2. 系统内部信息

系统内部信息是组织运行状况的基本反映，管理者依此对组织行为予以诊断和监控，并调整和制定决策，以取得最佳效果和实现既定目标。

系统内部信息既有来自于上级的指示和部署等，也有产生于下级的执行情况及建议等，还有用于沟通组织各职能部门之间联系的经验要求等。这些信息可以是静态的，也可以是动态的；可以是预测信息，也可以是反馈信息；可以是文字纸质形态，也可以是声像电子形态；有的是公开的，也有的是隐蔽的；有的是正式的，也有的是非正式的……不管哪一类的信息，涉外秘书必须做个有心人，用心挖掘，认真对待。

3. 系统外部信息

系统外部信息是组织外部社会环境状况的反映，也是组织决策科学化不可缺少的依据。对于涉外秘书来说，应着重收集的系统外部信息主要有：

（1）国际市场信息。如原材料价格，同类产品的规格、性能、特点、消费需求、价格及市场竞争等方面的信息。

（2）行业信息。与企业的日常管理和各项活动有关的行业信息都要给予关注，如销售信息、质量信息、企业人力资源的分配与使用信息等。

（3）贸易信息。如市场消费动态、供需趋势信息，各种博览会、展销会、交易会信息，劳务市场信息，新技术、新产品信息，汇率、信贷等金融信息。

（4）涉外法律政策信息。有关国家的产业、税收、信贷政策，有关贸易的法律法规、工商法规、劳动及社会保障法规等。

（5）客户信息。如相关客户的资信情况、经营方式、经营范围、经营能力、市场的占有率等。

（二）收集信息的主要方法

信息以各种各样的形式广泛地存在于人们的生活和工作中，收集的方法是多种多样的。涉外秘书要根据不同的工作需要和环境条件，选择适当的收集方法。

1. 观察法

这是收集、获取信息的最基本方法。它是指收集者直接到信息源产生的现场，亲自耳闻目睹或同时借助有关的工具，如摄像机、照相机、录音机等，对周围环境和物件、人物、活动、事件的实际状况等进行客观的观察、分析和判断，以获取信息。采用观察法可以收集到较为真实和客观的第一手信息资料，但难以获得深层次的信息。

2. 询问法

顾名思义，询问法就是信息收集者通过向有关人员询问问题答案来获取信息的方法。

主要有面询、电询和书询等形式。

面询是指通过面对面的交谈来获取信息，比较适宜于收集涉及面比较广、深度要求较高、时间跨度比较长的信息。电询是指借助电话和传真等工具收集信息。一般来说，比较适宜于收集较为简单、时间性较强的信息。书询是指根据信息需求，制作调查表，以书面形式向被调查者收集信息。涉及不便当面交谈的信息时，这是一种比较适宜的方式。

3. 问卷法

问卷法就是把希望得到的信息以问题的形式反映在问卷上，通过被调查者的回答来收集信息。使用这一方法时，问卷的设计是很关键的因素。问卷法多采用匿名的方式，所以比较有利于收集到较为真实的信息，所得到的信息资料也便于定量处理和分析，但问卷的回收率难以得到保证，所以也会在一定程度上影响到信息的真实性。

4. 网络法

网络法即通过互联网收集信息。随着信息技术的迅猛发展，计算机网络成为企业进行内外信息收集和传递的重要渠道。据世界权威评测机构 IDC 对全美 500 家领先企业的调查，这 500 家企业中已有 73% 建立了自己的商业网站，28% 已经应用互联网开展了电子贸易。网络已成为信息交流的重要渠道，网络信息获取和研究也已成为现代秘书的基本技能。利用网络收集信息具有迅速、广泛且能突破时空限制的特点，但信息来源复杂，所以其中会有大量未经核实的信息和垃圾信息，收集者需要有较强的鉴别能力。

知识链接

网络信息资源（Network Information Resource）是指以电子数据的形式将文字、图像、声音、动画等多种形式的信息通过网络再现的信息资源。

1. 万维网信息资源

WWW（World Wide Web）是 20 世纪 90 年代初期发明的，由于它能方便迅速地浏览和传递分布于网络各处的文字、图像、声音和多媒体信息，适合于互联网信息服务的特点，因此在 90 年代中期以后得到迅速发展。互联网上的 WWW 服务器翻倍增长，从而成为互联网信息资源的主流。

2. FTP 信息资源

FTP 是互联网上历史最悠久和应用最广泛的网络工具。它允许人们连接到互联网的一个远程主机上读取所需文件并下载到自己的计算机上，传送的文件可以是文本、图像、声音、多媒体、数据库文件和二进制代码。从某种意义上来说，FTP 就相当于在网络上主机间拷贝文档，是发布、传递软件的主要方法。目前有大量的 FTP 资源库，但要查找所需文件的主机地址、路径和具体文件夹名，就需要特定的检索工具。

3. Telnet 信息资源

Telnet 是互联网的远程登录协议，允许用户将自己的计算机作为某一个互联网主机的远程终端与该主机的硬件、软件和信息资源相连。许多机构都建立了可供远程登录的信息系统，如各类图书馆的公共目录系统、信息服务机构的综合信息系统、政府和公共事业部门的信息系统以及商业化数据库系统等。

4. USENET/Newsgroup 信息资源

USENET 是互联网上的一种应用软件，用于提供新闻组（Newsgroup）服务。在这个服务体系中，有众多的新闻服务器，它们作为互联网主机运行的服务器软件，接收和存储有关主题的消息，供自己的用户查阅。用户可在自己的主机上运行新闻组阅读器发送到新闻组中。用户可查阅别人的意见并予以回复，由此形成讨论，所以新闻组又称电子论坛。互联网有上万个新闻组，并有一套规则来区分各自的主题范围，如 biz（商业类）、comp（计算机类）、news（新闻类）、rec（娱乐类）、sci（科学类）、soc（社会类）等。

5. Gopher 信息资源

这是一种类似万维网的分布式客户机/服务器形式的信息资源体系。众多的 Gopher 服务器上建立了一系列的资源目录，它们可直接连接到某个具体的数据文件或检索系统中，也可以连接到另一个 Gopher 服务器的目录和文件中。实际上，Gopher 目录中嵌套有关连接的信息，其格式由互联网协议规定。

（资料来源：蔡超、杨锋主编：《现代秘书实务》，暨南大学出版社 2006 年版，引用时有所缩略）

5. 阅读法

阅读法是指通过阅读文献资料获取信息。使用阅读法可以收集到的信息，适用性比较强，也有相当的参考价值，但要注意过滤信息来源，剔除信息杂质。

6. 购买法

购买法就是购买与要收集的信息有关的数据和实物，如报刊文献、磁带磁盘等，以获取信息。其特点是信息比较系统、专业和集中，但必须支付一定的费用。

二、信息的加工

信息的加工是指将收集到的信息按照不同的目的和要求，进行鉴别和筛选，剔除虚假、过时和无用的信息，使信息条理化、规范化和准确化的过程。这是信息工作的核心，是信息工作的高级阶段。信息的加工主要包括对信息进行筛选、校核和分类三个方面。

（一）筛选

信息筛选是对收集到的大量信息进行甄别和选择，去粗取精、去伪存真，从中挑选出典型的、真实的、有价值的信息以供利用。

对信息进行筛选，常用的方法主要有：

1. 类比法

俗话说“货比三家”，在筛选信息过程中，要注意对同类信息进行比较，通过比较，选择出信息含量大、时差小并具有一定深度的信息，剔除虚假的、过时的、繁冗的信息。

2. 查重法

检查并剔除内容重复的信息。

3. 时序法

按时间顺序对信息进行取舍。一般来说，在信息量大致相同的情况下，应留存较新的信息。因为时差较大的信息，存在着信息老化的可能。

4. 专家评估法

对一些专业化程度较高、技术性较为专深的信息，可以通过请有关的专家学者评估的方式，以判定信息的利用价值。

5. 调查法

对于一些难以判断其价值或适用性的信息，应当不厌其烦地通过各种途径进行调查，如可以调查信息的来源和产生过程，调查其被使用的情况等。

（二）校核

信息校核是把筛选出来的信息尤其是有关的信息细节再作深入的校验核实，去芜存菁，对信息的真实性和准确性作进一步的认定。如果说，筛选是过粗筛子的话，那么，校核则好比是把已筛出来的信息再过一遍细筛子，尽量过滤泥沙，留存精华。

校核过程中，涉外秘书一定要以原始材料为基础，根据校核的对象，分别采用比较、调查、数理统计、逻辑分析等方法，对信息中涉及的法规政策、条例计划、事例数据等查对出处，核实原件，对信息涉及的人物、时间、地点、数据、图表、符号等予以核实，保证相关信息细节的真实准确。

（三）分类

信息分类就是把经过校核的信息，按照不同的内容、性质和特征，将其分门别类组织起来，使之系统化、条理化。只要上司在管理或决策中有需要，涉外秘书就要让适用信息快捷地被“招之即到”，而且是“到之能用、够用”。

信息分类的方法有多种，主要有：

（1）字母分类法。按作者姓名、单位名称、信息标题等的首字母顺序分类。

（2）地区分类法。按信息产生或涉及的不同地区对信息进行分类。

（3）主题分类法。按信息内容进行分类，如果一个信息有多个主题，则将信息最主要的主题作为分类的首要依据因素，次要的主题作为第二依据因素，依此类推。

（4）数字分类法。将信息按种类编号，然后按数字分类，并用索引卡标出数字所代表的类别。

（5）时间分类法。按信息形成的年度、季度、阶段的先后顺序分类。

（6）载体分类法。按信息载体的不同分类。

涉外秘书可以根据实际工作的需要，选用一种方法，也可以同时把多种方法结合起来使用，通常的做法是先将信息按载体分类，然后按其主题分类，再按时间顺序排列。

知识链接

信息分类方法小贴士

为了便于查找，对信息进行分类时，可根据分类结果，将不同类别的信息用不同颜色的文件夹或者在文件夹外边加彩色标签或者将白色标签涂上不同颜色等方法加以区分，并给索引卡涂上不同颜色，这样就很方便检索。

（四）编写

信息编写是用简报、摘要、综述等书面形式对已经分析综合过的信息进行有序化、系统化、深层化处理。它对保证信息的质量和价值起着重要的作用，是对信息进行开发的一种形式。通过对信息进行编写，上司就能对某个问题或现象的现状、动态和趋势等有基本的概括性了解。

信息编写一般来说必须先确定主题，然后围绕主题选择信息材料，并按一定的逻辑顺序将信息材料有机地组合起来，对材料进行分析和挖掘。信息编写过程经常采用的方法有：

1. 汇集法

汇集法即围绕某一主题，将若干个来源、性质或特征等不同的信息资料汇集起来，形成一个新的信息资料，较全面地反映某一地区或某一现象的基本状况。选用这一方法时要注意某一类信息资料中的同质因素。

2. 归纳法

归纳法是将某一主题的原始信息资料集中起来，加以系统地综合归纳，从而提炼出某些现象的本质方面。这种方法要求编写者要有较强的分析问题的能力和文字表达能力。

3. 浓缩法

浓缩法就是压缩信息资料的文字篇幅，化繁就简，可以让领导在最短的时间内了解到最大量的信息。这对编写者的阅读能力和表达能力的要求也是比较高的。

4. 对比法

对比法就是用比较的方法鲜明地反映出事物变化的特征。信息资料的对比性强烈时可以考虑这种方法。

5. 图表法

图表法就是用图表来表示信息资料的有关内容。如果原始信息资料的数据有一定的规律性，那么使用这种方法是再适宜不过的了，这种方法的特点是使人一目了然，同时也便于利用。

三、信息的传递

信息收集和加工的最终目的在于交流、共享和利用，信息只有通过传递和流动，才能为组织的经营管理活动提供切实可靠的依据，实现其价值，发挥其作用。

信息传递就是信息的提供者通过传输媒介把信息传递给接收者的过程。

（一）信息传递的范围

在“三资”企业，涉外秘书要辅助领导开展管理活动，联系内外、沟通上下、联结左右，进行信息传递的范围非常广泛，大体来说，主要有三个层次：内部传递、外部传递和个体间传递。

1. 内部传递

内部传递是指在组织内部上下级和各职能部门之间进行信息传递。涉外秘书必须通过各种信息传递，将管理层的决策管理信息传递给下级部门予以执行；将下级部门的工作动态、要求、建议等及时向管理层汇报；还要做好各职能部门之间的沟通协调工作。信息的内部传递具有一定的封闭性。

2. 外部传递

外部传递是指在组织与组织之间、组织与社会之间进行广泛的、有效的信息传递，方便组织的对外合作和交流，树立组织形象。信息的外部传递具有一定的开放性特征。

3. 个体间传递

由于涉外秘书与领导多是“一对一”开展工作，因此，涉外秘书与上司之间、与各部门人员之间会有较多的信息传递，而且这种传递的私密性要求一般会比较高。

（二）信息传递的方式

信息的内容、形式、使用目的、接收者等因素的不同，决定了传递所使用的方法也有差异。涉外秘书应根据具体的实际情况，选择有效的信息传递方式。

1. 语言传递

语言传递就是将信息转换为语言进行传递，如对话、座谈、会议、演说、口授等。其特点是简洁、直接、快捷、反馈及时等，是日常工作中常用的信息交流方式。但对于接收者来说，信息难以存储。

2. 书面传递

书面传递就是将信息转换为文字、符号、图像等进行传递。书面传递的主要表现形式有文本、表格、图表等。其特点是易保真、易保存、可以实现远距离多次传递，涉外秘书可以通过编发各种信息简报、信息快报等形式，将企业活动的新动向及时传递给公众，提供企业的美誉度。但需要投入一定的人力和物力。

3. 电信传递

电信传递是将信息转换成电信号，通过线路进行传递，如通过电话、传真、计算机网络、电子邮件等传递都是电信传递。电信传递具有传递信息量大、速度快、效果好、不易失真等优点。随着计算机技术的不断发展，电信传递正在得到越来越广泛的应用。但电信传递的不足之处是信息的失密系数较大。

4. 可视化辅助物传递

可视化辅助物传递是将信息转换成可视化辅助物，如图像、投影、展示牌或布告栏等，来传递信息。可视化辅助物能更好地帮助人们理解信息。消防、安全布告及出口标志等都属此类传递方式。

（三）信息传递的程序

为了确保信息能及时传递出去，满足上司的需要，涉外秘书必须了解信息传递的基本程序。

1. 确定传递信息的内容

根据上司的要求，确定需要传递的信息内容。

2. 选定传递信息的方法

根据信息的内容、性质、形式、特征及工作的需求等，选择确定合适的信息传递方法。

3. 进行信息传递

按照所选择的信息传递方法，及时、准确地将信息传递给信息接收者。

4. 确认信息传递质量

对于传递出去的信息，涉外秘书可以通过反馈或检查等方式来了解接收者的反应和接收效果。

四、信息的存储

信息的存储是指对加工后已利用或尚未利用而又有使用价值的信息进行科学、有序的存放，以方便使用，从而提高信息利用率的过程。

信息存储是一个信息不断累积与增加，同时必须将其不断有序化、科学化的过程，主要有制订存储规划、登记、编码、排列、保存和保管等环节。

（一）制订信息存储规划

要想使信息的存储有序化、科学化，首先要预先根据上司开展经营管理活动可能需要的信息情况进行详细了解，然后制订信息存储规划。在制订规划时，涉外秘书至少要考虑：

（1）主要有哪些信息材料是需要保存下来的？

（2）各类信息每年的产生量大致是多少？

（3）各类信息使用的频率有多大？

（4）哪些信息需要保存较长的时间？要保存多久？

（5）各种信息载体需要什么样的保存条件？

（6）放在哪儿比较合适（方便、安全）？

（7）单位可提供的存储空间有多大？存储条件怎样？

（8）重要的、保密的信息放在哪儿？

（9）需要购买什么样的储存柜或其他盒具？

（二）登记

制订好规划后，就要对需存储的信息进行登记。登记的目的是建立信息的完整记录，系统地反映信息的存储情况，以便于查找和利用。

对信息进行登记时应进行总括登记和个别登记。总括登记是对存储信息按批分类登记，一般只登记存入册数、种类及总量等，反映存储信息资料的全貌。个别登记是对存储的信息资料做详细的记录，以便于掌握各类信息资料的具体情况。

信息登记的常用形式有簿册式、卡片式，也有些通过电脑来完成。

（三）编码

为了便于管理和利用，特别是为了适应电子计算机处理信息的要求，应按一定的体系对各类信息资料进行统一编码。

信息资料的编码一般由字符（可以是字母，如26个英文字母；也可以是数字，如0～9阿拉伯数字）组成基本数码，再由基本数码结合成为组合数据。它应表现出信息资料的组成方式及其相互关系。

信息资料编码的常用方法有：

（1）顺序编码法。按信息发生的先后顺序或规定一个统一的标准（如按内容或按数字、字母等）进行编码。

（2）分组编码法。利用阿拉伯数字的十进位数，按后继数字来分别信息资料的大小类，进行单独的编码。采用这种编码方法，左边的数码表示大类，向右排列的数码依次标示更细的小类。运用这一方法时，所有项目都要有同样多的数码个数。如：

1000——××市场信息资料

1100——××市场纺织信息资料

1110——××市场化纤织品信息资料

1111——××市场纯涤纶销售信息

1112——××市场混纺织品销售信息

113——××市场毛涤织品销售信息

……

（四）排列

对经过科学编码的信息要进行有序化的排列。常用的排列方法有：

（1）时序排列法。按照获取信息的时间先后顺序排列。

（2）来源排列法。按信息来源的地区或部门，结合时间顺序依次排列，这种方法便于查找信息源。

（3）内容排列法。按信息资料所反映的内容分类排列。

（4）字顺排列法。按信息资料的名称字顺排列。

（五）存储

对信息进行存储有多种方法。目前常用的主要有：

1. 手工存储

这是存储信息的一种传统方法。用纸张记录信息，然后通过人工将其保存在适当的地方，如办公室或档案室的文件夹或文件柜中。这在今天仍然是一种常用方法。手工存储信息容易理解和使用，但大量的纸质材料会占据很多空间，而且需要长期保存的材料还有较高的环境要求。随着存储量的不断增加，难以实现信息的有效管理。

信息社会，信息资料呈几何级数增长，传统的手工存储已满足不了需要，必须借助现代化的手段，如电子计算机、缩微技术等。

2. 电子化存储

电子化存储是将文档存储在CD-ROM（光盘一次写入，多次读出）盘上。可以将纸质文档进行扫描，然后用计算机文档保存在CD－ROM盘上。保存的信息能由计算机系统索引并查找。这可以为办公室节约空间，还可以对文件备份保存，且方便查找，但需要投入一定的办公经费，对使用人员也有一定的技能要求。

3. 计算机存储

计算机存储就是将信息资料制成软件，存储在U盘、光盘或其他电子介质中，以数据库、电子表格、文字处理或其他应用程序的形式形成的信息能以计算机存储保存。但应注意，使用计算机存储，应定期备份，并将备份另行存放。这种方法也能节约大量空间，且容易查找。但要注意的是，信息容易被重新编辑，而且容易被病毒破坏。

4. 缩微胶片存储

缩微胶片存储就是将资料或图书通过专用设备利用照相原理缩小到底片上，使用时再用专用设备阅读。有的计算机系统还能直接将文档输出到缩微胶片上。这种方法适用于存储大量标准化文档。要注意的是，缩微胶片图像的质量会随着时间的推移而下降。

（六）保管

有序化保存的信息要进行科学保管。要做到防火、防潮、防高温、防虫害、防失密、防泄密，还要定期或不定期进行清点，让信息资料及时进行“吐故纳新”，以更好地适应企业经营管理活动的需要。

五、信息的利用与反馈

信息工作的目的全在于利用，涉外秘书应充分开发利用信息、及时反馈信息，为上司的科学决策和科学管理服务，促进企业活动的不断优化。

（一）信息利用

信息利用是将收集、加工、存储的信息用于实际工作，使信息的价值得以实现的过程。合理合法地使用信息，可以使信息增值。涉外秘书要根据上司的工作需求，选择恰当的信息利用服务方式，让信息“物尽其用”，甚至被“超值使用”。

1. 信息检索服务

这是指涉外秘书根据上司工作的需求，通过索引、目录和计算机检索系统查找存储的信息，对信息或信息复制品加以直接的利用。如查找某一时段某一类信息的信息目录。

2. 信息加工服务

这是指涉外秘书对信息内容进行分析、研究、选择、加工、编辑，根据需求提供信息加工品加以利用。如编发信息简报、布告栏等。

3. 定期查询服务

这是指涉外秘书定期为上司提供特定主题和内容的信息，以满足上司管理活动的需要。如工作时间表的制定，从信息工作的角度来看，就是为上司提供时间安排的信息。

4. 信息咨询服务

这是指涉外秘书接受上司的询问，解答有关信息的问题。

5. 网络信息服务

这是借助现代通信技术而进行的信息利用服务。如电子信息发布等。

知识链接

管理信息系统（Management Information System，简称 MIS）

MIS（Management Information System，管理信息系统），是一个由人、电脑及其他外围设备等组成的能进行信息的收集、传递、存贮、加工、维护和使用的系统。它是一门新兴的科学，其主要任务是最大限度地利用现代电脑及网络通讯技术加强企业信息管理，通过对企业拥有的人力、物力、财力、设备、技术等资源的调查了解，建立正确的数据，加工处理并编制成各种信息资料及时提供给管理人员，以便其进行正确的决策，不断提高企业的管理水平和经济效益。目前，企业的电脑网络已成为企业进行技术改造及提高企业管理水平的重要手段。

随着我国与世界信息高速公路的接轨，企业通过电脑网络获得信息必将为企业带来巨大的经济效益和社会效益，企业的办公及管理都将朝着高效、快速、无纸化的方向发展。MIS 系统通常用于系统决策，例如，可以利用 MIS 系统找出目前迫切需要解决的问题，并将信息及时反馈给上层管理人员，使他们了解当前工作的进展或不足。换句话说，MIS 系统的最终目的是使管理人员及时了解公司现状，把握将来的发展路径。

完善的 MIS 具有以下四个标准：确定的信息需求、信息的可采集与可加工、可以通过程式为管理人员提供信息、可以对信息进行管理。具有统一规划的资料库是 MIS 成熟的重要标志，它象征着 MIS 是软件工程的产物。通过 MIS 实现信息增值，用数学模型统计分析数据，实现辅助决策。MIS 是发展变化的，MIS 有生命周期。

MIS 的开发必须具有一定的科学管理工作基础。只有在合理的管理体制、完善的规章制度、稳定的生产秩序、科学的管理方法和准确的原始数据的基础上，才能进行 MIS 的开发。因此，为适应 MIS 的开发需求，企业管理工作必须逐步完善以下工作：管理工作的程式化，各部门都有相应的作业流程；管理业务的标准化，各部门都有相应的作业规范；报表文件的统一化，固定的内容、周期、格式；数据资料的完善化和代码化。

（资料来源：http：//wiki. mbalib. com/zh - tw/% E7% AE% A1% E7% 90% 86% E4% BF% A1% E6% 81% AF% E7% B3% BB% E7% BB% 9F，引用时有所缩略）

（二）信息反馈

简单来说，信息反馈是信息使用过程中产生的效应返送回来的过程。信息发送者可以根据反馈的信息适时调整未来的行为。从某种意义上来说，企业秘书的信息反馈工作实际上也是一个对信息进行再收集、再处理、再传递的过程。做好信息反馈工作，也是提高信息利用服务效率的一个重要途径。因此，涉外秘书要注意：

1. 建立健全信息反馈系统

首先是保持信息反馈的畅通。反馈信息是一个多回路的连续反馈过程，为了使各层次、各单位经营管理活动服从、协调于系统整体之中，涉外秘书就要根据工作实际，建立一个纵横交错、四通八达的信息反馈系统，加强与上下、左右的联系，保证信息反馈渠道的畅通。

其次是建立健全信息反馈制度。必要的反馈制度是做好信息反馈工作的重要保证。应当建立良好的机制，如适当的奖励制度、听证会或论证会制度等，以便能及时、准确地收集到反馈信息。限期办理制度也是跟踪信息反馈的一种手段，对反馈信息及时进行过滤，去伪存真、去粗存精、由表及里、由此及彼，及时发现问题，及时解决问题，总结经验教训，使信息传递活动的实施情况朝着既定目标进行。对于重大的决策，在实施之前最好先制定好信息反馈程序。

再次是运用现代化手段，提高反馈能力。管理工作的现代化，是一种必然的趋势，信息工作也必须与时俱进，才能适应管理的需要。

2. 优选精选反馈模式

信息反馈模式从信息的运行方向看，分为串行式反馈（即按系统层次逐级进行）和并行式反馈（即信息反馈者可以越级向高级机关反馈信息）；从信息的收集处理角度分，分为人工信息反馈系统、计算机信息反馈系统及人工—计算机复合信息反馈系统等。涉外秘书应根据信息的内容、性质和工作要求等，在信息反馈中注意优选精选恰当的反馈模式，让反馈者有话能说，有话敢说，有话直说，保证反馈信息的真实性、准确性和实效性。

知识链接

涉外秘书信息反馈的主要内容

有关方针、政策和重大工作部署执行情况的信息；新思想、新观点和独到见解；经验型信息；反映工作中存在问题的信息；对全局有影响的倾向性、苗头性信息；反映意见、建议的信息；反映重大事件、突发事件的信息。

（资料来源：张丽琍主编：《涉外秘书实务》，首都经济贸易大学出版社 2008 年版）

六、信息的安全维护

为保证企业运营的正常，涉外秘书必须注意信息的安全维护，防止信息的丢失或损坏。

（一）纸质信息资料的安全维护

纸质信息资料安全维护的的目标是使档案的载体——纸张“延年益寿”，可以说，保住了纸张的形体，以文字记录的信息就得以保存。当然，使用光敏纸打印的文件和使用铅笔、圆珠笔的手写文件不在此列。

纸质信息资料安全维护的措施主要是：

1. 建立健全使用制度

涉外秘书必须对各类信息的使用手续作出周密的规定，包括阅读权限、借用期限、借用手续、使用方式等，这可以在一定程度上防止信息资料在使用过程中被人为地损坏。

2. 控制优化存储环境

存储环境对纸质信息的影响比较大，涉外秘书必须注意定期对存储环境予以控制和优化，如通风排险，以达到维护纸质信息资料安全的目的。例如，空气中的灰尘、水汽对纸张的危害主要是机械磨损纸张、使纸张发生黏结而形成“资料砖”、给纸张带来色斑和真菌等，因此，要做好环境的清洁卫生工作。又如纸质易燃，因而纸质信息资料要远离火源。

（二）电子信息资料的安全维护

1. 保持适宜的环境

电子信息的载体材料是磁性物质和光盘，灰尘和不适宜的温、湿度对磁性载体和光盘都有影响，载体一旦被损坏，上面所记录的信息就可能会丢失，计算机系统无法读出最原始的信息，文件的完整性受到影响，导致电子信息失去保存价值。因此，适宜的环境对电子信息的保护有着重要的意义。

2. 备份电子信息

这是维护电子信息安全的一个重要措施。将企业重要的日常信息定期备份，这是涉外秘书必须重视的。进行电子信息备份要注意：

（1）选择合适的应用备份软件。

（2）使用可移动式硬盘、光盘或磁带等进行备份。

（3）异地保存备份。

（4）应针对可能发生的网络突发事件制订应急预案及进行重要系统的备份建设，制定系统数据灾难恢复的措施。

（5）设置访问权限。

3. 采取适当的保护措施

电子信息资料是通过计算机将信息与载体结合在一起而形成的，因此，要适当采取有效的措施，防止信息受到破坏或被滥用。

（1）保密措施。应通过制定计算机使用制度和控制信息存取权限、数据加密法等措施，保证电子信息资料不被修改、盗窃和删除。

（2）防病毒措施。计算机病毒和黑客等都是电脑的隐形杀手，要使用有效的防病毒措施，如防病毒软件、建立防火墙等，保证电脑的安全。

知识链接

企业信息安全管理软件是一款专业的企业内网安全管理软件，它将局域网内文件的透明加密、内网的全面管理有效地结合起来，功能强大，能满足不同类型企业用户对信息安全的需求，确保企业的内网信息安全。其中的企业文件加密模块可用来防止内部重要电子文件被泄密，灵活设置用户使用电子文档的权限（包括阅读、打印、保存、另存为、阅读时间、打印次数等），并且实现实时权限回收，防止离职或辞职人员泄密。该软件为电子文档的泄密提供了追查依据，它能够帮助工作人员判断泄密事件是管理的问题还是技术的问题，从而采取有效的应对措施。

（资料来源：杨锋主编：《秘书实务》，中国人民大学出版社 2011 年版）

思考与练习：

1. 涉外秘书要收集哪些方面的信息？如何收集？
2. 涉外秘书如何筛选信息？怎样将信息进行分类？
3. 涉外秘书如何在信息编写过程中开发信息？
4. 信息利用服务的方式主要有哪些？
5. 如何做好信息的安全维护？
6. 案例分析：

宏泰公司李总经理要求到任不久的王秘书，将国内同行业中五大竞争对手最近三年的规模变化情况、系列产品的研发情况、每年的营业额、利润指标、资金周转率等准确数据，在半个小时内送到总经理办公室。二十多分钟后，一份打印的清晰表格送到了总经理面前，表中不但有李总需要的信息，表后还附有简要的对比分析。看完表格后，李总惊讶地看着王秘书……

请结合案例讨论如下问题：

（1）企业主要需要哪些外部信息？

（2）秘书应该从哪些渠道获取企业的外部信息？

（3）你认为涉外秘书应该如何做好信息工作？

第九章 保密工作

【学习重点】

●国家秘密的密级和保密期限

●涉外秘书和保密工作

●涉外秘书的保密实务

涉外秘书在工作中经常会接触到一些秘密事项，如收、发、保管秘密文件资料，参加重要会议，上司的一些个人隐私等，有时还涉及国家秘密的相关内容。因此，对于涉外秘书来说，做好保密工作是非常必要的。

一、秘密和涉外秘书保密

（一）秘密

从秘书学角度来看，秘密是指组织或个人为保护自身的利益和安全，在一定时间内只限一定范围的人员知悉的事项。

对于涉外秘书工作来说，秘密有三个层次：

1. 个人秘密

在现代法律中称为隐私权，受到法律的保护。主要是上司一些个人的秘密事项。

2. 企业秘密

主要是企业的商业秘密，如产品及其配方和工艺程序、机器设备及其改进、与研究和开发新产品有关的文件、财务和会计文件、客户信息、企业规划和战略发展计划等。

3. 国家秘密

国家秘密关系到国家安全和利益，相关组织、单位和个人要了解其基本内容和范围等，在工作中接触到国家秘密事项时，要切实做好保密工作。下文将详细介绍国家秘密。

（二）国家秘密

1. 国家秘密的基本概念

2010 年 4 月 29 日公布的《中华人民共和国保守国家秘密法》（以下简称《保密法》）规定，所谓“国家秘密”，是指“关系国家安全和利益，依照法定程序确定，在一定时间内只限一定范围的人员知悉的事项”。

2. 国家秘密的基本范围

按照《保密法》的规定，我国国家秘密的基本范围主要有七个方面：

（1）国家事务重大决策中的秘密事项；

（2）国防建设和武装力量活动中的秘密事项；

（3）外交和外事活动中的秘密事项以及对外承担保密义务的秘密事项；

（4）国民经济和社会发展中的秘密事项；

（5）科学技术中的秘密事项；

（6）维护国家安全活动和追查刑事犯罪中的秘密事项；

（7）经国家保密行政管理部门确定的其他秘密事项。

3. 国家秘密的密级和期限

（1）密级。

根据国家秘密与国家安全和利益关系的大小，我国国家秘密分为三个等级：

①绝密。最重要的国家秘密。一旦泄密，会使国家的安全和利益遭受特别严重的损害。

②机密。重要的国家秘密。一旦泄露，会使国家的安全和利益遭受严重的损害。

③秘密。一般的国家秘密。一旦泄露，会使国家的安全和利益遭受损害。

（2）保密期限。

不同密级的秘密有不同的保密期限。《保密法》规定，“除另有规定外，绝密级不超过三十年，机密级不超过二十年，秘密级不超过十年”。

（3）国家秘密标志方法。

按照国家有关规定，对有密级和保密期限要求的国家秘密，应当作出明显并易于识别的标志。

对书面形式的密件，国家秘密的标识为“★”，“★”前标密级，“★”后标保密期限，即标志形式一般为：“密级★期限”，如“机密★3 年”。

对非书面形式的密件，应当以能够明显识别的方式在密件上标明密级和保密期限，凡有包装（套、盒、袋等）的密件，应当以恰当方式在密件的包装上标明。

知识链接

2004 年 1 月 16 日，外交部举行“外交部开放档案借阅处”揭牌仪式，向国内外开放新中国成立以来形成的部分外交档案。这被视为国务院下属部委政务解密的试点。

外交部档案馆馆长廉正保介绍，首批开放的外交档案形成于 1949 至 1955 年，数量达上万份。第二批涉及 1956 年至 1960 年的 8 000 卷也将于年内开放。到时总开放率将达 30%。

相关数据显示，美国对 1975 年以前的档案实行 95% 对外开放，俄罗斯的开放率大约为 80% 至 90%，而日本已经分 13 批对 1976 年以前的档案采取了开放措施。

（资料来源：http：//www. x5dj. com/groupforum/1347/00061944. shtml）

（三）保密和保密工作

1. 保密

保密就是在一定时间和范围之内，把秘密人为地隐蔽、保护起来，使之不外泄、不丢失。可以说，秘密能否保住，关键的因素在于人。

2. 保密工作

保密工作就是为达到保密目的所采取的手段和措施。这些手段和措施，有精神理念方面的，如通过宣传教育，提高人们的保密意识，增强保密观念；也有执行保证方面的，如保密立法、建立健全规章制度，依法进行检查监督；还有具体技术方面的，如研制、开发和应用先进的防窃密、防泄密技术设备等。

3. 秘密、保密和保密工作的联系和区别

秘密、保密和保密工作既有区别，也有联系。秘密指的是客观的“事”，保密指的是主观的“行为”，而保密工作指的是保密行为的“方式”。秘密得以存在的条件和保证是保密，保密的对象和行为的客体是秘密，而保密工作的最后归宿就是通过一定手段和措施的使用，确保保密的目标——秘密的安全。

（四）涉外秘书与保密工作

1. 涉外秘书与保密工作的关系

秘书活动从一产生开始，就与秘密有着密切的联系。在企业竞争激烈的今天，这一特征仍然显得非常突出，涉外秘书必须予以高度重视。

（1）知密时间早。

涉外秘书作为上司的助手，经常会参加企业一些或大或小、或秘密或非秘密性质的会议；一些秘密文件的撰拟和办理，也大都有秘书的参与。这些使得秘书知道秘密的时间要比其他人员早，在更多的时候，当一个决策尚未正式出台之前，秘书已经了然。

（2）知密内容多。

上司助手的工作性质，使涉外秘书工作的范围几乎涉及企业的各个方面，而他们所接触的也大都是领导和决策人物，领导讨论的事情，大至思考、酝酿中的决策，小至组织基层的人事、生产等机密，有时甚至是决策的出台过程、领导的分歧等，他们大都知悉，所了解的秘密内容非常多，范围非常广泛。

（3）知密程度高。

在单位组织中，秘密文件一般都是由秘书清点保管的，所以秘书不但知悉一般秘密的内容，也接触到高密级的核心秘密，尤其是机要部门的秘书人员及高级领导人的个人秘书，他们有时更是直接处理某些秘密事项，因而知悉的秘密程度也更高。

总之，特殊的身份、地位和工作条件，使秘书能够更早、更多地接触大量的秘密，因而也常常成为别有用心的人窃密的重要目标。因此，涉外秘书应把保密工作作为自己神圣的首要职责，遵纪守法，严守机密。

2. 当前保密工作的新特点

全球经济的日益一体化，使得国家与国家、企业与企业之间的渗透力越来越大。日新月异的现代科学技术，就像一把双刃剑，在提高人类保密工作力度的同时，也在某种程度上为窃密提供了便利。在这种情况下，保密工作出现了以下新的特点，这是涉外秘书必须加以面对的，例如：

（1）失密范围和内容扩大化。

社会分工的日益细化，促使组织之间的合作日益增多，合作的范围和深度也日益扩大，原来的保密范围和内容无形中也缩小了，过去是保密的，而由于合作的需要，现在可能成为非秘密，或者不得不降低密级，如过去我国对沿海大陆架结构、地质资源等情报绝对保密，但为了与外方合作开发海洋资源，例如石油资源，我们就不得不向外方提供一些必要的如我国沿海的地质、海流、潮汐、气象等方面的资料。因此，对于任何一个组织和企业来说，在失密范围和内容扩大化的情况下，如何确定核心秘密并保护好核心秘密就成为一个重要的课题。

（2）泄密渠道多样化。

客观上，随着合作交流的日益增多，合作交流领域的不断扩大，加之信息技术的发展和应用，秘密信息的可控性越来越低，泄密渠道也越来越多样化，如作为日常通讯工具的电话、手机，有时一疏忽也可能成为泄密的渠道。

主观上，由于有些人保密意识的淡薄，加之市场经济的冲击等原因，因此常常见密不识密、识密不保密，这在无形中自觉或不自觉地也使泄密渠道增多。因此，对于涉外秘书来说，一定要树立高度的保密意识，坚持原则，依靠现代科学技术，切实做好保密工作。

从秘密信息本身来看，其产生、传输、存储的过程中，从有形的纸质文件，扩展到无形的声、光、电、磁等载体，这无形中也使泄密的渠道多样化，保密方式也从过去单纯的纸制文件保密扩展到计算机及信息系统和移动存储介质等的保密，当然，保密工作的对象也就更具多元化。

知识链接

中国宣纸有“千年寿纸”、“纸中之王”的美称，尤以安徽×州×县所产者为最。日本人对其奥秘垂涎已久，曾派出情报人员到宣州转悠，后发现×县宣纸厂漆着标志的车，旋即尾随而至。但碰了壁，×县厂方谢绝参观，后来还下令将所有厂车的标志涂去。但是，次年，另一批日本人到了浙江的一个县，一家造纸厂热情款待，有问必答；连蒸煮原材料的碱水浓度这样的细节也言无不尽，临别更赠送檀树皮、长稻草浆和杨桃藤，而这家纸厂正是在×县的扶持下建立的！此后，日本人竟志得意满地宣布：世界宣纸，安徽×县第一，日本第二，浙江第三，台湾第四！

（资料来源：http：//bmj. hunan. gov. cn/newsShow. aspx？ newsTypeId = 4&newsId = 314）

（3）窃密手段诡秘化。

高科技的发展，使得窃密技术越来越先进，方式越来越隐蔽，窃密行为也越来越难以被察觉和防范。先进的电子、遥控，甚至激光、光纤等技术屡屡被用于窃听、窃照和截获秘密文件，有人甚至声称，当代世界已进入用电子计算机进行窃密与反窃密斗争的时代。我国也曾发现在引进的大型电子计算机中就有一些是被装上了窃听装置的。

知识链接

周总工程师是享受国务院特殊津贴的专家，在能源化工的某个领域中是西南地区的学术带头人之一。今年年初，周总工程师的电子信箱中收到了一封新年电子贺卡，乍一看，是他的一位教授朋友所发，但就在他点开这封邮件的时候，却把自己电脑中涉及22个省的多个重大能源化工项目，特别是新能源项目的详细资料文件拱手送给了藏在这封邮件中的间谍程序。网络安全检测发现，周总工程师的电脑已反复被植入了3次间谍程序，仔细一查，那封电子贺卡的发件信箱与周总工程师朋友的电子邮箱只有一个字母不同，是境外情报机构的网络攻击者玩弄的一个障眼花招。

（资料来源：http：//bmj. hunan. gov. cn/newsShow. aspx？newsTypeId =4&newsId =457）

（4）保密难度增大化。

失密范围和内容的扩大化，泄密渠道的多样化，窃密手段的诡秘化，所有这些，无疑大大地增加了保密工作的难度。组织之间的对外合作不但要继续，甚至还要向纵深发展，科学技术也仍在迅猛地发展，在这种情况下，如何才能既确保核心秘密，又能有效地开展合作，这是时代对涉外秘书保密工作的新挑战。

二、我国的保密工作

涉外秘书的主体虽然在“三资”企业，但也有一些是在我国的涉外机构，更何况“三资”企业中的涉外秘书绝大多数是中国人，因此，涉外秘书应该了解我国保密工作的基本内容，规范自己的工作行为。

（一）保密工作的方针

国家保密工作关系到国家的安全和利益，关系到社会稳定和经济建设的大局，有着十分重要的意义。

《保密法》第四条规定：“保守国家秘密的工作（以下简称保密工作），实行积极防范、突出重点、依法管理的方针，既确保国家秘密安全，又便利信息资源合理利用。”

1. 积极防范

“积极防范”的方针，就是要求把预防作为保密工作的立足点和着力点，未雨绸缪，以防为主，防患于未然。将保密工作贯彻落实到日常工作中去。

首先，要不断加强保密宣传教育工作，增强保密法制观念，提高保守秘密的自觉性。

其次，必须建立健全保密法规和保密制度，如文件、会议、通讯、新闻报道、计算机使用等专项保密制度，员工（秘书）保密培训制度等。同时还要建立健全监督检查机制，加强对保密制度的执行情况和保密事项的检查监督，以便发现漏洞和隐患，及时采取有效的措施。

再次，要与时俱进，积极改善和充分利用先进的保密技术，运用先进的科技手段，加强防范措施，严防泄密和窃密。

2. 突出重点

“突出重点”的原则，就是要有的放矢地采取措施，做到既有保又有放，只有这样，才能使保密与业务工作两不误。一般来说，与国家的安全和利益密切相关的事项都应该是保护的重点。

对于企业来说，保密的重点就是关系企业利益乃至命运的商业秘密。涉外秘书应该根据企业的实际情况，协助上司确定保密重点，并采取积极防范措施。

3. 依法管理

《保密法》是党和国家关于保密工作思想的法律化和制度化，只有依据《保密法》，结合新的形势和要求，不断健全和完善各项保密制度，全面系统地建立起防止泄密事件发生的预警机制、监督机制和责任追究制度，才能推进保密工作的规范化和制度化建设。保密工作依法管理的主要内涵是：

首先，坚持依法定密。准确界定秘密和密级，是加强保密管理的重要基础和前提，是依法对秘密实行有效管理的源头和关键。

其次，坚持依法治密。对于各种涉密行为和涉密活动，要制定相关的规定并加以指导和规范，确保保密工作的制度化和法制化。

再次，坚持依法用密。保密工作必须围绕组织活动和发展的目标任务来进行，只有坚持依法用密，才能为组织的发展提供强有力的服务保障。

保密工作在贯彻“积极防范，突出重点，依法管理”方针的同时，还要坚持“内外有别”的原则。所谓“内外有别”，实质上就是要求区别保密对象。它在不同的语境下有不同的含义。

对于国家来说，“内外有别”主要是针对国外尤其是国际情报机关对我国进行大量窃密活动而言；对于党务来说，“内外”指的是党内党外，即只需党内知悉的事项，绝不要扩大到党外，要处理好保密工作和发扬民主的关系；对于政务来说，“内外”主要指的是国内国外，即在涉外活动中，要处理好保密与友好的关系；对于组织内部来说，“内外”主要指组织内部和外部，领导阶层内部和外部，要处理好执行者和非执行者，决策者和执行者，干部和群众等的关系。

（二）保密工作制度和责任

《保密法》第三条规定：“一切国家机关、武装力量、政党、社会团体、企业事业单位和公民都有保守国家秘密的义务。”“任何危害国家秘密安全的行为，都必须受到法律追究。”《中华人民共和国宪法》也规定，保守国家机密是每个公民应尽的义务。

涉外秘书处于中外交汇的前沿，更要自觉严格遵守党和国家以及各级组织有关的保密法规和保密制度，不得以任何理由或借口违反国家有关的保密纪律和法规。

1.《国家工作人员保密守则》

为了防止泄密、窃密，确保国家秘密的安全，早在1979年，中共中央、国务院就对保密工作规定了如下守则：

（1）不该说的机密，绝对不说；

（2）不该问的机密，绝对不问；

（3）不该看的机密，绝对不看；

（4）不该记录的机密，绝对不记录；

（5）不在非保密本上记录机密；

（6）不在私人通信中涉及机密；

（7）不在公共场所和家属、子女、亲友面前谈论机密；

（8）不在不利于保密的地方存放机密文件和资料；

（9）不在普通电话、明码电报、普通邮局传达机密事项；

（10）不携带机密材料游览、参观、探亲访友和出入公共场所。

2. 保密制度

保密制度是保护国家、组织秘密，维护国家、组织安全和利益，打击泄密、窃密犯罪行为的有力武器，建立健全保密制度，是保密工作顺利进行的重要保证。

中华人民共和国第十一届全国人民代表大会常务委员会第十四次会议于 2010 年 4 月 29 日通过并公布了经过修订的《中华人民共和国保守国家秘密法》。《保密法》对保密工作各个方面的制度作了明确的规定。如：

第二十一条　国家秘密载体的制作、收发、传递、使用、复制、保存、维修和销毁，应当符合国家保密规定。

绝密级国家秘密载体应当在符合国家保密标准的设施、设备中保存，并指定专人管理；未经原定密机关、单位或者其上级机关批准，不得复制和摘抄；收发、传递和外出携带，应当指定人员负责，并采取必要的安全措施。

第二十二条　属于国家秘密的设备及产品的研制、生产、运输、使用、保存、维修和销毁，应当符合国家保密规定。

第二十三条　存储、处理国家秘密的计算机信息系统（以下简称涉密信息系统）按照涉密程度实行分级保护。

涉密信息系统应当按照国家保密标准配备保密设施、设备。保密设施、设备应当与涉密信息系统同步规划，同步建设，同步运行。

涉密信息系统应当按照规定，经检查合格后，方可投入使用。

第二十四条　机关、单位应当加强对涉密信息系统的管理，任何组织和个人不得有下列行为：

（一）将涉密计算机、涉密存储设备接入互联网及其他公共信息网络；

（二）在未采取防护措施的情况下，在涉密信息系统与互联网及其他公共信息网络之间进行信息交换；

（三）使用非涉密计算机、非涉密存储设备存储、处理国家秘密信息；

（四）擅自卸载、修改涉密信息系统的安全技术程序、管理程序；

（五）将未经安全技术处理的退出使用的涉密计算机、涉密存储设备赠送、出售、丢弃或者改作其他用途。

第二十五条　机关、单位应当加强对国家秘密载体的管理，任何组织和个人不得有下列行为：

（一）非法获取、持有国家秘密载体；

（二）买卖、转送或者私自销毁国家秘密载体；

（三）通过普通邮政、快递等无保密措施的渠道传递国家秘密载体；

（四）邮寄、托运国家秘密载体出境；

（五）未经有关主管部门批准，携带、传递国家秘密载体出境。

第二十六条　禁止非法复制、记录、存储国家秘密。

禁止在互联网及其他公共信息网络或者未采取保密措施的有线和无线通信中传递国家秘密。

禁止在私人交往和通信中涉及国家秘密。

第二十七条　报刊、图书、音像制品、电子出版物的编辑、出版、印制、发行，广播节目、电视节目、电影的制作和播放，互联网、移动通信网等公共信息网络及其他传媒的信息编辑、发布，应当遵守有关保密规定。

第二十八条　互联网及其他公共信息网络运营商、服务商应当配合公安机关、国家安全机关、检察机关对泄密案件进行调查；发现利用互联网及其他公共信息网络发布的信息涉及泄露国家秘密的，应当立即停止传输，保存有关记录，向公安机关、国家安全机关或者保密行政管理部门报告；应当根据公安机关、国家安全机关或者保密行政管理部门的要求，删除涉及泄露国家秘密的信息。

第二十九条　机关、单位公开发布信息以及对涉及国家秘密的工程、货物、服务进行采购时，应当遵守保密规定。

第三十条　机关、单位对外交往与合作中需要提供国家秘密事项，或者任用、聘用的境外人员因工作需要知悉国家秘密的，应当报国务院有关主管部门或者省、自治区、直辖市人民政府有关主管部门批准，并与对方签订保密协议。

第三十一条　举办会议或者其他活动涉及国家秘密的，主办单位应当采取保密措施，并对参加人员进行保密教育，提出具体保密要求。

1993 年颁布实施的《中华人民共和国反不正当竞争法》，则明令禁止对权利人商业秘密的侵犯，并将其界定为不正当竞争行为之一。它是在市场经济下对商业秘密权利人及其所持有的秘密提供的法律保护，这对于正当的市场竞争及其良性的市场循环的形成，有着重要的作用。

3. 纪律责任和法律责任

根据《保密法》的规定，失密、泄密甚至帮助或参与窃密的人员，应负纪律责任和法律责任。

（1）纪律责任。

《保密法》第四十四条规定：“对严重违反保密规定的涉密人员，应当建议有关机关、单位给予处分并调离涉密岗位；发现涉嫌泄露国家秘密的，应当督促、指导有关机关、单位进行调查处理。涉嫌犯罪的，移送司法机关处理。”

我国行政处分从轻到重依次为警告、记过、记大过、降级、撤职、开除。

（2）法律责任。

《保密法》第四十八条规定：“违反本法规定，有下列行为之一的，依法给予处分；构成犯罪的，依法追究刑事责任。”

（一）非法获取、持有国家秘密载体的；

（二）买卖、转送或者私自销毁国家秘密载体的；

（三）通过普通邮政、快递等无保密措施的渠道传递国家秘密载体的；

（四）邮寄、托运国家秘密载体出境，或者未经有关主管部门批准，携带、传递国家秘密载体出境的；

（五）非法复制、记录、存储国家秘密的；

（六）在私人交往和通信中涉及国家秘密的；

（七）在互联网及其他公共信息网络或者未采取保密措施的有线和无线通信中传递国家秘密的；

（八）将涉密计算机、涉密存储设备接入互联网及其他公共信息网络的；

（九）在未采取防护措施的情况下，在涉密信息系统与互联网及其他公共信息网络之间进行信息交换的；

（十）使用非涉密计算机、非涉密存储设备存储、处理国家秘密信息的；

（十一）擅自卸载、修改涉密信息系统的安全技术程序、管理程序的；

（十二）将未经安全技术处理的退出使用的涉密计算机、涉密存储设备赠送、出售、丢弃或者改作其他用途的。

《刑法》第一百一十一条也规定："为境外的机构、组织、人员窃取、刺探、收买、非法提供国家秘密或者情报的，处五年以上十年以下有期徒刑；情节特别严重的，处十年以上有期徒刑或者无期徒刑；情节较轻的，处五年以下有期徒刑、拘役、管制或者剥夺政治权利。"

三、涉外秘书的保密实务

涉外秘书在日常的工作中，保密实务繁多，一定不能掉以轻心。

（一）文件保密

保密文件包括秘密文件、资料、图表以及密码、密码电报及传真等。

对秘密文件，不管是其处理的过程，还是需携带外出，一定要按照有关的规定严格管理和执行，不能麻痹大意。

知识链接

"涉密不上网，上网不涉密"

"涉密不上网，上网不涉密"这是任何人都必须知道的保密"高压线"。2005年×月×日，×省委政法委办公室为刚提拔为副厅级干部的马某配备了笔记本电脑，马某让打字员小赵将其原用台式电脑中的资料拷贝到笔记本电脑中。当时，马某没有向小赵交代台式电脑中有涉密内容。为求快速方便，小赵将两台电脑连接在与互联网相连的局域网上，置于共享状态，传输信息时间约半小时，幸好里面的涉密文件被正进行网络检查的省保密技术中心截获。因此，马某受到党内严重警告处分，在全省党政机关中被通报批评，并由副厅级降为正处级。马某有令不行，有禁不止，不仅擅自保存秘密文件资料，而且违规通过互联网传递信息，最后也为此付出了沉重的代价。

（资料来源：http：//wuxizazhi. cnki. net/Article/DJIX201008042. html，引用时略有修改）

秘密文件从起草到正式发出，直至最后或存档或销毁，各个环节的保密管理都至关重要。

（1）形成。秘密文件，包括组织内部的秘密性公文和商业秘密等，在酝酿、拟稿、讨论、定稿等过程中，要注意严加保密，如确定密级和保密期限，并在规定或适当的地方作出明显的识别标志；适当控制参与人数等。

（2）缮校。密件校对必须实行专人负责制，校对时不能大声朗读，并在安全的地方进行。

（3）印刷。密件在付印前要检查是否已标明密级和保密期限，是否已规定了发放范围。印刷应指定专人负责，批量印刷应到指定的专门印刷厂，有专人监印，并严格按批准的份数印制，不得擅自多印多留。印制后，原稿及清样等必须妥善保存，衬纸、废页等应及时销毁；绝密文件应尽量减少接触人员；复印文件必须履行审批手续。

（4）处理。密件收发应严格实行签收、登记制度。密件传阅应指定专人统一管理跟踪，不得随意扩大阅读范围，阅读文件应在办公室内进行。凡规定不准记录和摘抄的要遵守。收到秘密文件后，要及时送领导阅批。

（5）传递。密件应通过机要交通或派专人专程传递，尽量减少中间环节。传递时，信封上必须标明密级并加盖密封章。传递秘密电子文件，必须使用保密电话和有加密装置的传真机、计算机，绝密件不得用传真机和计算机传输。

（6）管理。秘密文件要由专人专管，并放在有保密保障的文件柜内或保密室、档案室内，严格限制携带秘密文件外出、出境，确因工作需要携带秘密文件出境的，要严格按照保密法定程序办理审批手续。严禁向境外邮寄秘密文件。

（7）清查。秘密文件应定期清查，分发和借出的应按时清理回收，回收时应注意检查文件是否完整。若有丢失的，要及时予以追查处理。

（8）归档销毁。清理后的文件，该保存的应整理入卷归档，余下的登记造册后，经领导批准，到指定地点监督销毁。

知识链接

2003年3月12日，××市××公安分局在××大学××分校应用文理学院食堂外一书摊上查获两捆文件，共计938份，其中机密级96份，秘密级339份。据摊主交代，这批文件是从××废品收购站买来的。经核查，文件是××学院等单位作为废品卖给废品收购站的，摊主从废品收购站买下后准备转手倒卖。事后，×学院党委给予当事人李某行政处分，××市教育工委给予××学院党委、纪委通报批评。

（资料来源：http：//hi. baidu. com/lhj0718/blog/item/00b0850061b97e85d53f7c3f. html，引用时略有修改）

（二）会议保密

对于保密会议，涉外秘书必须对会议进程的各个方面及相关步骤进行必要的保密安排，并会同保卫、保密部门共同制定有关的保密措施。

1. 会前主要的保密工作

（1）会议地点选择。秘密会议应选择具备保密条件的地点，如相对隐蔽，并且不能对外公开。会议的地点必须有良好的隔音和屏蔽措施，以避免声音和信号外泄。

（2）器材管理检查。对会场的扩音和录音设备、电话机、计算机等必须预先进行仔细的保密检查，并派专人进行管理，对使用痕迹及时予以删除。会场内严禁使用无线话筒。

（3）人员管理。人员管理包括与会者和必要的工作人员。秘密会议要严格控制与会人员，并在会前对有关人员予以资格审查及进行严格的保密纪律教育。

（4）制定会议保密要求。如与会人员不得携带手机等移动通信工具进入会场，否则应交给工作人员统一保管；不得擅离会场；会议文件使用及保密要求等。

（5）信息管理。有关会议的信息，如会议的时间（包括开始和结束的时间）、议题、议程、日程安排，会议的出席者、列席者和工作人员，会议的具体活动、讲话、发言等，在未正式公开之前，不得泄露。

（6）会议文件的印制与保密管理。需提前印制会议文件时，应严格按照文件保密要求执行。

2. 会中主要的保密工作

（1）严格出入场检查制度。与会者必须携带证件，否则不得入场，确需入场的无证者，应先报予批准。会议期间原则上与会人员不得外出，确需外出者，必须经过批准并记录在案。

（2）加强对会议文件的管理。秘密程度较高的会议，应设有保密室，配备保密柜（箱），并有专人管理文件资料等。会议文件须由主管领导审查批准后才可印发，非经允许不得摘抄，不得带走。严禁滥印乱发会议秘密文件资料。凡会议期间印发的秘密文件一律应标明密级，统一编号，登记分发，并限时收回。

（3）领导在秘密会议上的讲话，未经批准，不得录音、录像。准许录音、录像的，磁带要同文件一样严加管理。对于其他与会议内容有关的的录音、录像、摄影和通讯设备等也应妥善保管。

3. 会后主要的保密工作

（1）清场。会议结束后，涉外秘书应组织有关人员立即做好清场工作。清场的重点有两个地方：会场和与会者住宿的房间。应细致检查有无遗留的文件、笔记本以及其他可能造成泄密的物品和痕迹，有关的草稿纸等要进行粉碎性处理。

（2）文件清退。如数收回会议期间下发的文件。密级较高的文件，如需下发，应通过机要交通递送，不得由与会人员自行携带。借出和需保留的文件，应及时归还和归档。

（3）器材检查。会议结束之后，秘书在归还有关的器材之前，一定要对其再作认真的检查，确保器材上没有会议信息留存的痕迹。

（三）宣传报道保密

宣传报道包括报纸、刊物、图书、广播、影视、展览等，它涉及的内容非常广泛，传播速度很快。对外宣传报道涉及国家的一些秘密内容，如秘密文件、内部资料、军队编制、军事设施、部队番号、武器的试制研究等，未经批准，不得公开报道。对于如财政金融贸易数字、进出口计划和意图、引进技术设备的仿制等内部秘密，也均不得公开报道。

对通过非公开渠道引进的尖端技术设备及外国专家、海外侨胞等提供的技术资料、工艺诀窍等，也不准进行公开宣传报道。凡在公共场合（如消息发表会）和公开媒体（包括计算机网站）发布、发表的信息，如有涉及国家秘密、组织秘密（包括商业秘密）嫌疑的应先交给有关的保密工作部门进行保密审查，必要时先作保密技术处理。

邀请或接受外国报刊、电台、电视台的记者进行新闻采访、录音和录像时，须先报有关部门批准。

另外，突飞猛进的通信技术，使得各种各样的信息传递成为眨眼间的事，如微博、微信等，虽然这些不是正式的宣传报道，但其产生的力量有时却是相当巨大的，甚至还胜过正式的宣传报道。所以，涉外秘书一定要注意，不要随便在电子渠道上随意发与工作有关的信息，以免不小心泄露了组织的秘密。

知识链接

泄密！伦敦奥运会奥组委头疼，呼吁别发微博

微博来了！即将开幕的伦敦奥运会堪称奥运史上的第一届“微博奥运会”，运动员、官员、志愿者、观众可以随时随地通过微博将自己的奥运感受与别人分享，这也使得国际奥委会面对全新的挑战。

一扇窗户

自北京奥运会以来，微博呈爆炸式发展。社交网站脸谱用户从1亿猛增到9亿，推特用户从600万增加到1.5亿。国际奥委会社交媒体主管说：“如果说2010年温哥华冬奥会，微博还只是一片雪花，那么到了伦敦奥运会，它就成了一个大雪球了。”

……

当然，人们最关注的还是运动员的微博，这为人们打开了了解运动员比赛、训练和生活的窗户。比如，人们通过微博，知道“飞人”最近想吃鸡肉。

一大挑战

微博的兴起也给国际奥委会带来全新挑战，甚至威胁到电视转播机构的利益。国际奥委会规定，只要不是出于商业或广告目的，运动员、比赛持证人员可以通过微博发布帖子、日志等信息。

对于普通观众，国际奥委会不限制他们在赛场内用手机拍摄比赛视频和画面，不过禁止将视频和画面上传至社交网站，此规定是为了保护转播机构的利益，因为国际奥委会的收入有赖于这些转播机构。

然而，国际奥委会承认，微博如此普及，他们根本难以控制。国际奥委会媒体运营部主任埃德加坦言，他无法预料这次微博究竟会出现什么情况，“我们将面对以往不存在的事情，人人可以在场内用手机拍摄，不过这应该仅用于个人欣赏，不能发到微博上。”

一大烦恼

伦敦奥组委对其工作人员、7万名志愿者使用微博提出了一些限制。不能在微博上透露其服务的位置和图像，也不能透露因工作关系而联系的运动员、名流、高官的任何信息。伦敦奥组委通联部主任说：“我们不反对我们的工作人员、志愿者发微博，不过许多与工作有关的信息都是保密的，不能与别人分享。”

各代表团也对微博使用制定规则，东道主发放了“微博使用指南”，规定了哪些内容可以发，哪些内容不能发。

伦敦奥组委主席也使用微博，他前两天还发微博，呼吁那些看过开幕式彩排的观众不要在微博上透露开幕式信息。

对于奥组委而言，一条微博就可能成为他们的一大烦恼。美国男子400米栏奥运冠军抵达伦敦后发了一段微博：“司机迷路了4个小时。我们又累又饿，有的人则想上厕所，我们何时能到达奥运村？对伦敦奥运会第一印象不好。”这段微博被大量转发，各家传统媒体随后纷纷跟进报道司机道路不熟，去奥运村居然迷路的事。事实上，这只是个特例，绝大部分运动员大巴都能迅速抵达奥运村。这证明了运动员从奥运现场发布的一条微博就可以影响人们对奥运会的印象，而这只需140个字。

信息泄密真的是无所不在啊。

（资料来源：http：//www. iten. com. cn/iten/830. html，引用时有删改）

（四）科技合作交流保密

现代企业少不了要进行科技交流合作，而合作过程中，一定要坚持平等互利、有偿转让、保证专利等原则。在技术、学术交流中，必要的情况下，可以适当用非核心秘密来保护核心秘密。发表学术论文或作演讲时，要多写、多讲理论和一般性的技术，少写或不写专门技术，尤其是实质性技术，如关键性工艺、数据、成分比例等。对通过协定、协议途径获得的技术，应承担保密义务。总之，要做到交流要进行，但秘密也要保守。

（五）对外贸易保密

在国际贸易中，利用贸易之名行窃取经济情报之实的事时有发生。因此，涉外秘书在接待来宾参观、访问时，一定得“守口如瓶”。参观的范围、路线和项目等应按事先的设计执行，应设法避开对外保密的要害部位、重要工序和设施等，不得把来宾擅自带到非指定地点参观、访问。不许拍照的，应予以说明。洽谈业务时，不得携带秘密文件和内部刊物等，更不能背着组织私自同外国机构或来商进行私人接触，利用职权和工作之便牟取私利。

在贸易往来时，对来宾一定不能有问必答，有求必应，即使急于求成，也应“外松内紧”，以免给对方造成可乘之机。

（六）通信保密

对外通信方面的保密工作，首先应注意对通信线路和设备采取防窃听措施。其次，发往我国驻外使馆、机构的内部函件，不得通过普通邮局投寄，应通过内部信使或内部交通机构递送。在对外函件中，不得暴露我国驻外秘密机关和干部的名单。再次，在传真机上传送密件时，应注意环境的安全；完成操作后，应及时取回原件，对有图像记忆功能的传真机，要及时删除图像；传送密件时，尽量使用低泄射传真机，这种传真机通过采取屏蔽、隔离、滤波等有效的防电磁泄漏发射技术措施，降低或避免传真机在接送密件过程因电磁辐射而造成的可能泄密危险。

随着通讯技术的迅猛发展，先进的防泄密通讯工具也陆续被开发利用。如上文提到的低泄射传真机，还有电话警示器（也称“电话保密锁”），这种电话能自动检查用户的电话是否会被非法窃听和盗用。当电话被非法窃听时，电话上的“警示灯”会闪烁报警。当电话被非法盗用时，它会对盗用话机发出干扰信号，使盗用者无法使用，同时，“警示灯”会闪烁报警。电话警示器既可安装在室内，也可随身携带（体积只有烟盒大小），特别适用于公务出差。

报警电话也是防窃密（包括防火、防盗）的理想工具，它有手动及自动报警两种功能。当设置了自动报警功能后，电话上有一红线探头，将其朝向防护区域，如果有人进入报警区窃密（或失火），话机将会按顺序拨打预先设置的三个电话号码，每三个号码为一个循环，连续拨打三个循环。电话接通后，便发出报警声。手动报警功能则是在紧急状态下（如窃密、抢劫、人身遭歹徒伤害等），只要按动“紧急键”，话机将自动向预先设定的电话报警。

（七）计算机保密

随着办公自动化程度的不断提高，各类电子计算机为单位组织的管理服务提供了极大的便利，与此同时，因计算机而泄密的事件也时有发生，因此，计算机信息的保密也就成为保密工作以及涉外秘书所必须面对的新课题。简单来说，计算机的保密防范可从技术、使用、行政和法律等方面着手。

1. 技术措施

（1）使用低辐射计算机设备。这些设备在设计和生产时，已对可能产生信息辐射的元器件及部位等采取了防辐射措施，把信息辐射抑制到最低限度，这是防止计算机辐射泄密的根本措施。

（2）屏蔽或干扰。对计算机机房或主机内部件加以屏蔽或采用电磁辐射干扰器，防止电磁辐射造成信号泄密。不具备上述条件的，也可将计算机辐射信号的区域控制起来，不许外部人员接近，或者在处理重要信息的计算机四周放置处理一般信息的计算机，这样也可降低辐射信息被接收、还原的可能性。

（3）对联网泄密的技术防范。最简单的方法是将信息加密存储，或者可采用口令和使用磁性卡片、指纹、声音、视网膜图像等方法对用户身份进行鉴别，还可以通过监视报警的方法，详细跟踪、记录网络内合法用户的工作情况，追寻非法用户的下落。

知识链接

美国著名黑客凯文·米特尼克曾经说过，美国有数万名黑客每天都呆在网上等待秘密保护方面的疏忽，而且很多人通过侵入本应保护好用户隐私的企业或组织的数据库中获得大量的个人隐私信息，通过隐私信息套取或计算出各种银行账号、密码等。可是比凯文·米特尼克说的更可怕的是搜索引擎。互联网上的信息，都有可能被 Google，baidu 等搜罗过去并保存为快照，然后任何一个不懂复杂电脑技术的搜索引擎使用者都有可能发现这些信息。

美国《波士顿环球杂志》给 Google 下了断语，认为其是双向望远镜，人们在窥探别人秘密的同时，自己也在被窥探着。在网络、媒体带来了汹涌信息的时代，在搜索引擎和记者的辛勤下，秘密被窥视，泄密成了一种特定的状态。

（资料来源：http：//talk. 163. com/05/1121/17/233NA2G700301IJI. html）

2. 管理措施

（1）使用计算机处理密件，要确保周围环境的安全，同时，显示屏不要对着门窗和通道，以免不慎造成泄密。

（2）密件处理过程中，有事要离开计算机时，一定要关闭系统或加密后休眠。

（3）一般密件不用计算机传递，尤其是绝密级信息。要用计算机时，一定要使用加密器。

（4）存有秘密信息的计算机，一般应专人专用或有专人负责保管。

（5）涉密计算机禁止接入国际互联网及其他公共信息网络，禁止在没有防护措施的情况下下载国际互联网等公共信息网上的数据，禁止在涉密计算机与非涉密计算机之间交叉使用U盘等移动存储设备。

（6）装有密级数据的计算机不能随便携带外出。需维修时，一定要到指定的维修地点或维修商处，可能的话，应先对数据作转移或其他方式的处理。

（7）对于作废的涉密磁介质（软盘、硬盘、U盘等），经本单位保密工作机构审核同意后，应采取粉碎、烧毁、化学腐蚀或用专用消磁设备等方式进行彻底销毁，确保磁信息不可被复原。

3. 行政措施（及相关内容）

（1）建立严格的机房管理制度。对进出机房的工作人员应进行严格的检查。禁止无关人员随便进出机房。要建立健全外来人员接待制度、进入机房审批和登记制度。网络系统的中心控制室更应该有严格的出入制度。同时，机房选址要安全可靠，重要部门的机房要有必要的保安措施。

（2）规定分级使用权限。首先，对计算机中心和计算机数据划分密级，采取不同的管理措施，秘密信息不能在公开的计算机中心处理，密级高的数据不能在密级低的计算机中心处理；在系统开发中，应实行“职责分离”制度，即系统分析员、程序员和操作员“各司其职”，“互不干涉”。

（3）加强对载体的管理。录有密件的载体，应按照同等密级文件进行管理，建立健全使用、借阅、复制、转送、携带、移交、保存、销毁等制度，不能随便携带外出。在同一载体中不要混录秘密文件和公开文件，如果同时录有不同密级的文件，应按密级最高的管理。

（4）加强对工作人员的管理。如对有关人员进行经常性的保密教育，使其树立牢固的保密观念，增强保密意识。做好人员的选配和日常的考察，以便发现问题并及时处理，保证队伍的纯洁精干和效能。还要利用各种方式，不断提高使用和管理人员的技术水平，并建立奖惩制度，完善激励机制。

4. 法律措施

计算机保密防范必须以法律法规为依据。目前我国除已有的《保密法》外，有关计算机保密的法规还有《计算机信息系统安全保护条例》和《计算机信息网络国际联网管理暂行规定》等，任何部门和组织一定要按照规定和要求，做好计算机的泄密防范工作，不得利用计算机从事危害国家安全、泄露国家秘密、损害企业利益的违法犯罪活动。

知识链接

这是一个网络时代的故事，两个二十出头的电脑高材生，以手中掌握的电脑软件源代码作为筹码，向其即将跳槽投奔的××××公司献殷勤，沦为××市第一例因为利用计算机侵犯商业秘密而入狱的囚徒。

××，毕业于××理工大学，26岁；×××，毕业于××大学，25岁。两人都在上海一家外商独资信息公司担任电脑工程师。××被外派负责××××一家通信公司的网络维修工作，而×××负责××一家公司委托的加密电子邮件系统的开发工作。

两人经不住金钱、物质的诱惑，×××将他为××网络公司门户网站开发的加密电子邮件软件的源代码通过电子邮件发送给××，××又将软件源代码安装到××公司的服务器上进行演示。××××公司得到梦寐以求的软件以后，立刻中断了和×××、××两人所在公司之间的关于该项目价值50万元马来西亚币（人民币120万元）的合作，给公司造成了大约9万美元的经济损失。由于作案是通过计算机进行的，没有留下实物佐证，给破案造成了很大的困难。但由于公安人员的努力和智慧，加之以使用高科技手段，终于使××、××二人服罪。法院终审判决：判处××有期徒刑三年六个月，×××有期徒刑两年六个月。

（资料来源：http：//www. nanyang. gov. cn/bmj/bmjbmjz18. htm）

（八）人员流动与商业秘密的保密

在市场经济条件下，人才的流动不可避免。职工跳槽时“顺手牵羊”地带走企业商业秘密的案件急剧增多。据有关部门统计，到2002年，此类案件已占到知识产权案件的15%，且呈逐年上升趋势，而80%的商业秘密是被职工跳槽时带走的。商业秘密的外泄，不仅会给企业造成无法估量的损失，还可能在行业内发生各种各样的“大战”，使同行业间产生不正当的竞争。如何防止跳槽者带走商业秘密，这是很多企业亟须解决的问题。涉外秘书应协助上司就组织的具体情况，制定具体的措施，对其予以有效防止。如要求有关人员，尤其是企业的知密者签订保密协议、劳动合同或其他协定，因为根据相关法律规定，只有经权利人采取保密措施的技术信息和经营信息，才算是商业秘密，才受到法律保护。因此，加强对知密技术人员的管理，对有关人员实行特殊薪酬政策，在一定程度上有助于商业秘密的保密。

知识链接

富士康香港诉比亚迪窃取商业机密，或索赔50亿港元

2007年6月12日，在香港上市的富士康发表公告称，其两家深圳子公司——深圳富泰宏精密工业有限公司及富士康母公司的附属公司鸿富锦精密工业（深圳）共同向香港高等法院提交诉状，在香港起诉比亚迪窃取商业机密。

公告称，比亚迪及其数家附属公司蓄意促使原告前雇员违反雇佣合约，向被告披露机密业务资料。香港媒体称，2005年，多名富士康高管转投比亚迪，把多份保密文件带走，在比亚迪制定了与富士康相似的生产流程，富士康此次索偿金额可能超过50亿港元。

瑞星诉东方微点侵犯商业秘密，索赔231万

北京瑞星科技股份有限公司将曾在公司任副总的×××和他目前所在的公司告上了法庭。瑞星公司认为，×××为瑞星的竞争对手提供了便利——在为北京东方微点信息技术有限公司工作的过程中，侵犯了瑞星公司的商业机密。瑞星公司为此索赔231万元人民币。

(资料来源：http：//law101. bokee. com/viewdiary. 16555466. html)

另外，涉外秘书对于组织未曾公开的事项，如人事、机构的变动等也要注意保密；在日常交往，清理废旧报刊、物品以及办理信访过程中，也要有保密意识，注意防范无意识的隐晦性公务泄密，确保组织秘密的万无一失。

思考与练习：

1. 结合具体事例，试述保密工作的新特点。

2. 结合实际，谈谈为什么涉外秘书要比一般人更注意严守秘密？

3. 涉外秘书的保密实务有哪些？应如何使保密实务做到“防患于未然”？

4. 计算机信息安全对于秘书来说，主要是从管理和制度上做好预防工作，而技术上的预防通常由有关的专家来实现。为此，请虚拟你未来的工作环境，并就此环境起草一份组织计算机信息安全管理制度。

5. 案例分析：

2003年，中国奥委会决定在当年8月3日晚发布2008年北京奥运会的徽标。据说，所有有机会提前看到这个标志的工作人员都签订了严格的保密协定。但在8月2日，标志以黑白复印件的形式泄漏在网络上，一些专业的设计人员根据相关的介绍会徽的新闻稿，立即得知该标志为正式标志，同时有人将那个黑白的标志按照理解加上了颜色，发布到网上，各大设计网站很快进行了转载。

请分析这一事件泄密的原因，并提出防范措施。

第十章
协调工作

【学习重点】

●涉外秘书在协调中的地位

●涉外秘书协调的原则

●涉外秘书协调的方法

●涉外秘书协调的程序

●涉外秘书协调的艺术

社会化大生产，使企业之间的协作更加密切，企业内部的分工也日益精细，企业与公众，包括外部公众和内部公众的关系显得更加重要。企业只有通过有效的协调来调节好各方面的关系，才能最大限度地发挥公众关系的作用及调动企业各部门的积极性，进而和谐合作，共同发展。

一、协调工作的含义

协调，从字面上来看，是和谐一致、配合得当的意思。将其运用到工作中，就是组织为实现某一目标，通过有效的内外沟通联系，寻找共同点，从而实现某种平衡，达到某种默契的一种行为方式。从管理学的角度来说，协调是管理活动的一项重要职能，是领导的职责范围。管理是一个由内、外多重因素构成的复杂、庞大的系统，领导必须根据实际情况的变化不断对内、外各因素进行有效的调整和组合，使之处于有序化和最优化的和谐、平衡状态，从而推动组织高效、顺当地运转。

从某种意义上来说，协调可以理解成是沟通信息、通报情况、解决矛盾。任何林林总总的社会活动，总会涉及不同的个体，而由于个体利益、思想、认识水平尤其是对问题知晓程度等的不同，对问题就会有这样那样的看法，也就难免出现矛盾。及时有效地沟通有关的信息、通报有关的情况，就能及时有效地解决矛盾。因此，协调的过程，也就是解决矛盾的过程。

协调工作就是通过沟通等方式方法，使各方面化解矛盾，协同合作，实现共同的目标。

秘书作为辅助领导实施经营管理活动的助手及由于其所处的贯通上下、联系左右、连接内外的特殊位置，也必然要辅助领导或根据领导的授权采取适当的方式方法，平衡组织内外各因素的关系，使之能步调一致，共同发展。

现代管理活动日益繁杂，矛盾也更加突出，协调对象日益增多，因此，协调工作也就显得更加重要。协调工作是一个复杂的过程，由相互联系、相互作用的诸要素组成。

（一）协调主体

协调主体即协调者，是协调活动的主导因素，协调的成功与否，与协调主体的智力、能力、经验和资格等有关。

一般来说，涉及组织的全局利益或与多个职能部门有关的协调，协调主体多是秘书。重大的协调活动，往往由上司亲自负责。

（二）协调客体

协调客体即协调的对象，是协调活动的制约要素，它制约着协调的难易程度，对协调结果有着直接的影响。因此，为了保证协调过程的顺利和成功，协调主体要熟悉协调客体，并获得协调客体的信任和配合。

协调客体的存在主要有两种状况：一是矛盾双方构成两个协调客体，协调主体作为“中间人”，协调两个客体之间的关系。二是协调客体与协调主体之间或与协调主体所代表的组织、相关部门有矛盾，这时协调主体实际上也是协调客体的一方。

（三）协调目标

协调目标即协调要达到的目的和结果，它能否实现及实现的程度如何，是评价协调质量与效率的主要标准。在协调过程，协调目标往往具有指向和激励作用，因此，协调目标的确定必须明确、具体而又可行。

协调目标有直接目标和最终目标。直接目标是通过协调，使协调客体之间的矛盾得以消除或减少，认识趋于一致，关系融洽或缓和。最终目标就是统一认识，统一行动，齐心协力，共同发展。

直接目标和最终目标有着密切的联系。直接目标是实现最终目标的过程和途径。最终目标是确定的，直接目标是要在对协调内容等因素有一定的了解后才确定的，而且在协调过程中，有时它会根据实际的变化情况，被适时作出适当的必要的调整。

（四）协调环境

协调环境即协调活动的内、外部空间，即协调活动背景。它对协调有一定的制约作用。

协调过程必须了解协调内、外部客观条件的变化，适时调整协调的方式方法，才能保证协调目标的实现。

（五）协调方法

这里说的协调方法是个宏观概念，主要指协调过程所依照的程序、原则、手段和技巧等。它在很大程度上影响着协调的质量，甚至决定着协调成功与否。在下文再具体展开论述。

对于涉外秘书来说，其协调工作除了上面几个要素外，还有一个要素，就是协调意图，这是秘书协调工作有别于其他协调工作的显著特点。

协调意图即上司对协调活动的指示、意见、要求和用意。它是涉外秘书协调的主观依据，也是协调成功的重要保证。

涉外秘书的协调工作很大程度上是辅助上司或根据上司的授权而进行的，因此，在协调过程中必须正确领会和如实地、有创造性地执行上司的意图，如果发现或发生与上司意图相悖或有出入的情况，应及时报告并请示上司，根据上司新的协调意图行事，绝不能妄自为之。

二、涉外秘书在协调中的地位

前文已经说过，协调是领导的职责范围，涉外秘书辅助上司或接受上司授权进行协调工作，是协助或代替上司行使部分工作职权，因此，在整个协调过程中，涉外秘书必须直接对上司辅助，及时向上司汇报，取得上司的指导和认同，不能擅权决断。

（一）配合协调

配合协调是指涉外秘书在上司亲自主持的协调中配合上司，参与到协调过程中去，这属于辅助性协调。

在配合协调中，涉外秘书的任务主要是：

（1）做好协调前的调查工作。

（2）传达和落实上司意图。

（3）配合上司做好有关协调工作，如作好有关协调会议记录，形成有关协调会议文字稿等。

（4）落实检查协调执行情况，使协调目标得以实现。

（二）受权协调

受权协调就是涉外秘书接受上司的授权进行协调。进行受权协调时，涉外秘书要注意：

（1）明确上司的授权范围、上司的协调意图及对协调的要求。

（2）根据实际情况考虑、制订或调整协调计划，有效实施协调。

（3）及时将协调结果向上司汇报。

（三）主动协调

涉外秘书在协调工作中更多的是配合或接受上司的授权来进行协调，这里所说的主动协调，主要是指其在日常工作中对失调或矛盾的事务主动进行主导性的协调。主动协调主要有两大类：一是事务性协调，如有序地安排会议及上司其他相关的日常工作、组织参观访问等；二是根据相关文案处理的工作要求和工作程序，协调文案的运行过程。涉外秘书进行主动协调的基本做法是：

（1）根据实际情况，确定协调目标。

（2）制订协调解决方案，选择适宜的协调方法。

（3）实施协调或将协调方案呈报上司审查，批准后着手开始协调。

知识链接

小水是某私营企业办公室新来的大学生。根据企业发展的需要，他给领导提出建议，提议聘请法律顾问、规范企业运作。此建议颇得领导赏识，并聘请了由他推荐的刘律师。

刘律师专业精通，工作认真，几个月来经他处理的几起企业经济纠纷都解决得非常圆满。一天，公司老总的朋友在外开车时不小心撞倒一个中年妇女，这个中年妇女恰好是刘律师的夫人。老总的朋友和刘律师在处理这起交通事故中发生了冲突，老总的朋友的车在肇事后一直被刘律师扣着。老总的朋友几次提出赔5 000元私了此事，想把车先提出来。刘律师夫妇不接受，要求赔偿1万元，否则，交由交通部门解决。老总得知此事后，觉得不便亲自出面协调，就把此事交给办公室小水，要求他妥善处理。

小水感到协调工作有些棘手，要协调的双方都不能得罪，一个是老总的朋友，一个是自己的朋友，还是公司的法律顾问，协调不好，自己的工作难保，法律顾问也得走人。于是，小水认真地做了一个协调方案，并分步实施。他先到医院看望了刘律师的夫人，了解伤势，又到交通事故处理中心进行相关咨询。然后找到刘律师征询索赔的意见，在赞扬了刘律师法律顾问工作卓有成绩的同时，暗示了公司老板有同刘律师长期合作的愿望，并讲清了老总同肇事司机的朋友关系。小水提出先把肇事汽车“放出来”，索赔的事再慢慢商量，刘律师碍于人情，同时也考虑到自己与公司的合作，就答应了小水的请求。

第一步协调的成功，增强了小水的信心。他趁势找到肇事者，向他讲明“公了”事情的复杂以及赔款的幅度。与之协商确定7 000元为私了赔偿的最高限度。这样，小水又找刘律师进行协调，指出对方提出在赔偿7 000元的范围内和解。刘律师答应和夫人商量一下，小水见刘律师松了口，就直接找公司老总汇报了协调的过程和双方的意见，老总当即对小水的工作表示肯定，并提出亲自出面请双方吃饭，促成此事的平息。于是，小水再次找到刘律师，告诉他对方除了7 000元的赔偿费，还负担医疗费，如果同意，老总准备请双方吃饭，此事就此了结。刘律师当场同意了小水的提议。小水又找到肇事者，谈到7 000元赔偿属于误工费和营养费，他还要负责医疗费，然后由公司老总出面请双方吃饭，大家握手言和，这样既比“公了”省钱、省事，又不怕伤了朋友情面。小水说得情理并重，老总的朋友也爽快地表示同意。至此，小水心里的一块石头落了地。

（资料来源：杨继昭、李颖杰编著：《秘书公关协调基础》，中国人民大学出版社2005年版，第148页）

三、涉外秘书协调的内容

涉外秘书作为上司的助手，涉及的工作范围比较广泛，协调工作的内容也是多方面的，可以说是处处有协调，时时有协调。大体上来说，主要的协调内容有以下几个方面。

（一）政策制度协调

任何一个组织要实现既定的目标、计划，必须制定并颁布若干政策制度，作为指挥、调节、规范、协同组织及其成员行动的准则。一项政策制度的形成、生效和终止，往往会涉及一些群体、成员的利益。为保证政策制度的顺利实施及组织的正常运转，涉外秘书需要做好有关的协调工作。

1. 政策制度沿革的协调

政策制度沿革的协调，即协调原有政策制度与新的政策制度的关系。在新政策制度出台之前，涉外秘书应协助领导做好有关的政策制度文献调查工作，防止政策制度的前后矛盾，保证政策制度的连续性。

2. 政策制度要素的协调

政策制度要素的协调，即协调政策制度对象、政策制度目标和政策制度手段等的关系。在制定决策制度之前，涉外秘书要协助上司做好有关的深入调查研究工作，了解政策制度对象的目标诉求，熟悉有关的国际惯例及我国涉外企业经营、金融、税收等有关政策，使制定的相关政策制度既符合国内、国际的有关政策及惯例，又尽量照顾有关对象的利益，减少矛盾。

在决策制度执行中，如果发现有疏漏和偏差，应及时加以总结反馈，协助上司作出必要的调整。

3. 政策制度环境的协调

政策制度环境的协调，即要协调好政策制度的制定机关，执行机关和监督机关、政策实行与实际情况的关系等。政策制度的实施执行过程，常常会遇到各种各样的问题，出现各种各样的失调和矛盾现象，涉外秘书要辅助上司，及时做好有关的协调疏解工作，消除障碍，化解矛盾，理顺关系。

（二）业务协调

业务协调是指解决日常工作中发生的各种失调或矛盾，或处理需要各部门配合的具体事项，属于微观协调。对于涉外秘书来说，这是一种最经常、最广泛、最大量的协调工作。涉外秘书日常的办文、办会和办事业务，都需要进行协调。

1. 办文协调

文案运行的正常与否，跟组织的经营管理活动息息相关。办文协调就是指在文案运行过程中的协调工作。首先是对各类文案进行审核把关，精简文件数量，提高文件的质量。其次是促使文案正常、有序地运行。如文案的会签、文案的审批等。

2. 办会协调

办会几乎每个环节都要协调，会前主要是对会议的安排和准备等进行协调，如会议时间、地点、人员的统筹协调，会议议题的协调，根据组织的工作中心和工作部署，按照工作的轻重缓急，协调会议议题的数量和先后等。会中是对各种事务的协调，如会议文件，会议接待，会议的安全、保健、保卫工作等。会后与会人员的顺利离会、会议决定的贯彻等，都需要协调。

3. 办事协调

涉外秘书的职能范围非常广泛，可以说，每天都有大量正在做或将要做而未解决的行政管理等事宜，而事情总有先后缓急的区分，因此就必须进行有机的协调。再如，上司有各种约见、会谈、宴请等，对于其活动的规模、时间、地点、形式、规格、经费开支等事宜，涉外秘书都必须与上司或有关部门等进行协商，以使工作顺利进行。

（三）关系协调

1. 内向关系协调

内向关系协调是指处理组织内部或上下级间各种不和谐、不协调、不平衡的关系，营造融洽和谐的工作环境。内向关系协调是涉外秘书协调的重点，在各类协调中所占的比例也最大。内向关系协调主要有下面几个方面的内容：

（1）上下关系协调。

上下关系协调是指同一组织系统中不同级别之间各种关系的协调。一般来说，同一组织系统中不同级别之间虽然层次不同，但根本利益是一致的。然而由于职责、认识、视角等的不同，工作步调难免会参差不齐，矛盾无法回避，这就需要及时协调，减小摩擦，消除各种不利因素，使上下能团结一致、齐心协力、同舟共济。

（2）部门关系协调。

部门关系协调是指组织内部各职能部门之间的关系协调。组织内部的职能部门各有分工，各司其职，相对独立而又地位相等，部门利益冲突现象在所难免。涉外秘书可以通过编发内部消息、出墙报等形式通报不同职能部门工作进展情况及其工作经验，进行横向沟通和协调，增强各部门及其成员的全局观念，促进部门之间的联系和配合。

部门如果发生矛盾，涉外秘书部门要深入了解情况，如实向上级反映。如受命协调，要公平公正，照顾各方利益，不应徇私偏袒一方。

（3）人际关系协调。

这里所说的人际关系协调，主要是指内部公众关系协调。涉外秘书所处的上下、左右、内外枢纽的特殊位置，决定其人际关系的多样化。人际关系协调也就显得更为广泛和复杂，是涉外秘书协调工作的最大难题。

对于涉外秘书来说，与上司之间、与同事之间、与员工之间、与股东之间等的关系，是其协调的重点。在“三资”企业，中外人员由于意识形态、政治立场、宗教信仰、文化传统、风俗礼仪、生活习惯等的不同，人与人之间的矛盾冲突会更加复杂，人际关系协调对于涉外秘书来说，显得更为必要和重要。

①与上司关系的协调。

与上司的关系是秘书人际关系中最重要、最本质的关系。正确、有效地协调与上司的关系，建立起和谐、默契、相互信任的良好关系，有利于秘书各项工作的顺利开展。

在协调工作实践中，简单来说，涉外秘书要做到“到位”但又不“越位”。如当上司与其他部门的领导之间产生分歧需要协调时，这本来是上司自己的任务，但是，涉外秘书的辅助作用，要求其在可能的情况下可以也应该做些力所能及的协调工作，如沟通情况、通报信息等。但要注意的是，如果对情况不太知晓，还是不要不明就里地表态，特别是关于一些重大问题，最好还是不要随便介入。

知识链接

涉外秘书协调与上司之间的关系时须知：

（1）服从上司，认真领会上司意图，圆满完成上司交办的各项任务。

（2）尊重和体谅上司，不假借上司名义以权谋私，不损害领导的名誉；受到误解不在人前辩驳，应找合适的机会解释。

（3）维护上司威信，不在背后议论上司是非，给上司提意见和建议一定要找准场合与时机。

（4）若上司工作中出现失误，要积极采取措施尽量予以弥补和消除影响。

(5) 总结上司的活动规律，了解上司的工作作风，工作上与上司步调一致。

(6) 加强与上司的思想沟通和交流，与上司建立起相互信任的和谐关系。

②与同事关系的协调。

从某种意义上来说，涉外秘书与其他职能部门的同事是一种既分工又合作的平等关系，因此，涉外秘书在日常工作中要注意尊重同事，宽容随和，乐于助人。如要善于容忍同事之间的不同个性、缺点或过失，即使是一时受到误解，也要学会暂时制怒，克制自己的感情，耐心与同事作出善意的解释。

③与员工关系的协调。

由于涉外秘书的特殊位置，在员工眼里有时可能被作为领导看待，但秘书不能因此也以领导身份自居，甚至盛气凌人。相反，涉外秘书一定要明确自己的角色定位，关心员工，急员工之所急，取得员工的信任。尤其是在“三资“企业中，不但要协调好自己与员工的关系，还要尽可能通过自己有效的努力，协调好上司与员工的关系，尽量消弭彼此因文化背景等不同所存在的固有隔阂，充分发挥文化协调的作用。

④与股东关系的协调。

与股东关系的协调是涉外秘书有别于其他秘书协调工作的一种特殊关系协调。

股东是企业的投资者，是企业的特殊成员。股东投资企业是希望得到好的利润回报，因此，他们对企业的经营管理与生产情况十分关心，而他们对企业的关心和支持又有利于企业的经营和发展。因此，涉外秘书应该协助上司协调好与股东的关系，如定期向股东通报企业的情况，让股东了解企业的经营、成果、效益乃至失误等，这是对股东的尊重，也是争取股东信任、支持的重要手段。

2. 外向关系协调

外向关系是指组织与外部的关系，即公共关系学中的公众关系。对一个企业来说，主要是指顾客关系、社区公众关系、新闻媒介关系和竞争关系等。在一定规模的组织中，如果有专门的公关部门，外向关系的协调就主要由公关部门来完成。

(1) 与顾客关系的协调。

在市场经济中，顾客是推动企业活动的轴心，对顾客服务的优劣，是决定企业经营好坏、效益高低的关键。离开了顾客，企业的存在就无所依托，因此，企业必须处理好与顾客的关系。涉外秘书要协助上司做好市场调查，了解顾客的需求，搞好产品的宣传，处理好顾客的投诉。

(2) 与社区公众关系的协调。

社区公众是企业周围的具体单位和社会群体。俗话说，“远亲不如近邻”，搞好社区公众关系，可以为企业创造一个良好的生产环境，为职工创造一个轻松、愉快的生活空间。为此，涉外秘书要协助上司密切企业与社区公众的关系，通过信息沟通、承担社区的某些社会责任和义务、联谊等形式，加深彼此的了解，促进彼此的发展。

(3) 与新闻媒介关系的协调。

从某种意义上来说，新闻媒介是协调企业与公众关系的重要工具，它可以帮助企业沟通与公众的关系，从而为企业树立良好的形象。企业要与新闻媒介经常保持联系，向其提供真实情况，接受舆论监督，不断改进企业工作。

（4）与竞争者关系的协调。

竞争是市场经济的动力，优胜劣败，自古已然。但竞争不是尔虞我诈，互相拆台，而是要采取正当的手段，在价格、产品、宣传、管理、信誉上竞争。商场如战场，因此要“多交友，少树敌”，协调好与同行的关系。要做到互惠互利，必要时可以携手合作，借他人之长补己之短，从而增强本企业的竞争优势。

（四）国际公众关系协调

国际公众关系是指一个国家的组织或企业在国际范围内，与其他国家的相应组织或企业以及当地公众发生的非国家性质的关系。协调好国际公众关系，是企业从事国际促销的一种有效手段。企业通过各种有效的手段和方式，沟通企业与国外公众之间的感情，密切彼此之间的联系，使国外公众了解、信任、关心和支持企业，提高企业和产品的国际知名度与美誉度，进而在国际市场上树立良好的形象，这有利于企业形成长期、稳定的顾客队伍，在激烈的国际竞争中立于不败之地。涉外秘书应协助上司通过以下有效的公关手段和方式，协调好国际公众关系。

1. 进行市场宣传

市场宣传是企业有效地沟通信息并建立企业与国外公众之间良好关系的一种重要方法。例如，可以利用电影、录像等视听手段，或者编辑发行公众关系杂志刊物，向国外公众宣传企业的历史、现状与发展前景，企业产品种类、特点、性能与用途等。在国外设有分公司的企业，还可以邀请当地社会人士参观，让观众更多地了解企业。另外，开设陈列馆、举办客户训练班或举办商品展销会等，也是企业进行市场宣传常用的方法。

2. 发挥新闻媒介的作用

从一定程度上来说，报纸、刊物、广播、电视、广告等新闻媒介是社会公众的耳目和喉舌，在社会公众心目中具有相当的权威性。特别是国外有影响的新闻媒介，可以帮助企业宣传和树立良好的形象。为此，企业要注意发挥新闻媒介在协调公众关系中的作用。

首先，要与新闻媒介机构以及它们的记者、编辑保持经常、密切的联系。企业应该有意识地派专人密切与新闻媒介的联系，不定时地将本企业一些简报、资料送给他们，让他们了解本企业的近况。对采访记者要热情、周到。其次，要及时地将本企业有新闻价值的消息发送给新闻媒介，通过它们将信息及时传递给广大公众。再次，根据企业需要，适时举办记者招待会。如新产品、新决策的出台，都是很好的时机。

3. 支持、赞助社会公益活动

现代的国际公众关系十分注重企业对社会的贡献及对社会公益活动的参与程度。因此，在可能的情况下，企业应该多支持、赞助一些社会公益活动，如教育卫生事业、福利慈善事业、文娱体育活动等，这既可体现企业对社会的回报和责任感，又容易引起新闻媒介的注意与公众的好感，甚至会引起轰动效应，使企业在国外公众中树立良好的形象，增强企业的知名度与美誉度。

4. 组织特别宣传

企业可以单独与新闻媒介合作组织一些特别的宣传活动，如知识竞赛、艺术节、食品节等集宣传性、文化性、娱乐性于一身的活动，以达到既宣传企业、扩大企业影响，又增加企业与公众的交流和友谊的作用。

此外，企业还可以举办展览会，通过实物、文字、图表等介绍、展现企业的成果、成就、风貌、特征；也可以通过举办庆典活动，如节日庆典、厂庆等，来提高企业的知名度。

四、涉外秘书协调的原则

要使协调成功，达到预期的目的，必须依据一定的原则。这些原则主要有：

（一）政策制度指导原则

政策制度是协调工作的准绳和尺度，涉外秘书协调时必须用政策制度去疏导、说服和教育当事者，按有关的政策制度办事，发挥政策制度的效力。如有的企业存在工时过长、工人劳动福利不落实、工人工资被克扣等问题，涉外秘书在进行协调时，就应按照我们国家颁布的有关政策规定和相关的合同协议进行。随着对外合作的不断增多，参照国际惯例和我国国情，我国制定了一系列有关“三资”企业的政策、法规和执行细则，协调时应结合问题的性质，以这些政策、法规为依据，进行调解，或者提出有效的意见和方案，不能无原则地协调或用个人意志、个人感情代替政策法规。

（二）服从全局原则

企业作为一个特定的系统，其本质特征就是其整体性。企业的效益从某种意义上来说是其整体效应的反映。因此，任何企业都要求其所属职能部门各司其职，配合默契，追求工作的高效率，充分发挥企业系统的整体效应。但各职能部门又是相对独立的，都有各自的目标和利益，因此，协调局部利益与整体利益的矛盾时，既应晓之以理，说服被协调各方顾全大局，又要维护各方的合理权益和正当要求，要做到统筹兼顾、利益均衡，只有这样，才能真正解决矛盾。“三资”企业的协调，更要考虑到中外双方、劳资双方的利益，不能损害其中一方的利益。

知识链接

两个部门的矛盾

某公司秋季新推出一批特价促销电风扇，这个活动是企划部策划方案，由营销部实施。由于企划部的失误，未注明活动截止时期，因此经销商一直到第二年春天还执行此价格。很显然错误根源在企划部，但营销部作为执行部门应当及时发现此问题并及时纠正。因此两方都有责任。事后追查这件事情时，营销部的人认为，此事是企划部负责安排的，是他们策划不周，所以企划部应该为这事负责。

当老板要求秘书王艺去询问企划部时，企划部负责此事的人就给王艺来电话，说：“这事责任不在我们。我们只负责方案设计，时间通常都是三个月，以前均是如此，很显然，营销部执行时未能按此办理，再说方案通气会上他们未曾置疑。”王艺问：“这事也不能老拖着，你看这事应该如何解决?”那边电话说：“既然都不认错，就请领导裁定吧。”

老板让秘书处理此事。

王艺把两个部门的主管请到了办公室，双方坐到一起，王艺先介绍了事情的具体经过，让两位主管尽可能地消除误会。然后请两位主管从公司大局出发考虑问题，提醒他们公司的利益是最重要的，不能把部门利益放在公司利益之上。最后让两位主管直接沟通，有什么问题当面说清楚，找到解决问题的办法。

（资料来源：杨群欢、李强华主编：《秘书理论与实务》，重庆大学出版社 2010 年版，第 205 页，引用时略有删减）

（三）平等协商原则

协调工作的过程，就是通过沟通信息、反复协商，求得相互理解、共同解决问题的过程。被协调各方是平等的，涉外秘书在协调过程中应对被协调的各方一视同仁、不偏不倚，要在沟通感情的基础上创造融洽、谅解的协调环境，促进协同与合作，达到协调的最终目的。

在"三资"企业中，中外双方分享权益和承担义务要公平合理，彼此都应享受自己应得的权益，承担应承担的义务，一旦发生分歧或矛盾，应按照合营的协议进行友好的协商解决。另外，"三资"企业中的人事关系也存在多元的较为复杂的情况。例如，正、副董事长一般分别由中外两方人员担任，他们既是企业的决策人，又是双方利益的代表者，这就要求双方要协调好，相互理解，通力合作。

知识链接

1999 年 5 月 8 日，美国战机悍然袭击中国驻南斯拉夫大使馆，三名中国记者遇难，中美关系顿时跌入低谷，中美双方关于中国加入世贸组织的谈判也随之中断。4 个月后，两国领导人准备在新西兰召开的亚太经济合作组织领导人非正式会议期间举行会晤。如何协调安排两国元首会面，是一个非常棘手的问题。会晤的地点选在新西兰总督在奥克兰的官邸，有关方面在会见细节的安排上煞费苦心：会晤厅设了两个门，分别通向两侧的休息室。中美两国首脑来到这里后，先各自在休息室里休息，这样就不必让谁或去等谁了。下午 5 时，江泽民主席和克林顿总统分别从休息室走出来，同时进入大厅，相聚在大厅中央，在 18 名中国记者和 18 名美国记者的闪光灯下握住了手。由于有关方面的精心安排和妥善协调，两国元首的会晤达到了预期的效果。

（资料来源：http：//wenku. baidu. com/view/66c2a150ad02de80d4d8408d. html）

（四）分级负责原则

分级负责，简单来说，就是该由哪一级协调的问题就由哪一级负责，不得随意上交或下推矛盾，也不能相互推诿。涉外秘书进行协调工作时，要严格把关，对于应该由下级系统或职能系统协调却上交的协调工作，应退回原来的部门解决。当然，上级组织也不要越级处理下级职权范围内的问题。对于涉及面广、比较复杂、确实需要协助的协调，涉外秘书应及时汇报，并协助上司做好有关的协调。只有这样，才能避免不作为或推卸责任的做法，使问题及早得到有效的解决。

（五）调查研究原则

调查研究是协调工作的基础。不管协调的问题或大或小，都必须经过深入的调查研究，分析矛盾产生的原因，研究矛盾的症结所在之后，才能对症下药，提出协调意见或采用合适恰当的方式方法进行协调。切忌想当然或感情用事，这样只会将矛盾激化。

五、涉外秘书协调的方法

涉外秘书协调工作内容的广泛性，决定了其协调的方法也是多样的，难以一言蔽之。从大的方面来说，概括起来常用的协调方法主要有：

（一）个别协调

个别协调，即单独与矛盾的一方进行交谈，了解情况，做思想工作。如果分歧矛盾是因信息不通造成的，且牵涉面不大，矛盾不很复杂，便可以采取个别协调的方法解决。还有，一般情况下，人际关系的矛盾也是不宜公开的，通常也采用个别协调的方式进行。其他协调的初级阶段，也以个别分头听取意见、征求意见为好。通过个别协调，或沟通信息，或明确责任，让各方自我调节解决。

（二）会议协调

涉及多方面的事务，牵涉面比较广的问题，宜召开会议协调。例如，召开各方意见征询会，了解各方的利益诉求，找出矛盾的原因，商量出解决的方法，然后再召开正式会议协调。协调会上议决的事情，需要各方同意，有必要的话还要写成会议纪要，以便日后检查，督促实施。

（三）软性协调

软性协调即利用道德、舆论、思想工作等较为温和的方式，通过思想教育或舆论导向的方法，或协商处理，或舆论报道，或说服或要求各方以大局为重，摒弃矛盾或成见，统一认识，解决问题。

运用舆论导向进行协调时要注意适度，否则舆论导向的压力会对被协调者的行为造成负面影响，并进而影响协调目标的实现。

（四）硬性协调

硬性协调也称行政协调，即采取行政手段，如下达命令、指示或运用行政法规、行政措施进行协调。它适用于问题复杂、多方扯皮而又长期得不到解决的矛盾，这种协调方法带有权威性与强制性，有时还要结合经济手段、法律手段进行。

六、涉外秘书协调的程序

协调工作在多数情况下是随机进行的，但协调的过程是一个综合管理的过程，而且涉外秘书的协调工作也有相当一部分是配合协调或受权协调，所以有着一套基本的程序。

（一）接受任务

涉外秘书的协调工作，有主动的，如在办文、办会、办事过程中碰到失调或矛盾的现象，需要进行协调，这种协调是其职责范围内的协调，而且多数情况下是随机进行的，这时只要及时把矛盾解决就可以了。也有被动的，即受上司委托或授权，或配合辅助或代表上司进行协调。在这种情况下，涉外秘书在接受协调任务时，要弄清协调的对象、内容，上司的意图和目的要求以及协调的期限等。如果需要多人合作，要确定协调人选。

（二）分析情况

任务明确以后，就要马上着手有关的准备工作。

首先，要把协调涉及对象的有关情况调查清楚，包括矛盾的产生、经过、发展、现状、各方的观点等，尽量收集齐全。其次，对收集到的有关情况和材料进行分析研究，做一番去粗取精、去伪存真、由此及彼、由表及里的分析工作，找出矛盾的症结，明确协调的目标。

（三）拟订方案

找出了主要矛盾，明确了协调目标之后，就要依照协调的原则，采取适当的协调方法或了解矛盾各方的目的和诉求，提出解决矛盾的方法；或与各方进行讨论，集思广益，在此基础上提出解决方案。

（四）接受协调

将处理矛盾的方案提交给协调各方，通过协商，取得最后共识，矛盾得以化解，各方认识趋于一致，协调基本结束。

一般说来，此时拟订的协调方案不可能是十全十美的。在协商过程中，涉外秘书要虚心听取各方意见，将协调方案作进一步的修改，让各方都得到较为满意的结果，接受协调。

（五）反馈信息

当被协调的各方都接受了协调，步调一致，按统一部署统一行动时，协调目标就算是如期完成了。但涉外秘书的协调工作并没有全部结束，在接下来的工作中，涉外秘书还得检查督促各方执行协同协议的情况，了解各方在执行中碰到的新问题或困难，尤其是对在协调中为了全局利益或其他原因而做出较大让步的一方，更要给予相当的关注，并把有关的新问题、新情况及时反馈给上司或有关部门，以便更好地推动工作的进行。

七、涉外秘书协调的艺术

对于涉外秘书来说，协调无处无时不在。因此，涉外秘书除了掌握协调的原则和方法外，认真研究协调艺术，也是十分必要的。

（一）明暗结合

明暗结合即“明”协调和“暗”协调结合，这主要是指协调场合的选择。

“明”协调是指利用公开场合，如会议等，将被协调各方召集在一起，“当面锣，对面鼓”，把问题摆到桌面上来，当面对话协商，消除误会，解决问题，密切关系，达到协调目的。

“暗”协调是利用非正式场合，如个别谈话等，让被协调各方背靠背，由协调者穿针引线，传递信息，疏通关系，化解矛盾，最终促使被协调各方“弃暗投明”，握手言欢，和衷共济。对于组织中比较琐碎或不宜公开协调的事情，如同事之间的小摩擦等，涉外秘书可通过“暗”协调进行沟通周旋，暗中消除隔阂。

在协调工作中，“明”和“暗”两种办法，有着一定的联系，应该配合使用。“暗”协调是“明”协调的准备，“明”协调是“暗”协调的结果。有时当“明”协调遇到障碍时，或者面对比较尖锐、复杂的矛盾，暂不宜公开协调时，可先采取“暗”协调的方法，条件成熟时再转入“明”协调。

（二）软硬相济

软硬相济即“软”协调和“硬”协调相互调剂。这主要是指协调方法和手段的运用。

在组织中，上下、左右相互之间扯皮的现象时有发生，涉外秘书要根据矛盾的性质，使用恰当的方法和手段，或“软”或“硬”，或软硬兼施加以处理。对于非原则性的难事、小事，可以适当拖一拖，放一放，进行“软”处理，不要因小事误了大局。但对于原则性的矛盾，则一定要按原则办事或“软硬兼施”，协调好各方面的关系，为全局工作的顺利进行创造充足的条件。

知识链接

美国胡佛总统执政期间，25 000余名第一次世界大战的退伍老兵请愿，要求政府给予“退伍军人补助金”。他们与政府进行了多次对话，但双方都互不相让。最后，胡佛拒绝了退伍兵的一切要求，并出动军队将退伍兵强行赶出了华盛顿。罗斯福上台后，退伍兵们又以更大的声势请愿。同样，几次谈判未果。后来，罗斯福与夫人埃利诺商定，由埃利诺出面协调。埃利诺与总统助手路易斯一同前往，到了退伍兵聚集地时，埃利诺让路易斯留在车上，她独自一个人下了车，没有丝毫犹豫地踏着齐踝深的泥水，微笑着向退伍兵们走去。退伍兵见到满身泥水的总统夫人，备受感动，忙把她扶了过来。埃利诺询问了他们的疾苦，倾听了他们的诉说，还和他们一起唱了歌，气氛非常热烈。在这种融洽的氛围中，埃利诺成功地说服了退伍兵，使他们做出了让步，问题得到协商解决。

（资料来源：http：//wenku. baidu. com/view/66c2a150ad02de80d4d8408d. html）

（三）冷热兼用

冷热兼用即“冷”协调和“热”协调配合使用，这主要是协调时机的选择问题，比较适合于人际关系协调。

“冷”协调指运用“冷”处理的办法，回避锋芒，以柔克刚，解决矛盾。采用“冷”协调最好的时机是等冲突各方情绪稳定、心理恢复平衡之后，这时进行协调，各方比较冷静理性，僵局容易被打破，协调成功。涉外秘书在进行“冷”协调时，要学会控制自己的情绪，保持自身的心理协调。

“热”协调是指当冲突各方都表现出服从协调的热情和意向时，便要及时用“热加工”的方法趁热打铁，紧锣密鼓，乘胜追击，果断、快速、准确、稳妥地解决矛盾。对于突发性和时效性强的急事的处理，便常用“热”协调的方法。

协调要注意因人、因事、因时捕捉时机。比如，当上司正在思考某个重要问题或某项重要工作该如何办理，或者上司情绪比较好的时候，是协调的最佳时机，这时符合领导意图的协调意见或方案是比较容易被接受的。善于“借东风”和顺水推舟也是很好的协调时机，如一个重要问题需要协调解决而遇到难题时，这时正好开了个会，领导有了明确的指示；或上级下发了个文件，有了明确的规定；或某个领导作了批示，有了明确的要求等，这都是有利于促进问题解决的时机，不要轻易错过。

（四）快慢并举

快慢并举即“快”协调和“慢”协调有机穿插，这主要是指协调速度的掌握问题。

“快”协调主要指协调开始后，趁着“火候”和余热，一鼓作气，把协调进行到底，往往可以达到事半功倍的效果。

“慢”协调则相反，在协调进行过程，如果时机未曾成熟，不要急于强行了事，而要假以时日，耐心等候，一旦“火候”已到，或来个快刀斩乱麻，干脆利索；或水到渠成，迎刃而解。

协调过程中，该快还是该慢，没有现成的法则，应根据协调的过程，灵活掌握。

思考与练习：

1. 涉外秘书协调的内容有哪些？
2. 涉外秘书协调要遵循哪些原则？
3. 涉外秘书常用的协调方法有哪些？
4. 涉外秘书协调的程序是怎样的？
5. 涉外秘书要掌握怎样的协调艺术？
6. 案例分析：

（1）一个大发雷霆的来电

一个顾客正通过电话向一家大型制造公司的成人运动用品部秘书王兰大发雷霆：“你们是怎么搞的？你们保证过这批运动衫能按时出货。在这个星期的销售广告中我们已经做了大力宣传，可是你们公司的那个蠢货却通知我们这批货赶不出来，这下可好，你让我怎么办？”……

思考题：

1. 王兰应该怎样处理这个大发雷霆的电话？
2. 如果需要王兰去协调，她应该怎么做？请为她设计一个协调方案。

（2）面对上司发火

李浩是风光公司总经理王可的秘书。经过一阵紧锣密鼓的准备，公司与一外商的技术合作项目将在明天进行洽谈，李浩将随王总同行，另外还有公司的章总工和外请的一位翻译。出发时间定在早上9：30。

第二天，还不到8：00，李浩就到办公室准备要用的资料。9：00时，因要核对一个技术数字，他去了技术部。没想到，一阵急骤的电话铃声响起，技术部的同事转告李浩，说王总正在到处找他，而且火气很大。李浩立即赶回办公室，一见王总就受一顿批：“你干吗去了？上班时间串什么门？你还干不干的？”李浩也火了，不是还不到9：30吗？但还是忍住，沉默着听王总“发威”。接下来李浩才知道，原来是总工昨晚突然住院了，翻译也因故不能来，如果推迟谈判，对方可能会去寻找新的合作伙伴。王总正为此事急得不得了呢。李浩知道这个情况后，原谅了王总的发火。“您对这个项目熟不熟悉？”王总问。“我参加过这个方案的起草，细节和全部内容我都熟悉。”李浩自信地说。王总眼睛一亮，但马上又暗了下来：“可翻译呢？翻译也来不了啊！”“我来对付吧。”李浩说。“你行吗？”王总半信半疑。“不行也得行，没时间，也没办法了。”王总带着李浩出发了。

谈判过程，李浩既当翻译又和老外谈技术合作的细节，王总把关决断，配合得十分默契。谈判成功。谈判结束后，王总对李浩的表现非常满意，对他赞个不停。这时，李浩又提醒王总得去医院探望总工。

思考题：

1. 作为秘书，李浩是如何处理好与上司的冲突的？
2. 秘书处理人际关系尤其是处理与上司的关系时，应该注意哪些技巧？

附录一

企业经营管理常识

涉外秘书主要集中在“三资”企业，辅助上司对企业实行综合的经营管理，因此，了解一些简单的企业经营管理常识是非常必要的。

一、“三资”企业

在中国境内设立的中外合资经营企业、中外合作经营企业、外商独资经营企业三类外商投资企业，合称为“三资”企业。

（一）中外合资经营企业

1. 中外合资经营企业的概念

中外合资经营企业（以下简称合营企业），是指中国合营者与外国合营者依照中华人民共和国法律的规定，在中国境内设立的共同投资、共同经营，并按投资比例分享利润、分担风险及亏损的企业。中国合营者包括中国的公司、企业或者其他经济组织，外国合营者包括外国的公司、企业、其他经济组织和个人。

2. 合营企业的法律特征

（1）设立合营企业的法律依据是《中华人民共和国中外合资经营企业法》。

（2）合营企业采取有限责任公司的形式，属于股权式的合营企业。由中国合营者与外国合营者共同投资，共同经营，按投资比例分担企业的风险、盈亏。

（3）合营企业是在中国境内设立的，取得中国法人资格的有限责任公司。

3. 中外合资经营企业的权力机构和经营管理机构

（1）合营企业的权力机构。

合营企业的董事会，是合营企业的最高权力机构。董事会的职权是按合营企业章程的规定，讨论决定合营企业的一切重大问题。

董事会的人数，在合营企业合同、章程中确定，但不得少于 3 人。董事名额的分配，由合营各方参照出资比例协商确定，由合营各方按照分配的名额分别委派。董事的任期为 4 年，经合营者继续委派可以连任。

董事长和副董事长由合营各方协商确定或由董事会选举产生。中外合营者的一方担任董事长的，由他方担任副董事长。董事长是合营企业的法定代表。董事长不能履行职责时，应授权副董事长或其他董事代表合营企业。

董事会会议每年至少召开一次。经 1/3 以上的董事提议，可召开董事会临时会议，董事会会议应有 2/3 以上董事出席方能举行。

（2）合营企业的经营管理机构。

合营企业的经营管理机构，负责企业的日常经营管理工作。经营管理机构设总经理 1 人，副总经理若干人，其他高级管理人员若干人。总经理、副总经理由企业董事会聘请或任命，中外方人员均可担任。

总经理执行董事会会议的各项决议，组织领导合营企业的日常经营管理工作。在董事会授权范围内，总经理对外代表合营企业，对内任免下属人员，行使董事会授予的其他职权。合营企业可以根据生产经营需要，自行确定其机构设置和人员编制。

合营企业需要在国外和港澳地区设立分支机构（合销售机构）时，应报国家对外经济贸易主管部门批准。

（二）中外合作经营企业

1. 中外合作经营企业的概念

中外合作经营企业（以下简称合作企业），是指中国合作者与外国合作者依照中华人民共和国法律的规定，在中国境内共同举办的，按照合作企业合同的约定分配收益或者产品、分担风险和损失的企业。中国合作者包括中国企业或者其他经济组织，外国合作者包括外国企业和其他经济组织或者个人。

中外合作企业属于“契约式”的合营企业。中外合作者的投资或者提供的合作条件，可以不折算成股份。因此，也就不存在必须按持有股份的比例分配收益或者产品、分担风险和亏损的问题。中外合作者应依法在合作经营企业合同中，约定投资或者合作条件，收益或产品的分配，风险和亏损的分担，经营管理方式和合作经营企业终止时的财产归属等事项。

2. 中外合作经营企业的组织机构和经营管理

根据中外合作经营企业法的规定，具备法人条件，而取得中国企业法人资格的合作企业，一般应当设立董事会作为企业的最高权力机构；而不具备法人条件，未取得中国企业法人资格的合作企业，则通常设立联合管理机构。中外合作者的一方担任董事长、联合管理机构主任的，由另一方担任副董事长、副主任。

合作企业的经营管理可根据合同约定采取如下不同的方式：

（1）由董事会或联合机构决定任命或者聘请总经理负责合作企业日常经营管理工作。

（2）董事会或联合管理机构决定委托第三方经营管理的，应由董事会或联合管理机构代表合作企业与第三方签订委托管理合同，连同第三方的资信证明文件报审查批准机关批准，并向工商行政管理机关办理变更登记手续。

（三）外资企业的概念

1. 外资企业的概念

外资企业，是指依照中国法律的规定，在中国境内设立的，全部资本由外国投资者投资的企业。

2. 外资企业的经营管理

外资企业符合中国法律关于法人条件规定的，取得中国法人资格。具有法人资格的外资企业的最高权力机构一般组成董事会或理事会。董事会成员的组成及董事长的推选，政府不加以干涉。但其法定代表人须向政府登记注册。总经理及其他高级管理人员的任命及聘请办法，由章程规定。

根据宪法和有关外资企业法律规定，中国政府保护外资企业的合法权益，但有关机构经法律授权，可以对其进行必要的管理和监督。如财政税务机关有权对外资企业财务、会计和纳税情况进行检查，必要时予以处罚等。

二、法律常识

涉外秘书很有必要掌握一些常用的企业法律知识。

(一)《中华人民共和国公司法》

《中华人民共和国公司法》（简称《公司法》）的制定是为了规范公司的组织和行为，保护公司、股东和债权人的合法权益，维护社会经济秩序，促进社会主义市场经济的发展。秘书需掌握的《公司法》的主要内容有：

（1）公司是企业法人，有独立的法人财产，享有法人财产权。公司以其全部财产对公司的债务承担责任。有限责任公司的股东以其认缴的出资额为限对公司承担责任；股份有限公司的股东以其认购的股份为限对公司承担责任。

（2）公司股东依法享有资产收益、参与重大决策和选择管理者等权利。

（3）公司从事经营活动，必须遵守法律、行政法规，遵守社会公德、商业道德，诚实守信，接受政府和社会公众的监督，承担社会责任。公司的合法权益受法律保护，不受侵犯。

（4）依法设立的公司，由公司登记机关发给公司营业执照。公司营业执照签发日期为公司成立日期。公司营业执照应当载明公司的名称、住所、注册资本、实收资本、经营范围、法定代表人姓名等事项。

（5）公司法定代表人依照公司章程的规定，由董事长、执行董事或者经理担任，并依法登记。公司法定代表人变更，应当办理变更登记。

(二)《中华人民共和国合同法》

《中华人民共和国合同法》（简称《合同法》）的制定是为了保护合同当事人的合法权益，维护社会经济秩序，促进社会主义现代化建设。其主要的内容有：

（1）合同是平等主体的自然人、法人、其他组织之间设立、变更、终止民事权利义务关系的协议。

（2）合同当事人的法律地位平等，一方不得将自己的意志强加给另一方。

（3）当事人依法享有自愿订立合同的权利，任何单位和个人不得非法干预。

（4）当事人行使权利、履行义务应当遵循诚实信用原则。

（5）依法订立的合同，对当事人具有法律约束力。当事人应当按照约定履行自己的义务，不得擅自变更或者解除合同。

（6）书面形式是指合同书、信件和数据电文（包括电报、电传、传真、电子数据交换和电子邮件）等可以有形地表现所载内容的形式。

（7）合同的内容由当事人约定，一般包括以下条款：当事人的名称或者姓名和住所，标的、数量、质量、价款或者报酬，履行期限、地点和方式，违约责任，解决争议的方法。

(8) 依法成立的合同，自成立时生效。

(三)《中华人民共和国劳动法》

《中华人民共和国劳动法》(简称《劳动法》) 的制定是为了保护劳动者的合法权益，调整劳动关系，建立和维护适应社会主义市场经济的劳动制度，促进经济发展和社会进步。秘书应掌握的有关《劳动法》的主要内容有：

(1) 在中华人民共和国境内的企业、个体经济组织（以下统称用人单位）和与之形成劳动关系的劳动者，都必须遵守《劳动法》。

(2) 劳动者享有平等就业和选择职业的权利，取得劳动报酬的权利，休息休假的权利，获得劳动安全卫生保护的权利，接受职业技能培训的权利，享受社会保险和福利的权利，提请劳动争议处理的权利以及法律规定的其他劳动权利。劳动者应当完成劳动任务，提高职业技能，执行劳动安全卫生规程，遵守劳动纪律和职业道德。

(3) 用人单位应当依法建立和完善规章制度，保障劳动者享有劳动权利和履行劳动义务。

(4) 劳动者依照法律规定，通过职工大会、职工代表大会或者其他形式，参与民主管理或者就保护劳动者合法权益与用人单位进行平等协商。

(5) 劳动者就业，不因民族、种族、性别、宗教信仰不同而受歧视。

(6) 妇女享有与男子平等的就业权利。在录用职工时，除国家规定的不适合妇女的工种或者岗位外，不得以性别为由拒绝录用妇女或者提高对妇女的录用标准。

(7) 禁止用人单位招用未满 16 周岁的未成年人。

(8) 订立和变更劳动合同，应当遵循平等自愿、协商一致的原则，不得违反法律、行政法规的规定。劳动合同依法订立即具有法律约束力，当事人必须履行劳动合同规定的义务。

(9) 下列劳动合同无效：违反法律、行政法规的劳动合同；采取欺诈、威胁等手段订立的劳动合同。无效的劳动合同，从订立的时候起，就没有法律约束力。确认劳动合同部分无效的，如果不影响其余部分的效力，其余部分仍然有效。劳动合同的无效，由劳动争议仲裁委员会或者人民法院确认。

(10) 劳动合同可以约定试用期。试用期最长不得超过 6 个月。

(11) 劳动合同应以书面形式订立，并包含以下条款：劳动合同期限，工作内容，劳动保护和劳动条件，劳动报酬，劳动纪律，劳动合同终止的条件，违反劳动合同的责任等。

(四)《中华人民共和国专利法》

《中华人民共和国专利法》(简称《专利法》) 的制定是为了保护发明创造专利权，鼓励发明创造，有利于发明创造的推广应用，促进科学技术进步和创新。秘书对此应掌握以下主要内容：

(1) 发明创造是指发明、实用新型和外观设计。

(2) 执行本单位的任务或者主要是利用本单位的物质技术条件所完成的发明创造，为职务发明创造。职务发明创造申请专利的权利属于该单位；申请被批准后，该单位为专利权人。

（3）两个以上的申请人分别就同样的发明创造申请专利的，专利权授予最先申请的人。

（4）转让专利申请权或者专利权的，当事人应当订立书面合同，并向国务院专利行政部门登记，由国务院专利行政部门予以公告。专利申请权或者专利权的转让自登记之日起生效。

（5）发明和实用新型专利权被授予后，除法律另有规定外，任何单位或者个人未经专利权人许可，都不得实施其专利，即不得以生产经营为目的制造、使用、许诺销售、销售、进口其专利产品，或者使用其专利方法以及使用、许诺销售、销售、进口依照该专利方法直接获得的产品。

外观设计专利权被授予后，任何单位或者个人未经专利权人许可，都不得实施其专利，即不得为生产经营目的制造、销售、进口其外观设计专利产品。

（6）任何单位或者个人实施他人专利的，应当与专利权人订立书面实施许可合同，向专利权人支付专利使用费。被许可人无权允许合同规定以外的任何单位或者个人实施该专利。

（五）《中华人民共和国商标法》

《中华人民共和国商标法》（简称《商标法》）的制定是为了加强商标管理，保护商标专用权，促使生产、经营者保证商品和服务质量，维护商标信誉，以保障消费者和生产、经营者的利益，促进社会主义市场经济的发展。秘书应了解《商标法》如下主要内容：

（1）经商标局核准注册的商标为注册商标，包括商品商标、服务商标和集体商标、证明商标；商标注册人享有商标专用权，受法律保护。

商标法所称集体商标，是指以团体、协会或者其他组织名义注册，供该组织成员在商事活动中使用，以表明使用者在该组织中的成员资格的标志。

商标法所称证明商标，是指由对某种商品或者服务具有监督能力的组织所控制，而由该组织以外的单位或者个人使用于其商品或者服务，用以证明该商品或者服务的原产地、原料、制造方法、质量或者其他特定品质的标志。

（2）自然人、法人或者其他组织对其生产、制造、加工、拣选或者经销的商品，需要取得商标专用权的，应当向商标局申请商品商标注册。自然人、法人或者其他组织对其提供的服务项目，需要取得商标专用权的，应当向商标局申请服务商标注册。

（3）国家规定必须使用注册商标的商品，必须申请商标注册，未经核准注册的，不得在市场销售。

（4）商标使用人应当对其使用商标的商品质量负责。各级工商行政管理部门应当通过商标管理，制止欺骗消费者的行为。

（5）任何能够将自然人、法人或者其他组织的商品与他人的商品区别开的可视性标志，包括文字、图形、字母、数字、三维标志和颜色组合，以及上述要素的组合，均可以作为商标申请注册。

（6）申请注册的商标，应当有显著特征，便于识别，并不得与他人先取得的合法权利相冲突。商标注册人有权标明“注册商标”或者“注册标记”。就相同或者类似商品申请注册的商标是复制、模仿或者翻译他人未在中国注册的驰名商标，容易导致混淆的，不予注册并禁止使用。

（7）就不相同或者不相类似商品申请注册的商标是复制、模仿或者翻译他人已经在中国注册的驰名商标，误导公众，致使该驰名商标注册人的利益可能受到损害的，不予注册并禁止使用。

（8）商标注册申请人在不同类别的商品上申请注册同一商标的，应当按商品分类表提出注册申请。

（资料来源：谭一平、史玉峤、符海玲编著：《涉外秘书实务》，北京大学出版社 2011 年版）

三、证照办理

区域发展的不平衡，企业的竞争发展，使人才的流动越发频繁，政府和企业对流动人员的管理也越来越规范，辅助上司对企业实施综合管理的涉外秘书，很多时候需要协助或帮助有关部门或人员办理好相关的证照，因此，应该了解这方面的一些常识。

（一）居住证

1. *居住证制度*

居住证是中国一些城市借鉴发达国家“绿卡”制度进行的积极尝试，为中国制定技术移民办法，最终形成中国国家“绿卡”制度积累有益经验。目前北京、上海、广东等很多城市都相继实行了居住证制度。

居住证制度的实行，有利于解决流动人员的就业、子女教育、养老、住房等民生的基本问题，保障了流动人员的权益，增强流动人员对居住地的认同感，从而推动社会的和谐发展。

居住证可以由个人直接申请办理，也可以由用人单位为员工统一申办。

2. *办理居住证所需材料*

需办理居住证时，可通过电话或网络查询所需材料，以做好充分的准备。一般来说，所需材料大体上有：

（1）居住证申请表。

（2）申请人本人的居民身份证或其他有效身份证明的原件及复印件。

（3）数码照相回执（申请人到开通网上认证的照相馆拍摄数码相并取得照相回执）。

（4）相关部门有关从业证明、物业证明、人才或海外人才证明、学习证明。

（5）计划生育证明（必要时）。

用人单位为员工统一申办居住证时，有时还需要提供营业执照、组织机构代码证、工商登记证明的原件及复印件。没有组织机构代码证的可提供单位批准成立的文件。

3. *居住证办理程序*

居住证办理程序各地不尽相同，个人办理和集体办理也有一些差别。一般过程为：填写申请表——准备相关材料——到办理点提交相关材料并办理——等候办理——领证。

以深圳为例，个人申办和用人单位集体申办的流程，如图 10 -1、图 10 -2 所示：

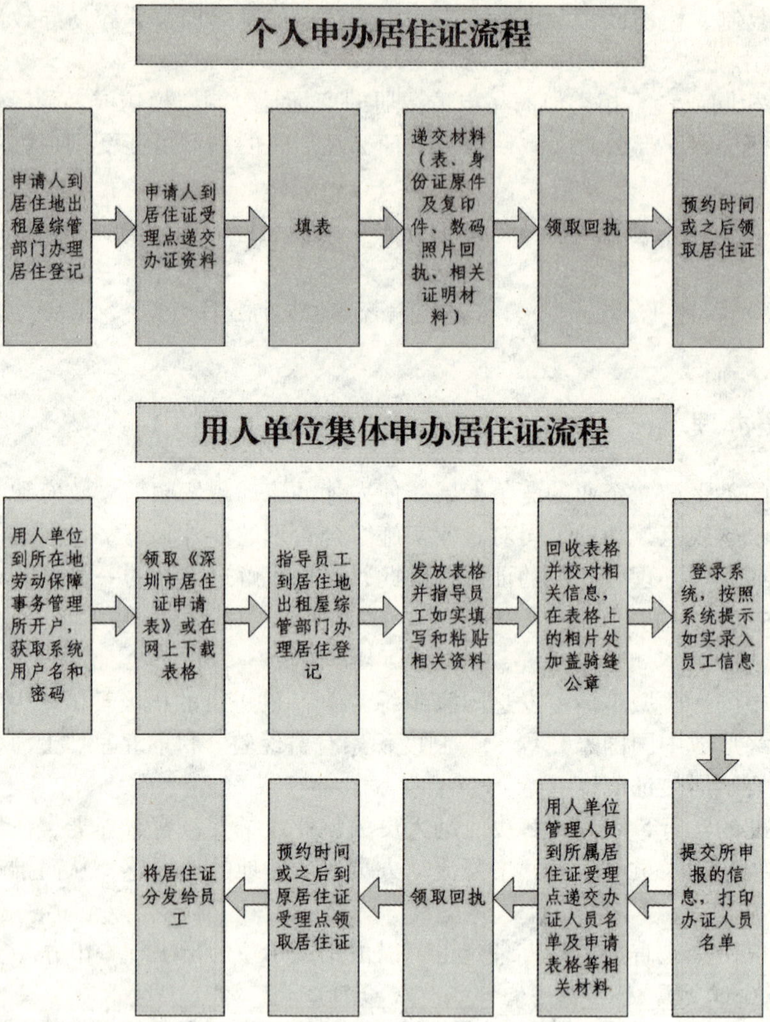

图 10－1　个人申办和用人单位集体申办居住证流程

深圳市居住证申请表

基本信息

❖姓名		曾用名		❖性别		❖民族		贴相片处（近期大1寸免冠彩照）
❖公民身份号码								
❖出生日期	年 月 日	❖婚姻状况	□1未婚 □2已婚 □3丧偶 □4离婚 □9其它					
❖户籍地址								
❖户籍地址类型	□2省内农村 □3省内城镇 □4省外农村 □5省外城镇 □9其它	❖数码照相图像号						
❖服务处所全称								
❖文化程度	□11 博士 □12 硕士 □21 大学 □31 大专 □40 中专 □50 技校 □61 高中 □62 职高 □63 职专 □70 初中 □80 小学 □90 文盲或半文盲 □99 其他							
职称	□1 初级职称 □2 中级职称 □3 高级职称 □9 其它	职业技能等级	□1 高级技师 □2 技师 □3 高级工 □4 中级工 □5 初级工 □9 无技术职称或等级					

计生信息

广东省流动人口避孕节育情况报告单	□ 0无 □ 1有	【报告单编号：NO 】

现居住信息

❖现居住地址		❖来深日期	年 月 日
❖房屋地址信息编码	4 4 0 3		
❖住所类别	□1 旅店 □2 居民家中 □3 单位内部 □4 工地现场 □5 租赁房屋 □6 自购房 □9 其他		
❖居住方式	□1 单身居住 □2 家庭居住 □3 合伙居住 □4 集体居住 □9 其它	❖入住日期	年 月 日
❖来深居住事由	□1 务工 □2 务农 □3 经商 □4 服务 □5 因公出差 □6 借读培训 □7 治病疗养 □8 保姆 □9 投靠亲友 □10 探亲访友 □11 旅游观光 □12 其它		

偕行人/子女信息	姓名	关系	性别	民族	公民身份号码	相片图像号

本人联系电话	移动电话： 固定电话：	紧急联系人	姓名：	移动电话： 固定电话：

❖居住证办理情况

申办类型：

□ 临时居住证　　□ 居住证

申领居住证必须在以下八种情形中选择一种：

- □ 在深圳市就业（含家政服务）
- □ 投资兴办企业或者其它经济组织
- □ 在深圳市内拥有所居住房屋的产权
- □ 符合深圳市有关办理人才居住证条件的
- □ 符合深圳市有关办理海外人才居住证条件的
- □ 在深圳市创业并具备相应的技术或者资金条件或者在深圳市从事文化艺术创作
- □ 在深全日制办学机构中接受教育的学生
- □ 年满60周岁

❖ 承诺

本表所填写内容正确无误。如有虚假，本人愿承担法律责任。

申请人签名：________

监护人签名：________

被委托人签名：________

年 月 日

【注：16周岁以下公民填写该表时监护人要签名，委托他人办理的被委托人要签名。】

以下为工作人员填写

受理审核情况	受理意见 受理人： 年 月 日	审核意见 审核人： 年 月 日	备注	

图 10－2　深圳市居住证申请表

（二）员工社会保险的办理

1. 社会保险政策

社会保险是指国家通过立法，多渠道筹集资金，对劳动者在因年老、失业、患病、工伤、生育而减少劳动收入时给予经济补偿，使他们能够享有基本生活保障的一项社会保障制度。社会保险具有强制性、共济性和普遍性等特征。主要包括养老保险、失业保险、医疗保险、工伤保险和生育保险等项目。

社会保险的保障对象主要是全体劳动者，目的是保障基本生活，具有补偿收入减少的性质。

社会保险的资金来源主要是用人单位和劳动者本人，政府给予资助并承担最终责任。社会保险实行权利和义务相对应的原则，劳动者只有履行了缴费义务，才能获得相应的收入补偿权利。

养老保险，也称国家基本养老保险。它是国家为保障退休职工基本生活需要统一政策并强制实施的一种养老保险制度。

失业保险是保障劳动者因各种原因失去工作，在重新恢复工作期间的基本生活需要而设立的社会保障制度。医疗保险是对劳动者患病或因非工伤发生困难而给予经济援助的一种社会保险制度。工伤保险是国家为预防劳动者受到职业伤害，并使受到职业伤害者及其家属恢复正常生活而采取的社会保险制度。生育保险是女性劳动者因生育子女而暂时失去劳动时，从社会获得物质帮助的社会项目。符合法定结婚条件和计划生育要求的女性劳动者，可以享受相关的生育保险待遇。

养老保险、失业保险、医疗保险、工伤保险和生育保险五项保险中，前三项为基本社会保险，保险费由企业与个人共同缴纳；后两项完全由企业承担，缴纳基数与比例因地而异。

《劳动法》规定：凡是招聘员工的企业都得给员工购买社会保险，否则工商营业执照年审时不予过关。

2. 企业社会保险的办理

对于国家社保政策的具体实施，各地或有所不同，办理时可向所在地的社保经办部门予以咨询。大体的程序如下：

（1）企业办理社会保险登记应准备的主要材料：

①营业执照副本（或批准成立文件、其他核准执业证件）复印件；

②《组织机构统一代码证》副本复印件；

③《基本存款账户许可证》及复印件；

④企业法人身份证复印件；

⑤企业申请网上申报业务经办人的身份证复印件；

⑥《地方税务登记证》副本复印件；

⑦非国有企业、个体工商户提供《验资报告》及复印件。

（2）企业办理社会保险的基本过程：

①提供营业执照、组织机构统一代码证书等申请材料；

②到企业所属辖区社保机构指定办事窗口领取表格和单位编号（社保登记证编码）；

③到社保机构征收窗口办理社会保险登记手续。

3. 员工社会保险的办理

（1）员工社会保险要准备的材料：

如果员工是首次参保，则提交身份证原件及复印件、公安机关认可的第二代身份证数码照相回执。

如果属于下列情况的，还须相应准备以下材料：

①属调入人员的，需提供劳动、人事部门调动通知书及复印件；

②属院校毕业分配的，需提供院校毕业生分配函件及复印件；

③属招工的，需提供劳动部门招工表及复印件；

④属复、转军人的，需提供复、转军人行政介绍信及复印件；

⑤属迁户或久居的，需提供户口簿及复印件。

如果已经参加保险，只是保险流动的，只要提交社保卡就行了。

（2）员工社会保险办理的基本程序：

①登录社保局网站；

②进行网上申报；

③到缴费所属社保机构征收窗口递交资料；

④待征收窗口确认生效。

4. 社保缴纳基数与比例

社保是以个人的实际工资为基数来缴纳的。但缴费的上限不高于上年度职工的平均工资的3倍，下限不低于当地上年度职工平均工资的60%。计算公式为：

单位月缴纳＝年度工资总额÷12（月）×各年度缴费比例。

按照职工工资，单位和个人的承担比例一般是：

养老保险：单位承担20%，个人承担8%；

医疗保险：单位承担6%，个人承担2%；

失业保险：单位承担2%，个人承担1%；

生育保险：1%，全由单位承担；

工伤保险：0.8%，全由单位承担。

（资料来源：焦名海、方有林主编：《办公室事务处理》，重庆大学出版社2010年版）

（三）企业年检

企业年度检验（简称年检）是企业登记机关依法按年度根据企业提交的年检材料，对与企业登记事项有关的情况进行定期检查的监督管理制度。

按国家规定，凡领取营业执照的有限责任公司、股份有限公司、非公司企业法人、合伙企业、个人独资企业及其分支机构、来华从事经营活动的外国（地区）企业，以及其他经营单位（以下统称企业）均需参加年检。

企业年检的时间为每年3月1日至6月30日，企业应当向企业登记机关提交年检材料。有正当理由的可以在6月30日前向企业登记机关提交延期参加年检的申请，经企业登记机关批准可以延期30日。企业应当对其提交的年检材料的真实性负责。当年设立登记的企业，自下一年起参加年检。

年检的主要内容根据企业的性质有所不同，企业应按规定提交相关文件。

四、ISO 认证和条形码

（一）ISO 认证

ISO（International Organization for Standardization）是一个全球性的非政府组织，是由各国标准化团体（ISO 成员团体）组成的世界性联合会。其宗旨是“在世界上促进标准化及其相关活动的发展，以便于商品和服务的国际交换，在智力、科学、技术和经济领域开展合作”。制定国际标准工作通常由 ISO 的技术委员会完成。中国是 ISO 的正式成员，代表中国的组织为中国国家标准化管理委员会（Standardization Administration of China，简称 SAC）。ISO 认证的标志如图 10－3 所示。

图 10－3　ISO 认证的标志

ISO 的主要功能是为人们制订国际标准达成一致意见提供一种机制。通过其技术工作机构，ISO 已经发布了 9 200 个国际标准，如 ISO 的 A4 纸张尺寸和有名的 ISO9000 质量管理系列标准等。

企业引入 ISO 认证，可以强化品质管理，不但使运作标准化并保持水准，增强企业产品在品质竞争中的能力，节省第三方审核的精力和费用，提高企业效益，而且可以显示企业对质量的承诺及树立良好的形象，获得国际贸易“通行证”，消除国际贸易壁垒，增强顾客的信心，扩大市场份额，促进企业国际间的经济合作和技术交流。

ISO 八大质量管理原则（Quality Management Principles）是：

（1）以顾客为关注焦点（Customer Focused Organization）。

（2）领导作用（Leadership）。

（3）全员参与（Involvement of People）。

（4）过程方法（Process Approach）。

（5）管理的系统方法（Systematic Approach to Managements）。

（6）持续改进（Continual Improvement）。

（7）基于事实的决策方法（Factual Approach to Decision Making）。

（8）与供方互利的关系（Mutually Beneficial Supplier Relationships）。

（二）条形码

国际上，包括中国，条形码现在统称为条码（Bar Code），是将宽度不等的、反射率相差很大的多个黑条（简称条）和白条（简称空），按照一定的编码规则排列，用以表达一组信息的图形标识符，如图 10－4 所示：

图 10－4　条形码

条形码可以标出物品的生产国、制造厂家、商品名称、生产日期、图书分类号、邮件起止地点、类别、日期等许多信息，在商品流通、图书管理、邮政管理、银行系统等许多领域都已得到广泛应用。

商品条形码的编码遵循唯一性原则，是以保证商品条形码在全世界范围内不重复，即一个商品项目只能有一个代码，或者说一个代码只能标识一种商品项目。不同规格、不同包装、不同品种、不同价格、不同颜色的商品只能使用不同的商品代码。

目前国际上使用最广泛的商品条形码是 EAN 商品条形码。EAN 商品条形码亦称通用商品条形码，由国际物品编码协会制定。中国目前在国内推行使用的也是这种商品条形码。EAN 商品条形码分为 EAN－13（标准版）和 EAN－8（缩短版）两种。

EAN－8 商品条形码是指用于标识的数字代码为 8 位的商品条形码，由 7 位数字表示的商品项目代码和 1 位数字表示的校验符组成。

EAN－13 码标准码共 13 位数，其组成是："国家代码" 3 位数，赋码权在国际商品条码总会，我国的"国家代码"为"690－695"。表 10－1 所示的是世界各地条形码的代码表。

表 10－1　世界各地条形码代码表

前缀码	国家（地区）/应用领域	前缀码	国家（地区）/应用领域
000－019、030－039、060－139	美国	627	科威特
020－029、040－049、200－299	店内码	628	沙特阿拉伯
050－059	优惠券	629	阿拉伯联合酋长国
300－379	法国	640－649	芬兰
380	保加利亚	690－695	中国
383	斯洛文尼亚	700－709	挪威
385	克罗地亚	729	以色列

（续上表）

前缀码	国家（地区）/应用领域	前缀码	国家（地区）/应用领域
387	波斯尼亚和黑塞哥维那	730 – 739	瑞典
389	黑山	740	危地马拉
400 – 440	德国	741	萨尔瓦多
450 – 459、490 – 499	日本	742	洪都拉斯
460 – 469	俄罗斯	743	尼加拉瓜
470	吉尔吉斯斯坦	744	哥斯达黎加
471	中国台湾	745	巴拿马
474	爱沙尼亚	746	多米尼加
475	拉脱维亚	750	墨西哥
476	阿塞拜疆	754 – 755	加拿大
477	立陶宛	759	委内瑞拉
478	乌兹别克斯坦	760 – 769	瑞士
479	斯里兰卡	770 – 771	哥伦比亚
480	菲律宾	773	乌拉圭
481	白俄罗斯	775	秘鲁
482	乌克兰	777	玻利维亚
484	摩尔多瓦	778 – 779	阿根廷
485	亚美尼亚	780	智利
486	格鲁吉亚	784	巴拉圭
487	哈萨克斯坦	786	厄瓜多尔
488	塔吉克斯坦	789 – 790	巴西
489	香港	800 – 839	意大利
500 – 509	英国	840 – 849	西班牙
520 – 521	希腊	850	古巴
528	黎巴嫩	858	斯洛伐克
529	塞浦路斯	859	捷克
530	阿尔巴尼亚	860	塞尔维亚
531	马其顿	865	蒙古
535	马耳他	867	朝鲜
539	爱尔兰	868 – 869	土耳其
540 – 549	比利时、卢森堡	870 – 879	荷兰
560	葡萄牙	880	韩国
569	冰岛	884	柬埔寨

（续上表）

前缀码	国家（地区）/应用领域	前缀码	国家（地区）/应用领域
570－579	丹麦	885	泰国
590	波兰	888	新加坡
594	罗马尼亚	890	印度
599	匈牙利	893	越南
600－601	南非	896	巴基斯坦
603	加纳	899	印度尼西亚
604	塞内加尔	900－919	奥地利
608	巴林	930－939	澳大利亚
609	毛里求斯	940－949	新西兰
611	摩洛哥	950	GS1 总部
613	阿尔及利亚	951	GS1 总部（产品电子代码）
615	尼日利亚	955	马来西亚
616	肯尼亚	958	澳门
618	科特迪瓦	960－969	GS1 总部（缩短码）
619	突尼斯	977	连续出版物（ISSN）
621	叙利亚	978－979	图书（ISBN）
622	埃及	980	应收票据
624	利比亚	981－983	普通流通券
625	约旦	990－999	优惠券
626	伊朗		

“厂商代码”4 位数，赋权在各个国家或地区的物品编码组织，中国由国家物品编码中心赋予制造厂商代码。

“产品代码”5 位数，代表单项产品的号码，由厂商自行编定。

“校正码”1 位数，系为防止条码扫描器误读的自我检查。

商品条形码的诞生极大地方便了商品流通，也是迄今为止最经济、最实用的一种自动识别技术。随着零售业和消费市场的飞速扩大和发展，条形码将有着更广阔的发展前景。

附录二

秘书网站推介

一、国内主要网站

1. 中华秘书网：http：// www. china—mishu. com

中华秘书网由北京现代秘书科学技术研究中心创办，该网站成立于2000年12月，设置的主要频道和栏目有要闻简报、秘书工作、秘书研究、秘书教育、秘书文库等。

该网站信息量大，内容新颖丰富，分类科学合理，能提供全方位的秘书业务信息和服务。

2. 秘书在线：http：// www. sst668. com

秘书在线（中国深圳）由深圳紫金苑网络秘书有限公司创办，2001年7月开通，是国内第一家网络秘书平台。该网站设有4个频道、38个栏目，内容包括秘书新潮、在线秘书、秘书风采、秘书学科、秘书就职、学术论坛、秘书俱乐部、人才中心、招聘信息等。

网站功能较完善，页面设计精美，秘书人才交流招聘和网上办公的互动功能和信息有相当水平，能提供令人满意的信息和服务。

3. 中国秘书在线：http：// www. cds21. com

中国秘书在线由昆明飞熊信息技术有限公司创办。该网站定位为“中国秘书的秘书”，即作为秘书来为秘书服务，而不是作为商人来为秘书服务。该网站主要设秘书论坛、秘书应用软件、网络文学、网络资源、最新公文范文等7个频道50余个栏目。页面设计简洁明快，实用方便。

4. 华夏办公网：http：// www. china—bg. com

华夏办公网成立于2000年12月8日。该网站下设新视野、经贸观察、中国秘书、办公百宝箱、健康加油站、法制进行时、出行宝典、会员特区8个频道，设政务信息、专题报道、秘苑春秋、秘书机构导航、理论研究、学术论著、秘书讲坛等47个栏目。此外，还专门为秘书人员设立了交流平台——秘书讲坛。

华夏办公网面向全国党政军，企事业单位和海内外政府、组织、机构，提供按中办、国办要求和国际惯例制定的规范化、科学信息化的办公模块，实时的国内外办公信息，先进的办公动态，并将组建一个快捷灵活的电子联系网络，为中国行政管理的电子化办公服务。

5. 亚商在线秘书频道：http：//secretary. asiacc. com/

亚商在线创立于1999年，2006年10月，由全球500强企业、国际知名的办公用品和办公服务提供商美国Office Depot公司（www. officedepot. com）控股亚商在线。

其秘书频道为秘书职业发展、升级提供各种最新资讯，包含工作参谋、职场生存、发展故事、职场策略、健康生活、时尚生活、快乐生活等各方面内容，内设栏目有百味职场、秘书教授、升级直通车、秘书论文、办公事务、公司事务、文书事务、行政事务、办公英语、社交礼仪、搞定计算机、职业形象、艺术修养、大话秘书、职场谋略、媚秘感悟等。

6. 天生秘书：http：// mishu. 51. net

天生秘书是由蓝蝴蝶创办的个人网站。该网站现设有秘书论坛、秘书交友、秘书聊天、秘书留言等互动频道和秘书知识、秘书法规、秘书文摘、秘书软件、秘书课堂、秘书休闲等栏目。网站设计精巧，动静结合，功能齐全。

7. 文秘牛庄：http：// niuzhuang. 126. com，http：//e－365. y365. com/

文秘牛庄是建立最早的秘书专业网站之一。主要栏目包括文秘人才村、文秘充电站、文秘资料库、文秘应用巢、文秘俱乐部、文秘爱好城、文秘用品柜、去文秘牛庄等栏目。可提供秘书写作、文本文件、文字材料、法律法规、政府规章、诉状范本等。为方便秘书人员，该网站还围绕秘书工作精选了各类网站链接，是文秘办公必备网站。

8. 文秘之家：http：// xbw2. 126. com

文秘之家是三马家园系列网站之一，主要栏目包括专题资料、文秘论坛、交友中心、酷站精选、政府网站等。网站集中收录领导讲话、文体常识、文稿资料、杂文、散文、诗词、书法等，是行政秘书经常访问的网站。

二、国外和港台地区主要网站

1. 国际行政管理者协会：http：// www. jaap－hq. org

该网站是国际行政管理者协会的官方网站，主要栏目包括IAAP介绍、资格认证、加入IAAP、IAAP事件、研究和进展、会员专区、教育资源和产品、采购指南等。

国际行政管理者协会（International Association of Administrative Professionals，缩写IAAP），其前身为国际职业秘书协会（Professional Secretaries International），是目前世界有名的跨国性秘书职业组织。该组织成立于1942年，原名为美国全国秘书协会，总部设于美国密苏里州开普斯城。会员遍及美国和欧、亚、拉美各洲30多个国家和地区。其宗旨是：作为秘书的代言机构，维护秘书的合法利益；通过连续教育，提高秘书人员的素质和水平；介绍最新技术，增强业务技能，提高秘书的职业地位。其主要工作是出版《秘书》、《秘书工作范例》等刊物，举办“特许职业秘书考试（简称CPS）”，举行国际秘书会议，庆祝国际秘书节。

2. 特许秘书和行政人员工会：http：// www. icsa. org. uk

该网站是特许秘书和行政人员工会的官方网站，主要栏目包括ICSA介绍、特许秘书、会员专区、学员专区、职业进展、新闻/评论和综述、产品及服务、在线链接等。

特许秘书和行政人员工会（The Institute of Chartered Secretaries and Administrators，缩

写 ICSA)，成立于 1891 年，目的在于建立和提高公司秘书的地位，确定成员的职业道德规范。总部设在伦敦，分支机构遍及澳大利亚、加拿大、新西兰、南非、新加坡、马来西亚、津巴布韦、中国香港等国家和地区。

3. 美国公司秘书协会：http：// www. saicsa. com

该网站是美国公司秘书协会的官方网站，主要栏目包括会员信息、ASCS 介绍、事件一览表、ICSA 国际在线、CLE 认证、论坛、会议消息、研讨、技术产品和服务、ASCS 出版物、新闻等。

美国公司秘书协会（American Society of Corporate Secretaries，缩写 ASCS）成立于 1946 年，其会员主要有公司董事会秘书、助理秘书以及其他行使公司董事会秘书职责的人。

4. 全美政府秘书协会：http：// www. nass. org

该网站是全美政府秘书协会的官方网站，主要栏目包括 NASS 介绍、选举信息、业务预约和档案服务、新闻报道、政府秘书信息等。

全美政府秘书协会（National Association of Secretaries of State，缩写 NASS）成立于 1904 年，是联邦政府公共办公领域历史最悠久的非官方机构。其目的在于为政府秘书提供一个交流信息和经验的媒体，增进政府间公共政策制定和贯彻方面的合作。在美国，政府秘书的人数远远超过任何工商部门的私人秘书。

5. 美国管理协会：http：//www. amanet. org

美国管理协会成立于 1923 年，是世界上最大及最负盛名的管理教育与培训机构之一。它致力于企业经理人员各个职业及管理领域的技巧与能力的培养。其高级秘书和行政助理的培训很有特色。

6. 欧洲管理协会：http：//www. euma. org

该网站分为会员区和来宾区。来宾区包括：协会介绍、新闻事件、会员权益等。

欧洲管理协会（European Management Assistants）是欧洲管理者的国际著名网络机构，负责法国、德国等国的高级秘书资格认证。

7. 日本秘书协会：http：// www. hishokyokai. org. jp

该网站是日本秘书协会的官方网站，主要栏目包括 JSA 介绍、讲座培训、国际秘书（CBS）鉴定、会员活动、全国秘书会议、国际活动、入会申请、秘书便利、团体会员名录等。

日本秘书协会（Japan Secretaries Association，缩写 JSA)，是由秘书（个人）和法人（企业方面）以及与教育有关人士组成的团体，成立于 1968 年。其主要工作是评选最佳秘书，每月召开例会，发行机关刊物《秘书》，编辑有关秘书学专著，举办国际秘书（CBS）考试等。

8. 韩国行政管理人协会：http：// www. kaap. org

该网站是韩国行政管理人协会（Korean Association of Administrative Professionals，缩写 KAAP）的官方网站，设置的主要栏目包括 KAAP 介绍、讲座培训、新闻报道、会员专区、国际活动、在线入会等。韩国行政管理人协会的前身是韩国职业秘书协会。

9. 香港公司秘书工会：http：// www. hkics. org. hk

香港公司秘书工会（The Hong Kong Institute of Company Secretaries，缩写 HKICS）是

一个专业法人团体，由特许秘书和行政人员工会（the Institute of Chartered Secretaries and Administrators，缩号 ICSA）发展而来，该工会目前拥有 3 500 名正式会员和几乎相同数量的登记报考候选学生。网站设置的栏目包括我们的职责、协会介绍、活动和事件、ICSA 国际在线、联系我们、会员专区、学员专区、出版物、新闻等。

10. 香港秘书和行政管理人协会：http：// www. secretaryhk. org

该网站是香港秘书和行政管理人的官方网站，网站设置的栏目包括定义、简介、公告栏、事件、CPS 证书、在线入会等。

香港秘书和行政管理人协会（The Hong Kong Association of Secretaries and Administrative Professionals Limited，缩写 HKASAP），其前身是香港秘书协会，成立于 1974 年，是亚太秘书和行政管理人协会（Association of Secretaries and Administrative Professionals in Asia Pacific），即前身为亚太秘书协会（Association of Secretaries in Asia）的成员，是国际行政管理人协会（IAAP）的分支机构。

11. 香港公司秘书工会：http：//www. hkics. org. hk

该网站设置的栏目包括我们的职责、协会介绍、活动和事件、ICSA 国际在线、联系我们、会员专区、学员专区、出版物、新闻等。

香港公司秘书工会（The Hong Kong Institute of Company Secretaries，缩写 HKICS）是一个专业法人团体，由特许秘书和行政人员工会（The Institute of Chartered Secretaries and Administrators，缩写 ICSA）发展而来，并成为其不可缺少的组成部分，在香港已经有 50 多年的历史。

12. 台北市专业秘书协会：http：//www. secretary. org. tw

该网站栏目包括协会简介、专业训练、会员园地、工商资源、入会办法、留言版、网站维护、在线入会等。

台北市专业秘书协会隶属于台湾专业秘书协会，其目的在于提高秘书对其专业之兴趣，促进会员间的联络和团结，鼓励秘书接受专业训练和继续进修，进而发挥其心得及才智以利人利己，提高专业服务水平，唤醒并激发秘书对台湾经济及企业发展与国际事务之责任感。

13. 其他秘书网站

◎印度公司秘书工会（The Institute of Company Secretaries of India）网站：http：//icsi-india. org

◎马来西亚特许秘书和管理人工会（The Malaysian Association of The Institute of Chartered Secretaries and Administrators）网站：http：//www. rnaicss. org. my

◎新加坡特许秘书和管理人工会（The Singapore Association of the Institute of Chartered Secretaries and Administrators，缩写 SAICSA）网站：http：//www. saicsa. com

◎巴西秘书协会（缩写 FENASSEC）网站：http：//www. fenassec. com. br

◎澳大利亚特许秘书协会（Chartered Secretaries Australia）网站：http：//www. cicsa. com. au

◎新西兰特许公司管理人工会（Chartered Institute of Corporate Management）网站：http：//www. cicmnz. org. nz

◎加拿大特许秘书和管理人工会（The Institute of Chartered Secretaries and Administrators in Canada）网站：http//www. icsacanada. org

◎津巴布韦特许秘书和管理人工会（Institute of Chartered Secretaries and Administrators Zimbabwe Division）网站：http：//www. icsaz. co. zw

参考文献

1．蒲丽钿．涉外秘书实务．武汉：武汉大学出版社，2000.
2．张丽琍．涉外秘书实务．北京：首都经济贸易大学出版社，2010.
3．［美］玛丽·A·德弗里斯．涉外秘书全书．胡敏、陈彩霞译．北京：中信出版社，1999.
4．谭一平，史玉峤，付海玲．涉外秘书实务．北京：北京大学出版社，2011.
5．杨剑宇．涉外秘书实务．武汉：湖北科学技术出版社，2000.
6．杨剑宇．涉外秘书概论．武汉：湖北科学技术出版社，2000.
7．向国敏．现代秘书实务．北京：首都经济贸易大学出版社，2006.
8．胡鸿杰．办公室事务管理．北京：中国人民大学出版社，2004.
9．沈青兰．涉外秘书实务．北京：龙门书局，1996.
10．赵锁龙．管理秘书实务．北京：中国人民大学出版社，2008.
11．高玉娟．管理秘书实务．北京：中国铁道出版社，经济科学出版社，2008.
12．杨锋．秘书实务．北京：中国人民大学出版社，2011.
13．蔡超，杨锋．现代秘书实务．广州：暨南大学出版社，2006.
14．杨树森．秘书实务．合肥：安徽大学出版社，2006.
15．吴良勤．商务秘书实务．武汉：重庆大学出版社，2010.
16．杨群欢，李强华．秘书理论与实务．重庆：重庆大学出版社，2010.
17．焦名海，方有林．办公室事务处理．重庆：重庆大学出版社，2010.
18．金常德．秘书职业概论．重庆：重庆大学出版社，2010.
19．王萍，张卫东．现代文秘工作实务．北京：机械工业出版社，2007.
20．王银清，瞿麦生．企业秘书实务．北京：中国人民大学出版社，1995.

后记

随着市场经济改革的不断深化，我国的“三资”企业，即中外合资企业（Sino-foreign Joint Venture）、中外合作企业（Sino-foreign Cooperative Enterprise）、外商独资企业（Wholly Foreign - owned Enterprise）发展迅猛，同时，随着国内与国际的交往日益增多，涉外秘书的需求量不断增大，对其素质的要求也越来越高。可是，由于各方面的原因，从总体上来看，涉外秘书专业的发展尚未进入规范的状态，各校基本上是采取灵活的“因地制宜”的游击战略，即依据自己的理解和各自的实际情况办学。因此，就目前出现的寥寥无几的教材来看，其质量也参差不齐。

广东外语外贸大学的涉外秘书专业自20世纪80年代开办以来，为社会输送了一批又一批的涉外秘书。回望我们走过的路程，可以说是得失兼存。笔者通过面谈、电话、电子邮件等方式访问了大量活跃在中外交汇前沿的学生，深入了解他们在工作中所需的素质和技能，对所获得的第一手资料进行认真、全面的总结和梳理，厚积薄发，编写了这本《涉外秘书实务》。

本教材既适合于高等院校涉外秘书专业本、专科学生，也适合于广大在职或准备入职的涉外秘书人员。本教材的主要特点有以下三个方面：

一是注重实用性。这主要表现在两个方面。第一是对内容的优化、精选。尽管涉外秘书的工作环境与国内企事业单位的秘书不同，但从总体来看，他们的工作大体上还是围绕着办文、办会和办事来展开，有鉴于此，本教材以这三大任务作为基本构架，精选、优化工作内容，希望能给使用者提供切实直观的工作导引。第二是对工作过程的程序化叙述。涉外秘书工作虽然纷繁多样，但很多工作是有章可循的。本教材在叙述过程中，着力于叙述工作过程有关程序的总结和梳理，尽量缩短工作实际和理论叙述的距离，希望能给使用者的工作过程提供一种实用工作指南，使其少走弯路，同时也希望借此给使用者以启发，能指导使用者举一反三，开拓思路，通过自己不断探索和总结，提高工作效率。

二是注重技能性。对于任何一个人来说，学习知识的目的是用知识，知识必须转化为技能才能发挥其作用。涉外秘书工作对于从业人员有着多方面的技能要求，如沟通协调技能、语言技能、处理国际事务的技能等，而且对各方面技能的要求比一般秘书更高，如：不但要协调好上下级关系，而且要在中外之间进行一些沟通；不但要有很强的汉语表达能力，还要懂外语；不但要处理一些日常的国际事务，还要有一定的国际商务技能……本教材在叙述过程中，注重知识向技能转化的过程，以一定的知识作为过渡，着力于对高效完成工作任务的技能要求叙述，同时通过案例分析练习和知识链接等方法，强化技能意识，提高综合运用知识的能力。

三是注重新颖性。秘书学科是一个边缘学科，和其他学科有着这样或那样的密不可分的联系。为了更好地辅助领导开展经营管理活动，涉外秘书的工作必须与时俱进。在编写过程中，本教材在立足于涉外秘书实际工作的基础上，强调其时代性和新颖性，注意吸收国内外秘书学科及各相关学科研究的最新成果，力求使涉外秘书工作实际跟上时代发展的步伐，给使用者提供当下时代的一种思维空间和工作空间，尽可能实现传统方法和现实需要的对接，更好地完成其对领导活动实施辅助管理的任务。

本书的编写和统稿等工作由方尤瑜（广东外语外贸大学）负责，全书在从构思到资料的收集、查阅到整理等过程中，得到了曾昭川、李苗、方卓琪等人的鼎力协助，谨致谢忱！

本书在撰写过程中也参考了大量的图书资料和有关网站的文献资料，由于篇幅关系，未能在书中一一注明，部分在书后以参考文献形式列出，在此一并向有关专家、作者表示衷心的感谢！

由于内容的动态性，也由于笔者水平有限，虽竭诚努力，但书中错漏之处在所难免，恳请各位专家和广大读者不吝赐教。

方尤瑜

2012 年 10 月于广州